OEUVRES
COMPLÈTES
DE
J. J. ROUSSEAU

AVEC LES NOTES DE TOUS LES COMMENTATEURS.

NOUVELLE ÉDITION
ORNÉE DE QUARANTE-DEUX VIGNETTES,
GRAVÉES PAR NOS PLUS HABILES ARTISTES,

D'APRÈS LES DESSINS DE DEVÉRIA.

CORRESPONDANCE.
TOME VI.

A PARIS,
CHEZ DALIBON, LIBRAIRE
DE S. A. R. MONSEIGNEUR LE DUC DE NEMOURS,
RUE HAUTEFEUILLE, N° 10.

M DCCC XXVI.

ŒUVRES

COMPLÈTES

DE

J. J. ROUSSEAU.

TOME XXV.

PARIS. — IMPRIMERIE DE G. DOYEN,
RUE SAINT-JACQUES, N. 38.

CORRESPONDANCE.

CORRESPONDANCE.

SIXIÈME PARTIE.

DEPUIS LE 7 DÉCEMBRE 1768 JUSQU'AU 15 MARS 1778.

LETTRE DCCCLXIV.

A M. LALIAUD.

Bourgoin, ce 7 décembre 1768.

Voici, monsieur, une lettre à laquelle je vous prie de vouloir bien donner cours : elle est pour M. Davenport, qui m'a écrit trop honnêtement pour que je puisse me dispenser de lui donner avis que j'ai changé de résolution. J'espère que ma précédente avec l'incluse vous sera bien parvenue, et j'en attends la réponse au premier jour. Je suis assez content de mon état présent; je passe entre mon Tasse et mon herbier des heures assez rapides pour me faire sentir combien il est ridicule de donner tant d'importance à une existence aussi fugitive : j'attends sans impatience que la mienne soit fixée; elle l'est par tout ce qui dépendoit de moi;

le reste, qui devient tous les jours moindre, est à la merci de la nature et des hommes; ce n'est plus la peine de le leur disputer. J'aimerois assez à passer ce reste dans la grotte de la Balme, si les chauves-souris ne l'empuantissoient pas : il faudra que nous l'allions voir ensemble quand vous passerez par ici. Je vous embrasse de tout mon cœur.

LETTRE DCCCLXV.

A M. MOULTOU.

Bourgoin, le 12 décembre 1768.

Quoi! monsieur, c'est à M. Q.......t qu'on s'est adressé; c'est à lui qu'ont été envoyés les extraits des lettres que je vous avois écrites dans la confidence de l'amitié; et ce seroit sous les auspices de l'homme qui m'a chassé du château de Trye, malgré son maître, que j'irois habiter celui de Lavagnac? Vraiment, mon ami, vous avez opéré là de belles choses! Mais n'en parlons plus; ce n'est pas votre faute : vous ne saviez ni ce qu'étoit M. Q....t, ni ce que faisoit M. M.....x; mais vous ne deviez pas, me semble, être si facile à donner les extraits des lettres de votre ami. Le plus grand mal de tout ceci est que j'ai trouvé de mon côté le moyen d'écrire au prince et de lui faire passer ma lettre. Si son altesse agrée que j'aille à Lavagnac, comment ferai-je pour m'en dédire, après le lui avoir demandé ? ou à quelle destinée dois-je m'attendre si j'ose aller me livrer à des gens sur qui Q......t a de l'influence? Ce qu'il y a de sûr est qu'il n'y a rien à quoi je ne m'expose plutôt qu'à la disgrâce du prince, et surtout à la mériter : ainsi s'il approuve que j'aille à Lavagnac, je suis déterminé à m'y rendre à tout risque; quoique assurément le destin qu'on m'y prépare ne puisse être pire que celui auquel je m'attends. Mais que j'écrive à M. Q.....t, moi! non, mon ami, le riche Dauphinois et le *célèbre Génevois* ne sont point faits pour s'écrire l'un à l'autre, et ne s'écriront jamais, je vous en réponds.

Je suis vivement touché du zèle et des bontés de M. Vénel : je ne lui écris pas, parce qu'il m'est très-pénible d'écrire, mais j'ai le cœur plein de lui: si j'allois à Lavagnac, l'avantage d'être auprès de lui me pourroit consoler et dédommager de beaucoup de choses; mais je vous avoue que l'idée d'être au pouvoir du sieur Q......t me fait frémir. Ce qu'il y a de bizarre est que je ne connois point du tout cet homme-là, que je n'ai jamais eu nulle affaire avec lui, nulle sorte de liaison, que je ne l'ai même jamais vu que je sache. Il me hait, comme tous mes autres ennemis, sans avoir à se plaindre de moi en aucune sorte, et uniquement parce qu'ils ont tous des cœurs faits pour goûter un plaisir sensible à haïr et tourmenter les infortunés. Au reste, vous vous doutez bien qu'un courtisan aussi délié que M. Q......t se garde bien d'avouer sa haine : il suit encore en cela les mêmes errements des autres; et, pour mieux servir sa haine, il a grand soin de la cacher.

Je vous renvoie ci-jointe la lettre de votre ami, j'en suis pénétré : si je dépendois de moi, je ne tarderois guère à aller lui demander ses directions et profiter de ses soins généreux : il ne dépendra même pas de moi que cela n'arrive ; mais ceux qui disposent de moi règlent ma marche comme Dieu celle de la mer. *Procedes huc, et non ibis amplius.* Adieu, cher Moultou : je ne sais ce qu'il arrivera de moi. Je vois que je soupire en vain après le repos qu'on ne veut pas m'accorder; mais ce qu'on ne m'ôtera pas du moins, quoi qu'il arrive, c'est le plaisir de vous aimer jusqu'à mon dernier soupir.

Je vois, par ce que monsieur votre ami vous dit de son herbier, et de ce qu'il se propose d'y joindre, que ce n'est pas tout-à-fait ce que j'avois imaginé sur votre expression. Vous m'aviez annoncé des plantes marines : les plantes marines sont des *fucus* qui viennent dans la mer; et je présume par sa lettre que ce sont seulement des plantes maritimes qui viennent sur les rivages; c'est autre chose : mais m'importe, l'un ou l'autre présent me sera toujours très-précieux.

Je vois que madame Moultou a été malade : vous ne m'en aviez rien dit ; vous aviez tort : l'amitié est un sentiment si doux, qu'elle donne même une sorte de plaisir à partager les peines de nos amis, et vous m'avez ravi ce plaisir-là. Il est vrai que je lui préfère celui de partager maintenant votre joie. Mille respects de ma part et de celle de ma femme à votre chère convalescente, et prenez-en votre part.

LETTRE DCCCLXVI.

A M. DU PEYROU.

Bourgoin, le 19 décembre 1968.

Ce que vous me marquez de la fin de vos brouilleries avec la cour me fait grand plaisir ; et j'en augure que vous pourrez encore vivre agréablement où vous êtes, et où vous êtes retenu par des liens d'attachement qu'il n'est pas dans votre cœur de rompre aisément. Il me semble que le roi se conduit réellement en très-grand roi, lorsqu'il veut premièrement être le maître, et puis être juste. Vous penserez qu'il seroit plus grand et plus beau de vouloir transposer cet ordre : cela peut être ; mais cela est au-dessus de l'humanité, et c'est bien assez, pour honorer le génie et l'âme du plus grand prince, que le premier article ne lui fasse pas négliger l'autre. Si Frédéric ratifie le rétablissement de tous vos priviléges, comme je l'espère, il aura mérité de vous le plus bel éloge que puisse mériter un souverain, et qui l'approche de Dieu même, celui qu'Armide faisoit de Godefroi de Bouillon :

> Tu, cui concesse il cielo e diel' ti il fato,
> Voler il giusto, e poter ciò che vuoi.

Je m'imagine que si les députés, qu'en pareil cas vous lui enverrez probablement pour le remercier, lui récitoient ces deux vers pour toute harangue, ils ne seroient pas mal reçus.

Je suis bien touché de la commission que vous avez donnée à Gagnebin : voilà vraiment un soin d'amitié, un soin de ceux auxquels je serai toujours sensible, parce qu'ils sont choisis selon mon cœur et selon mon goût. Je dois certainement la vie aux plantes : ce n'est pas ce que je leur dois de bon, mais je leur dois d'en couler encore avec agrément quelques intervalles au milieu des amertumes dont elle est inondée : tant que j'herborise je ne suis pas malheureux ; et je vous réponds que, si l'on me laissoit faire, je ne cesserois tout le reste de ma vie d'herboriser du matin au soir. Au reste, j'aime mieux que le recueil de M. Gagnebin soit très-petit, et qu'il ne soit pas composé de plantes communes qu'on trouve partout : je ne vous dissimulerai même pas que j'ai déjà beaucoup de plantes alpines et des plus rares; cependant, comme il y en a encore un très-grand nombre qui me manquent, je ne doute pas qu'il ne s'en trouve dans votre envoi qui me feront grand plaisir par elles-mêmes, outre celui de les recevoir de vous. Par exemple, quoique je sois assez riche en gentianes, il y en a une que je n'ai pu trouver encore, et que je convoite beaucoup; c'est la grande *gentiane pourprée*, la seconde en rang du *species de Linnæus*. J'ai le *tozzia alpina*, Linn.; mais il y manque la racine, qui est la partie la plus curieuse de cette plante, d'ailleurs difficile à sécher et conserver. J'ai l'*uva ursi* en fruits, mais je ne l'ai pas en fleurs. J'ai l'*azalea procumbens*; mais il me manque d'autres beaux *chamærhododendros* des Alpes. Je n'ai qu'un misérable petit *androsace*, le *cortusa Matthioli*, etc. La liste de ce que j'ai seroit longue, celle de ce qui me manque plus longue encore; si vous vouliez m'envoyer celle de ce que vous enverra Gagnebin, j'y pourrois noter ce qui me manque, afin que le reste, étant superflu dans mon herbier, pût demeurer dans le vôtre. Je me suis ruiné en livres de botanique, et j'avois bien résolu de ne plus en acheter; cependant je sens que m'affectionnant aux plantes des Alpes, je ne puis me passer de celui de Haller. Vous m'obligerez de vouloir bien me marquer exactement son titre, son prix, et le lieu où vous l'avez trouvé; car la France est si barbare encore en botanique, qu'on n'y trouve presque aucun livre de cette science; et j'ai été obligé de faire venir à grands frais de Hollande et d'Angleterre le peu que j'en ai; encore ai-je cherché partout ceux de Clusius sans pouvoir les trouver.

Voilà bien du bavardage sur la botanique, dont je vois, avec grand regret, que vous avez tout-à-fait perdu le goût. Cependant, puisque vous avez un peu fêté mon *apocyn*, j'ai grande envie de vous envoyer quelques graines de l'arbre de soie et de la pomme de cannelle, qu'on m'a dernièrement apportées des îles. Quand vous commencerez à meubler votre jardin, je suis jaloux d'y contribuer. Bonjour, mon cher hôte; nous vous embrassons et vous saluons l'un et l'autre de tout notre cœur.

LETTRE DCCCLXVII.

A M. LALIAUD.

Bourgoin, le 19 décembre 1768.

Pauvre garçon, pauvre Sauttersheim! Trop occupé de moi durant ma détresse, je l'avois un peu perdu de vue; mais il n'étoit point sorti de mon cœur, et j'y avois nourri le désir secret de me rapprocher de lui, si jamais je trouvois quelque intervalle de repos entre les malheurs et la mort.

C'étoit l'homme qu'il me falloit pour me fermer
les yeux; son caractère étoit doux, sa société étoit
simple, rien de la prétintaille française; encore
plus de sens que d'esprit; un goût sain, formé par
la bonté de son cœur; des talents assez pour parer
une solitude, et un naturel fait pour l'aimer avec
un ami : c'étoit mon homme; la Providence me l'a
ôté; les hommes m'ont ôté la jouissance de tout ce
qui dépendoit d'eux; ils me vendent jusqu'à la
petite mesure d'air qu'ils permettent que je respire :
il ne me restoit qu'une espérance illusoire, il ne
m'en reste plus du tout. Sans doute le ciel me
trouve digne de tirer de moi seul toutes mes ressources, puisqu'il ne m'en reste plus aucune autre.
Je sens que la perte de ce pauvre garçon m'affecte
plus à proportion qu'aucun de mes autres malheurs.
Il falloit qu'il y eût une sympathie bien forte entre
lui et moi, puisque, ayant déjà appris à me mettre
en garde contre les empressés, je le reçus à bras
ouverts sitôt qu'il se présenta, et dès les premiers
jours de notre liaison, elle fut intime. Je me souviens que, dans ce même temps, on m'écrivit de
Genève que c'étoit un espion aposté pour tâcher
de m'attirer en France, où l'on vouloit, disoit la
lettre, me faire un mauvais parti. Là-dessus je
proposai à Sauttersheim un voyage à Pontarlier,
sans lui parler de ma lettre : il y consent; nous
partons. En arrivant à Pontarlier, je l'embrasse
avec transport, et puis je lui montre la lettre : il la

lit sans s'émouvoir; nous nous embrassons derechef, et nos larmes coulent. J'en verse derechef en me rappelant ces délicieux moments. J'ai fait avec lui plusieurs petits voyages pédestres; je commençois d'herboriser, il prenoit le même goût; nous allions voir milord Maréchal, qui, sachant que je l'aimois, le recevoit bien, et le prit bientôt en amitié lui-même. Il avoit raison. Sauttersheim étoit aimable; mais son mérite ne pouvoit être senti que des gens bien nés; il glissoit sur tous les autres. La génération dans laquelle il a vécu n'étoit pas faite pour le connoître : aussi n'a-t-il rien pu faire à Paris ni ailleurs. Le ciel l'a retiré du milieu des hommes où il étoit étranger; mais pourquoi m'y a-t-il laissé?

Pardon, monsieur; mais vous aimiez ce pauvre garçon, et je sais que l'effusion de mon attachement et de mon regret ne peut vous déplaire. Je suis sensible à la peine que vous avez bien voulu prendre en ma faveur auprès de M. le prince de Conti; mais vous en avez été bien payé par le plaisir de converser avec le plus aimable et le plus généreux des hommes, qui sûrement eût aimé et favorisé notre pauvre Sauttersheim s'il l'avoit connu. Je vois, par ce que vous me marquez de ses nouvelles bontés pour moi, qu'elles sont inépuisables comme la générosité de son cœur. Ah! pourquoi faut-il que tant d'intermédiaires qui nous séparent détournent et anéantissent tout l'effet de ses soins?

J'apprends que son trésorier, qui m'a fait chasser du château de Trye à force d'intrigues, est en liaison avec l'agent du prince, à celui de Lavagnac, et qu'il a déjà été question de moi entre eux deux. Il ne m'en faut pas davantage pour juger d'avance du sort qu'on m'y prépare; mais n'importe, me voilà prêt; et il n'y a rien que je n'endure plutôt que de mériter la disgrâce du prince en me rétractant sur ce que j'ai demandé moi-même, et en laissant inutile, par ma faute, les démarches qu'il veut bien faire en ma faveur. De tous les malheurs dont on a résolu de m'accabler jusqu'à ma dernière heure, il y en a un du moins dont je saurai me garantir, quoi qu'on fasse; c'est celui de perdre sa bienveillance et sa protection par ma faute.

Vous avez la bonté, monsieur, de me chercher une épinette. Voilà un soin dont je vous suis très-obligé, mais dont le succès m'embarrasseroit beaucoup; car avant d'avoir ladite épinette, il faudroit premièrement me pourvoir d'un lieu pour la placer, et.... d'une pierre pour y poser ma tête. Mon herbier et mes livres de botanique me coûtent déjà beaucoup de peine et d'argent à transporter de gîte en gîte, et de cabaret en cabaret. Si nous ajoutions de surcroît une épinette, il faudroit donc y attacher des courroies, afin que je pusse la porter sur mon dos, comme les Savoyardes portent leurs vielles : tout cet attirail me feroit un équipage assez digne du roman comique, mais aussi peu risible qu'utile pour moi. Dans les douces rêveries dont je suis encore assez fou pour me bercer quelquefois, j'ai pu faire entrer le désir d'une épinette; mais nous serons assez à temps de songer à cet article quand tous les autres seront réalisés; et il me semble que de tous les services que vous pourriez me rendre, celui de me pourvoir d'une épinette doit être laissé pour le dernier. Il est vrai que vous me voyez déjà tranquille au château de Lavagnac. Ah ! mon cher monsieur Laliaud, cela me prouve que vous avez la vue plus longue que moi. Bonjour, monsieur ; nous vous saluons tous deux de tout notre cœur. Je vous donne l'exemple de finir sans compliments; vous ferez bien de le suivre.

LETTRE DCCCLXVIII.

A M. MOULTOU.

Bourgoin, le 30 décembre 1768.

J'attendois, cher Moultou, pour répondre à votre dernière lettre, d'avoir reçu les ordres que M. le prince de Conti m'avoit fait annoncer ensuite de l'approbation qu'il a donnée au projet de ma retraite à Lavagnac; mais ces ordres ne sont point encore venus, et je crains qu'ils ne viennent pas sitôt; car son altesse m'a fait prévenir qu'il falloit, avant de m'écrire, qu'elle prît pour ce projet des arrangements semblables à ceux qu'elle a cru à propos de prendre pour mon voyage en Dauphiné: ces arrangements dépendent de l'accord de personnes qui ne se rencontrent pas souvent; et quelle que soit la générosité de cœur de ce grand prince, de quelque extrême bonté qu'il m'honore, vous sentez qu'il n'est pas ni ne sauroit être occupé de moi seul; et la chose du monde qui fait le mieux son éloge est qu'il ne se soit pas encore ennuyé de tous les soins que je lui ai coûtés. J'attends donc sans impatience; mais en attendant ma situation devient, à tous égards, plus critique de jour en jour; et l'air marécageux et l'eau de Bourgoin m'ont fait contracter depuis quelque temps une maladie singulière dont, de manière ou d'autre, il faut tâcher de me délivrer : c'est un gonflement d'estomac très-considérable et sensible même au dehors, qui m'oppresse, m'étouffe, et me gêne au point de ne pouvoir plus me baisser, et il faut que ma pauvre femme ait la peine de me mettre mes souliers, etc. Je croyois d'abord d'engraisser, mais la graisse n'étouffe pas; je n'engraisse que de l'estomac, et le reste est tout aussi maigre qu'à l'ordinaire. Cette incommodité, qui croît à vue d'œil, me détermine à tâcher de sortir de ce mauvais pays le plus tôt qu'il me sera possible. En attendant que le prince ait jugé à propos de disposer de moi, il y a dans ce pays, à demi-lieue de la ville, une maison à mi-côte, agréable, bien située, où l'eau et l'air sont très-bons, et où le propriétaire veut bien me céder un petit logement que j'ai d'essein d'occuper. La maison est seule, loin de tout village, et inhabitée dans cette saison. J'y serai seul avec ma femme et une servante qu'on y tient : voilà une belle occasion, pour ceux qui disposent de moi, de se délivrer du soin de ma garde, et de me délivrer, moi, des misères de cette vie. Cette idée ne me détourne ni ne me détermine : je compte aller là dans quelques jours, à la merci des hommes et à la garde de la Providence. En attendant que je sache s'il m'est permis d'aller vous joindre, ou si je dois rester dans ce pays (car je suis déterminé à ne prendre aucun parti sans l'aveu du prince, parce que ma confiance est égale à ma reconnoissance, et c'est tout dire), cher Moultou, adieu : je ne sais ni dans quel temps ni à quelle occasion je cesserai de vous écrire ; mais, tant que je vivrai, je ne cesserai de vous aimer.

LETTRE DCCCLXIX.

A MADAME LATOUR.

A Bourgoin, le 3 janvier 1769.

Ceux qui ont besoin qu'un homme dans mon état leur rappelle son existence sont indignes qu'il les en fasse souvenir. Je savois, chère Marianne, que vous n'étiez pas de ce nombre; j'attendois de vos nouvelles, et j'étois sûr d'en recevoir, mais ma situation ne me permettoit pas de vous en demander. Mon cœur ne peut cesser d'être plein de vous; je vous chérissois par toutes les qualités aimables que vous m'avez montrées; mais un seul service de véritable amitié m'imprimera toujours un sentiment plus fort que tout autre attachement, un sentiment que l'absence ni le temps ne peuvent prescrire; et, soit qu'il me reste peu ou beaucoup de temps à vivre, vous me serez aussi respectable que chère jusqu'à mon dernier soupir.

Depuis quelques jours je ne puis plus écrire sans beaucoup souffrir, et bientôt, si mon état empire, je ne le pourrai plus du tout. Un mal d'estomac, accompagné d'enflure et d'étouffement, ne me permet plus de me baisser : toute autre attitude que celle de me tenir droit me suffoque, et il y a déjà long-temps que je ne puis mettre moi-même mes souliers. Je veux attribuer ce mal extraordinaire à l'air et à l'eau du pays marécageux que j'habite; si je m'en tire, je vous l'écrirai; si j'y succombe, Marianne, honorez la mémoire de votre ami, et soyez sûre qu'il a vécu et qu'il mourra digne des sentiments que vous lui avez témoignés.

LETTRE DCCCLXX.

A M. BEAUCHATEAU.

Bourgoin, le 9 janvier 1769.

Hier, monsieur, je reçus, par le canal du sieur Guy, libraire à Paris, avec des Étrennes mignonnes, votre lettre du 7 septembre 1768.

Mes ennemis ont toujours parlé; mes amis, si j'en ai, se sont toujours tus : les uns et les autres peuvent continuer de même. Je ne désire point qu'on me loue, encore moins qu'on me justifie. J'approche d'un séjour où les injustices des hommes ne pénètrent pas. La seule chose que je désire, en les quittant, est de les laisser tous heureux et en paix. Adieu, monsieur.

LETTRE DCCCLXXI.

A M. DU PEYROU.

Bourgoin, le 12 janvier 1769.

Permettez, mon cher hôte, que, dans l'impossibilité où me met un grand mal d'estomac, accompagné d'enflure, d'étouffement et de fièvre, d'écrire moi-même, j'emprunte le secours d'une autre main pour vous marquer combien je suis touché de la continuation de vos alarmes sur le triste état de madame la commandante. Je vous avoue que depuis que j'eus l'honneur de la voir un peu de suite à Cressier, je jugeai sur plusieurs signes que son sang, très-sain d'ailleurs, tenoit d'une humeur scorbutique, et vous savez que c'est un des effets du scorbut de rendre les os très-fragiles; mais en même temps, cette humeur surabondante rend les calus très-faciles à former. Ainsi le remède, à quelque égard, suit le mal; il n'y a que des mouvements bien liants, bien doux, tels qu'elle sera forcée de les faire, qui puissent prévenir pareils accidents à l'avenir. Son état forcé sera presque celui où elle seroit obligée de se tenir volontairement à l'avenir pour prévenir d'autres fractures, quand même elle n'en auroit point eu jusqu'ici. Le mien, mon cher hôte, me dispense de tant de prévoyance, et je crois que la nature ou les hommes me laissent voir de plus près le repos auquel j'avois inutilement aspiré jusqu'ici. Accoutumé à l'air subtil des montagnes, je puis juger que l'air marécageux du pays que j'habite, et les mauvaises eaux que l'on est forcé d'y boire, ont contribué à me mettre dans cet état. Si j'avois eu plus de force et de moyens, que ma santé fût moins désespérée, je tâcherois d'aller travailler à la rétablir dans quelque habitation plus convenable à mon tempérament. Mais le mal me paroît sans remède; je suis très-foible, c'est une grande fatigue pour moi de me transplanter; ainsi j'ignore encore si j'en aurai l'occasion, le courage, et si j'y serai à temps. S'il arrivoit que je fusse privé du plaisir de vous écrire davantage, vous pourrez toujours avoir des nouvelles de ma femme, et lui donner des vôtres, comme j'espère que vous voudrez bien faire par la voie de Lyon.

Quant à ce qui est entre vos mains, et qui peut être complété par ce qui est dans celles de la dame à la marmelade de fleur d'orange, je vous laisse absolument le maître d'en disposer après moi de la manière qui vous paroîtra la plus favorable aux intérêts de ma veuve, à ceux de ma filleule, et à l'honneur de ma mémoire.

Il n'y a pas d'apparence, mon cher hôte, qu'il soit désormais beaucoup question de botanique ; ainsi vos plantes des Alpes et le livre que vous y vouliez joindre ne seront probablement plus de saison quand même je resterois comme je suis, ce qui me paroît impossible, puisque je ne saurois actuellement me baisser, ni mettre mes souliers moi-même; ce qui n'est pas une bonne disposition pour herboriser. D'ailleurs la fièvre, et même assez forte, me rend si foible, qu'il faut dans peu qu'elle s'en aille ou que je m'en aille. Je ne puis pas vous dire encore lequel sera des deux.

Depuis cette lettre écrite, mon cher hôte, je me sens mieux, et assez bien pour pouvoir, sans beaucoup d'incommodité, y joindre un mot de ma main; mais ma pauvre femme à son tour est tombée malade, et ma chambre est un hôpital. Comme je suis persuadé que réellement l'air de ce lieu nous est pernicieux à l'un et à l'autre, je suis déterminé, sitôt qu'elle sera en état de souffrir le transport, d'aller nous établir à une lieue d'ici, sur la hauteur, en très-bon air, dans une maison abandonnée, mais où le gentilhomme à qui elle appartient veut bien me faire accommoder un petit logement. Adieu, mon cher hôte; nous vous embrassons l'un et l'autre de tout notre cœur : offrez nos respects et nos vœux à la maman, et nos amitiés à M. Jeannin.

LETTRE DCCCLXXII.

A M. LALIAUD.

Bourgoin, le 16 janvier 1769.

Je commence, monsieur, d'entrevoir le repos que vous m'annoncez, et que j'ai pressenti même avant vous; un grand mal d'estomac, accompagné d'enflure, d'étouffement et de fièvre, m'en montre la route autre que celle que vous avez prévue, mais la seule par laquelle j'y puis parvenir. Cette bizarre maladie a des relâches, que je paie par des retours plus cruels; et hier même je me croyois guéri : j'ai changé cette nuit d'opinion; je comprends que j'en ai pour le reste de la route, mais j'ignore si le trajet qui me reste à faire sera court ou long. La seule chose que je sens, c'est qu'il sera rude, d'autant plus que l'impossibilité de me baisser, de me chausser, d'herboriser par conséquent, et l'extrême difficulté d'écrire, me condamnent à la plus insupportable inaction, ne pouvant supporter aucune lecture, ni feuilleter que des livres de plantes, qui vont ne me servir plus de rien. Je crois que l'attitude d'être continuellement occupé à coller des plantes, et courbé sur la caisse de mon herbier, a beaucoup contribué à détruire mon estomac; et lorsque je reprends dans des moments la même attitude, la douleur et l'oppression, qui redoublent, me forcent bien vite à la quitter : mais je crois que l'air et l'eau de ce pays marécageux m'ont fait plus de mal encore. Je ne m'en suis pas senti tout seul ; et ma femme, qui vient d'être aussi malade, en a éprouvé sa part. Cela m'a déterminé, me voyant totalement oublié, ou du moins abandonné, à accepter un petit logement qui m'a été offert sur la hauteur, à une lieue d'ici, dans une maison inhabitée, mais en très-bon air, et je compte m'y transplanter aussitôt qu'il sera prêt, et que nous en aurons la force ; trop heureux si l'on m'y laisse au moins finir mes jours dans la langueur d'une oisiveté totale, ou mêlée uniquement de mes maux, plus supportables pour moi qu'elle.

Voici, monsieur, une lettre de change de dix livres sterling sur l'Angleterre, que je vous prie de tâcher de négocier, ou d'envoyer à Londres ; elle sera payée sur-le-champ : c'est une petite rente viagère que j'ai reçue en paiement de mes livres, que je vendis à Londres pour n'avoir plus à les traîner après moi depuis qu'ils m'étoient devenus inutiles.

Mon cher monsieur Laliaud, plaignez-moi et pardonnez-moi. Je ne puis plus écrire sans souffrir beaucoup et sans aggraver mon mal ; et, pour surcroît, je n'ai affaire qu'à des gens exigeants, qui s'embarrassent très-peu de mon état, et me comptent leurs lignes sur les pages qu'ils exigent.

de moi. Vous n'êtes pas de même ; aussi toute mon attente est en vous. Je ne vous écrirai que pour choses nécessaires et très-en bref. Ne comptez pas rigoureusement avec votre serviteur, je vous en conjure, et donnez-moi la consolation d'apprendre de temps en temps que vous ne m'oubliez pas. Je vous embrasse de tout mon cœur, et ma femme vous salue.

LETTRE DCCCLXXIII.

A M. DU PEYROU.

A Bourgoin, le 18 janvier 1769.

J'apprends, mon cher hôte, par le plus singulier hasard, qu'on a imprimé à Lausanne un des chiffons qui sont entre vos mains, sur cette question : *Quelle est la première vertu du héros ?* Vous croyez bien que je comprends qu'il s'agit d'un vol ; mais comment ce vol a-t-il été fait ; et par qui ?... Vous qui êtes si soigneux, et surtout des dépôts d'autrui ! J'ai des engagements qui rendent de pareils larcins de très-grande conséquence pour moi. Comment donc ne m'avez-vous point du moins averti de cette impression ? De grâce, mon cher hôte, tâchez de remonter à la source, de savoir comment et par qui ce torche-cul a été imprimé. Je vis dans la sécurité la plus profonde sur les papiers qui sont entre vos mains; si vous souffrez que je perde cette sécurité, que deviendrai-je? Mettez-vous à ma place, et pardonnez l'importunité.

J'ai cru mourir cette nuit; le jour je suis moins mal. Ce qui me console est que de semblables nuits ne sauroient se multiplier beaucoup. Ma femme, qui a été fort mal aussi, se trouve mieux. Je me prépare à déloger pour aller, dans le séjour élevé qui m'est destiné, chercher un air plus pur que celui qu'on respire dans ces vallées.

Je suis très-inquiet de l'état de madame la commandante, et par conséquent du vôtre. Mon cher hôte, donnez-moi, je vous prie, des nouvelles de tous deux le plus tôt que vous pourrez. Je vous embrasse.

LETTRE DCCCLXXIV.

A M. LALIAUD.

Monquin, le 4 février 1769.

J'ai reçu, monsieur, vos deux dernières lettres, et, avec la première, la rescription que vous avez eu la bonté de m'envoyer, et dont je vous remercie.

Quoi! monsieur, le barbouillage académique imprimé à Lausanne l'avoit aussi été à Paris!.... et c'est M. Fréron qui en est l'éditeur [1]!... Le temps de l'impression, le choix de la pièce, la moindre et la plus plate de tout ce que j'ai laissé en manuscrit, tout m'apprend par quelles espèces de mains et à quelle intention cet écrit a été publié. L'édition de Lausanne, si elle existe, aura probablement été faite sur celle de Paris; mais le silence de M. du Peyrou me fait douter de cette seconde édition, dont la nouvelle m'a été donnée d'assez loin pour qu'on ait pu confondre; et de pareils chiffons ne sont guère de ceux qu'on imprime deux fois. Vous avez pris le vrai moyen d'aller, s'il est possible, à la source du vol par l'examen du manuscrit : cela vaut mieux qu'une lettre imprimée, qui ne feroit que faire souvenir de moi le public et mes ennemis, dont je cherche à être oublié, et sur laquelle les coupables n'iront sûrement pas se déclarer. Vous m'apprenez aussi qu'on a imprimé un nouveau volume de mes écrits vrais ou faux. C'est ainsi qu'on me dissèque de mon vivant, ou plutôt qu'on dissèque un autre corps sous mon nom. Car quelle part ai-je au recueil dont vous me parlez, si ce n'est deux ou trois lettres de moi qui y sont insérées, et sur lesquelles, pour faire croire que le recueil entier en étoit, on a eu l'im-

---

[1] En effet, Fréron avoit publié le discours dont il s'agit dans son *Année littéraire*, tome VII, 1768. Il y est précédé d'une lettre d'envoi que lui adresse un anonyme, et le journaliste n'y a ajouté aucune réflexion.

pudence de le faire imprimer à Londres sous mon nom, tandis que j'étois en Angleterre, en supprimant la première édition de Lausanne faite sous les yeux de l'auteur? J'entrevois que l'impression du chiffon académique tient encore à quelque autre manœuvre souterraine de même acabit. Vous m'avez écrit quelquefois que je faisois du noir; l'expression n'est pas juste; ce n'est pas moi, monsieur, qui fais du noir, mais c'est moi qu'on en barbouille. Patience; ils ont beau vouloir écarter le vivier d'eau claire, il se trouvera quand je ne serai plus en leur pouvoir, et au moment qu'ils y penseront le moins. Aussi qu'ils fassent désormais à leur aise, je les mets au pis. J'attends sans alarmes l'explosion qu'ils comptent faire après ma mort sur ma mémoire, semblables aux vils corbeaux qui s'acharnent sur les cadavres. C'est alors qu'ils croiront n'avoir plus à craindre le trait de lumière qui, de mon vivant, ne cesse de les faire trembler, et c'est alors que l'on connoîtra peut-être le prix de ma patience et de mon silence. Quoi qu'il en soit, en quittant Bourgoin j'ai quitté tous les soucis qui m'en ont rendu le séjour aussi déplaisant que nuisible. L'état où je suis a plus fait pour ma tranquillité que les leçons de la philosophie et de la raison. J'ai vécu, monsieur; je suis content de l'emploi de ma vie; et du même œil que j'en vois les restes, je vois aussi les événements qui les peuvent remplir. Je renonce donc à savoir désormais rien de ce qui se dit, de ce qui se fait, de ce qui se passe par rapport à moi : vous avez eu la discrétion de ne m'en jamais rien dire. Je vous conjure de continuer. Je ne me refuse pas aux soins que votre amitié, votre équité, peuvent vous inspirer pour la vérité, pour moi dans l'occasion, parce que, après les sentiments que vous professez envers moi, ce seroit vous manquer à vous-même. Mais dans l'état où sont les choses, et dans le train que je leur vois prendre, je ne veux plus m'occuper de rien qui me rappelle hors de moi, de rien qui puisse ôter à mon esprit la même tranquillité dont jouit ma conscience.

Je vous écris, sans y penser, de longues lettres qui font grand bien à mon cœur, et grand mal à mon estomac. Je remets à une autre fois le détail de mon habitation. Madame Renou vous remercie et vous salue ; et moi, mon cher monsieur, je vous embrasse de tout mon cœur.

LETTRE DCCCLXXV.

A M. MOULTOU.

Monquin, le 14 février 1769.

Je suis délogé, cher Moultou ; j'ai quitté l'air marécageux de Bourgoin pour venir occuper sur la hauteur une maison vide et solitaire que la dame à qui elle appartient m'a offerte depuis longtemps, et où j'ai été reçu avec une hospitalité très-noble, mais trop bien pour me faire oublier que je ne suis pas chez moi. Ayant pris ce parti, l'état où je suis ne me laisse plus penser à une autre habitation ; l'honnêteté même ne me permettroit pas de quitter si promptement celle-ci après avoir consenti qu'on l'arrangeât pour moi. Ma situation, la nécessité, mon goût, tout me porte à borner mes désirs et mes soins à finir dans cette solitude des jours dont, grâce au ciel, et quoi que vous en puissiez dire, je ne crois pas le terme bien éloigné. Accablé des maux de la vie et de l'injustice des hommes, j'approche avec joie d'un séjour où tout cela ne pénètre point ; et en attendant je ne veux plus m'occuper, si je puis, qu'à me rapprocher de moi-même, et à goûter ici entre la compagne de mes infortunes, et mon cœur, et Dieu qui le voit, quelques heures de douceur et de paix en attendant la dernière. Ainsi, mon bon ami, parlez-moi de votre amitié pour moi ; elle me sera toujours chère ; mais ne me parlez plus de projets. Il n'en est plus pour moi d'autre en ce monde que celui d'en sortir avec la même innocence que j'y ai vécu.

J'ai vu, mon ami, dans quelques-unes de vos lettres, notamment dans la dernière, que le torrent de la mode vous gagne, et que vous commencez à vaciller dans des sentiments où je vous croyois inébranlable. Ah! cher ami, comment avez-vous fait? Vous en qui j'ai toujours cru voir un cœur si sain, une ame si forte, cessez-vous donc d'être content de vous-même? et le témoin secret de vos sentiments commenceroit-il à vous devenir importun? Je sais que la foi n'est pas indispensable, que l'incrédulité sincère n'est point un crime, et qu'on sera jugé sur ce qu'on aura fait, et non sur ce qu'on aura cru; mais prenez garde, je vous conjure, d'être bien de bonne foi avec vous-même, car il est très-différent de n'avoir pas cru ou de n'avoir pas voulu croire; et je puis concevoir comment celui qui n'a jamais cru ne croira jamais, mais non comment celui qui a cru peut cesser de croire. Encore un coup, ce que je vous demande n'est pas tant la foi que la bonne foi. Voulez-vous rejeter l'intelligence universelle? les causes finales vous crèvent les yeux. Voulez-vous étouffer l'instinct moral? la voix interne s'élève dans votre cœur, y foudroie les petits arguments à la mode, et vous crie qu'il n'est pas vrai que l'honnête homme et le scélérat, le vice et la vertu, ne soient rien; car vous êtes trop bon raisonneur pour ne pas voir à l'instant qu'en rejetant la cause première et le mouvement, on ôte toute moralité de la vie humaine. Eh quoi, mon Dieu! le juste infortuné en proie à tous les maux de cette vie, sans en excepter même l'opprobre et le déshonneur, n'auroit nul dédommagement à attendre après elle, et mourroit en bête après avoir vécu en Dieu? Non, non, Moultou; Jésus, que ce siècle a méconnu, parce qu'il est indigne de le connoître; Jésus qui mourut après avoir voulu faire un peuple illustre et vertueux de ses vils compatriotes, le sublime Jésus ne mourut point tout entier sur la croix ; et moi qui ne suis qu'un chétif homme plein de foiblesses, mais qui me sens un cœur dont un sentiment coupable n'approcha jamais, c'en est assez pour qu'en sentant approcher la dissolution de mon corps, je sente en même temps la certitude de vivre. La nature entière m'en est garante. Elle n'est pas contradictoire avec elle-même ; j'y vois régner un ordre physique admirable et qui ne se dément jamais. L'ordre moral y doit correspondre. Il fut pourtant renversé pour moi durant ma vie ; il va donc commencer à ma mort. Pardon, mon ami, je sens que je rabâche ; mais mon cœur, plein pour moi d'espoir et de confiance, et pour vous d'intérêt et d'attachement, ne pouvoit se refuser à ce court épanchement.

P. S. Je ne songe plus à Lavagnac, et probablement mes voyages sont finis. J'ai pourtant reçu dernièrement une lettre du patron de la case, aussi pleine de bonté et d'amitié qu'il m'en ait jamais écrit, et qui donne son approbation à une autre proposition qui m'avoit été faite ; mais toujours projeter ne me convient plus. Je veux jouir entre la nature et moi du peu de jours qui me restent, sans plus me laisser promener, si je puis, parmi les hommes qui m'ont si mal traité et plus mal connu. Quoique je ne puisse plus me baisser pour herboriser, je ne puis renoncer aux plantes; je les observe avec plus de plaisir que jamais. Je ne vous dis point de m'envoyer les vôtres, parce que j'espère que vous les apporterez : ce moment, cher Moultou, me sera bien doux. Adieu, je vous embrasse ; partagez tous les sentiments de mon cœur avec votre digne moitié, et recevez l'un et l'autre les respects de la mienne. Elle va rester à plaindre. C'est bien malgré elle, c'est bien malgré nous qu'elle est moi n'avons pu remplir de grands devoirs; mais elle en a rempli de bien respectables. Que de choses qui devroient être sues vont être ensevelies avec moi ! et combien mes cruels ennemis tireront d'avantages de l'impossibilité où ils m'ont mis de parler !

LETTRE DCCCLXXVI.

A M. LALIAUD.

A Monquin, le 28 février 1769.

Je ne connois point M. de La Sale; je sais seulement que c'est un fabricant de Lyon. Il accompagna cet automne le fils de madame Boy de La Tour, mon amie, qui vint me voir ici. Me voyant logé si tristement et dans un si mauvais air, il me proposa une habitation en Dombes; je ne dis ni oui ni non. Cet hiver, me voyant dépérir, il est revenu à la charge; j'ai refusé; il m'a pressé. Faute d'autres bonnes raisons à lui dire, je lui ai déclaré que je ne pouvois sortir de cette province sans l'agrément de M. le prince de Conti. Il m'a pressé de lui permettre de demander cet agrément; je ne m'y suis pas opposé: voilà tout.

J'apprends, par le plus grand hasard du monde, qu'on vient d'imprimer à Lausanne un ancien chiffon de ma façon. C'est un discours sur une question proposée en 1751, par M. de Curzay, tandis qu'il étoit en Corse. Quand il fut fait, je le trouvai si mauvais que je ne voulus ni l'envoyer ni le faire imprimer. Je le remis, avec tout ce que j'avois en manuscrit, à M. du Peyrou avant mon départ pour l'Angleterre. Je ne l'ai pas revu depuis, et je n'y ai pas même pensé. Je ne puis me rappeler avec certitude si ce barbouillage est ou n'est point un des manuscrits inlisibles que M. du Peyrou m'envoya à Wootton pour les transcrire, et que je lui renvoyai, copie et brouillon, par son ami M. de Cerjat, chez lequel, ou durant le transport, le vol aura pu se faire; ce qu'il y a de sûr, c'est que je n'ai aucune part à cette impression, et que si j'eusse été assez insensé pour vouloir mettre encore quelque chose sous la presse, ce n'est pas un pareil torche-cul que j'aurois choisi. J'ignore comment il est passé sous la presse; mais je crois M. du Peyrou parfaitement incapable d'une pareille infidélité. En ce qui me regarde, voilà la vérité, et il m'importe que cette vérité soit connue. Je vous embrasse et vous salue, mon cher monsieur, de tout mon cœur.

LETTRE DCCCLXXVII.

A M. DU PEYROU.

Monquin, le 28 février 1769.

Je suis sur ma montagne, mon cher hôte, où mon nouvel établissement et mon estomac me rendent pénible d'écrire, sans quoi je n'aurois pas attendu si long-temps à vous demander de fréquentes nouvelles de madame la commandante, jusqu'à l'entière guérison dont, sur votre pénultième lettre, l'espoir se joint au désir. Pour moi, mon état n'est pas empiré depuis que je suis ici; mais je souffre toujours beaucoup. J'ai eu tort de ne vous pas marquer le rétablissement de madame Renou, qui n'a tenu le lit que peu de jours; mais imaginez ce que c'étoit que d'être tous deux en même temps presque à l'extrémité dans un mauvais cabaret.

Il n'y a pas eu moyen de tirer de Fréron le manuscrit sur lequel le discours en question a été imprimé; mais je vois, par ce que vous me marquez, que la copie furtive en a été faite avant les corrections, qui cependant sont assez anciennes; elles n'empêchent pas que l'ouvrage, ainsi corrigé, ne soit un misérable torche-cul; jugez de ce qu'il doit être dans l'état où ils l'ont imprimé. Ce qu'il y a de pis est que Rey et les autres ne manqueront pas de l'insérer en cet état dans le recueil de mes écrits. Qu'y puis-je faire? il n'y a point de ma faute. Dans l'état où je suis, tout ce qu'il reste à faire, quand tous les maux sont sans remède, est de rester tranquille et de ne plus se tourmenter de rien.

M. Séguier, célèbre par le *Plantæ Veronenses* que vous avez peut-être ou que vous devriez avoir, vient de m'envoyer des plantes qui m'ont remis sur mon herbier et sur mes bouquins. Je suis maintenant trop riche pour ne pas sentir la privation de ce qui me manque. Si parmi celles que vous promet le Parolier, pouvoient se trouver la *grande Gentiane pourprée*, le *Thora valdensium*, l'*Épimedium*, et quelques autres, le tout bien conservé et en fleurs, je vous avoue que ce cadeau me feroit le plus grand plaisir, car je sens que, malgré tout, la botanique me domine. J'herbori-

serai, mon cher hôte, jusqu'à la mort et au-delà;
car, s'il y a des fleurs aux champs élysées, j'en formerai des couronnes pour les hommes vrais, francs,
droits, et tels qu'assurément j'avois mérité d'en
trouver sur la terre. Bonjour, mon très-cher hôte;
mon estomac m'avertit de finir avant que la morale
me gagne; car cela me mèneroit loin. Mon cœur
vous suit au pied du lit de la bonne maman.
J'embrasse le bon Jeannin.

LETTRE DCCCLXXVIII.

A M. DE*** [1].

Monquin, le 25 mars 1769.

Le voilà, monsieur, ce misérable radotage que
mon amour-propre humilié vous a fait si long-temps attendre, faute de sentir qu'un amour-propre beaucoup plus noble devoit m'apprendre
à surmonter celui-là. Qu'importe que mon verbiage
vous paroisse misérable, pourvu que je sois content du sentiment qui me l'a dicté? Sitôt que mon
meilleur état m'a rendu quelques forces, j'en ai
profité pour le relire et vous l'envoyer. Si vous
avez le courage d'aller jusqu'au bout, je vous prie

---

[1] Cette lettre sert d'envoi à celle qui suit, écrite plus de deux
mois auparavant, comme on le voit par sa date.

après cela de vouloir bien me le renvoyer, sans me rien dire de ce que vous en aurez pensé, et que je comprends de reste. Je vous salue, monsieur, et vous embrasse de tout mon cœur.

LETTRE DCCCLXXIX.

A M. DE ***.

Bourgoin, le 15 janvier 1769.

Je sens, monsieur, l'inutilité du devoir que je remplis en répondant à votre dernière lettre; mais c'est un devoir enfin que vous m'imposez et que je remplis de bon cœur quoique mal, vu les distractions de l'état où je suis.

Mon dessein, en vous disant ici mon opinion sur les principaux points de votre lettre, est de vous la dire avec simplicité et sans chercher à vous la faire adopter. Cela seroit contre mes principes et même contre mon goût. Car je suis juste; et comme je n'aime point qu'on cherche à me subjuguer, je ne cherche non plus à subjuguer personne. Je sais que la raison commune est très-bornée; qu'aussitôt qu'on sort de ses étroites limites, chacun a la sienne qui n'est propre qu'à lui; que les opinions se propagent par les opinions, non par la raison, et que quiconque cède au raisonnement d'un autre, chose déjà très-rare, cède par préjugé, par autorité, par affection, par paresse, rarement, jamais peut-être, par son propre jugement.

Vous me marquez, monsieur, que le résultat de vos recherches sur l'auteur des choses est un état de doute. Je ne puis juger de cet état, parce qu'il n'a jamais été le mien. J'ai cru dans mon enfance par autorité, dans ma jeunesse par sentiment, dans mon âge mûr par raison; maintenant je crois parce que j'ai toujours cru. Tandis que ma mémoire éteinte ne me remet plus sur la trace de mes raisonnements, tandis que ma judiciaire affoiblie ne me permet plus de les recommencer, les opinions qui en ont résulté me restent dans toute leur force; et sans que j'aie la volonté ni le courage de les mettre derechef en délibération, je m'y tiens en confiance et en conscience, certain d'avoir apporté dans la vigueur de mon jugement à leurs discussions toute l'attention et la bonne foi dont j'étois capable. Si je me suis trompé, ce n'est pas ma faute, c'est celle de la nature, qui n'a pas donné à ma tête une plus grande mesure d'intelligence et de raison. Je n'ai rien de plus aujourd'hui; j'ai beaucoup de moins. Sur quel fondement recommencerois-je donc à délibérer? Le moment presse; le départ approche. Je n'aurois jamais le temps ni la force d'achever le grand travail d'une refonte. Permettez qu'à tout évènement j'emporte avec moi la consistance et la fermeté d'un homme, non les doutes décourageants et timides d'un vieux radoteur.

A ce que je puis me rappeler de mes anciennes idées, à ce que j'aperçois de la marche des vôtres, je vois que, n'ayant pas suivi dans nos recherches la même route, il est peu étonnant que nous ne soyons pas arrivés à la même conclusion. Balançant les preuves de l'existence de Dieu avec les difficultés, vous n'avez trouvé aucun des côtés assez prépondérant pour vous décider, et vous êtes resté dans le doute. Ce n'est pas comme cela que je fis : j'examinai tous les systèmes sur la formation de l'univers que j'avois pu connoître ; je méditai sur ceux que je pouvois imaginer ; je les comparai tous de mon mieux ; et je me décidai, non pour celui qui ne m'offroit point de difficultés, car ils m'en offroient tous, mais pour celui qui me paroissoit en avoir le moins : je me dis que ces difficultés étoient dans la nature de la chose, que la contemplation de l'infini passeroit toujours les bornes de mon entendement ; que ne devant jamais espérer de concevoir pleinement le système de la nature, tout ce que je pouvois faire étoit de le considérer par les côtés que je pouvois saisir ; qu'il falloit savoir ignorer en paix tout le reste ; et j'avoue que, dans ces recherches, je pensai comme les gens dont vous parlez, qui ne rejettent pas une vérité claire ou suffisamment prouvée pour les difficultés qui l'accompagnent, et qu'on ne sauroit lever. J'avois alors, je l'avoue, une confiance si téméraire, ou du moins une si forte persuasion, que j'aurois défié tout philosophe de proposer aucun autre système intelligible sur la nature, auquel je n'eusse opposé des objections plus fortes, plus invincibles que celles qu'il pouvoit m'opposer sur le mien; et alors il falloit me résoudre à rester sans rien croire, comme vous faites, ce qui ne dépendoit pas de moi, ou mal raisonner, ou croire comme j'ai fait.

Une idée qui me vint il y a trente ans a peut-être plus contribué qu'aucune autre à me rendre inébranlable : supposons, me disois-je, le genre humain vieilli jusqu'à ce jour dans le plus complet matérialisme, sans que jamais idée de divinité ni d'ame soit entrée dans aucun esprit humain; supposons que l'athéisme philosophique ait épuisé tous ses systèmes pour expliquer la formation et la marche de l'univers par le seul jeu de la matière et du mouvement nécessaire, mot auquel, du reste, je n'ai jamais rien conçu : dans cet état, monsieur, excusez ma franchise, je supposois encore ce que j'ai toujours vu, et ce que je sentois devoir être, qu'au lieu de se reposer tranquillement dans ces systèmes, comme dans le sein de la vérité, leurs inquiets partisans cherchoient sans cesse à parler de leur doctrine, à l'éclaircir, à l'étendre, à l'expliquer, la pallier, la corriger, et, comme celui qui sent trembler sous ses pieds la maison qu'il habite, à l'étayer de nouveaux arguments. Terminons enfin ces suppositions par celle d'un Platon, d'un Clarke, qui, se levant tout d'un coup au milieu d'eux, leur eût dit : Mes amis, si vous eussiez commencé l'analyse de cet univers par celle de vous-même, vous eussiez trouvé dans la nature de votre être la clef de la constitution de ce même univers, que vous cherchez en vain sans cela; qu'ensuite, leur expliquant la distinction des deux substances, il leur eût prouvé par les propriétés mêmes de la matière que, quoi qu'en dise Locke, la supposition de la matière pensante est une véritable absurdité; qu'il leur eût fait voir quelle est la nature de l'être vraiment actif et pensant, et que, de l'établissement de cet être qui juge, il fût enfin remonté aux notions confuses mais sûres de l'Être suprême : qui peut douter que, frappés de l'éclat, de la simplicité, de la vérité, de la beauté de cette ravissante idée, les mortels, jusqu'alors aveugles, éclairés des premiers rayons de la Divinité, ne lui eussent offert par acclamation leurs premiers hommages, et que les penseurs surtout et les philosophes n'eussent rougi d'avoir contemplé si long-temps les dehors de cette machine immense, sans trouver, sans soupçonner même la clef de sa constitution; et, toujours grossièrement bornés par leurs sens, de n'avoir jamais su voir que matière où tout leur montroit qu'une autre subtance donnoit la vie à l'univers et l'intelligence à l'homme ? C'est alors, monsieur, que la mode eût été pour cette nouvelle philosophie; que les jeunes gens et les sages se fussent trouvés d'accord; qu'une doctrine si belle, si sublime, si douce et si consolante pour tout homme juste, eût réellement excité tous les hommes à la vertu; et que ce beau mot d'*humanité*, rebattu maintenant jusqu'à la fadeur, jusqu'au ridicule, par les gens du monde les moins humains, eût été plus empreint dans les cœurs que dans les livres. Il eût donc suffi d'une simple transposition de temps pour faire prendre tout le contre-pied à la mode philosophique, avec cette différence que celle d'aujourd'hui, malgré son clinquant de paroles, ne nous promet pas une génération bien estimable, ni des philosophes bien vertueux.

Vous objectez, monsieur, que si Dieu eût voulu obliger les hommes à le connoître, il eût mis son existence en évidence à tous les yeux. C'est à ceux qui font de la foi en Dieu un dogme nécessaire au salut de répondre à cette objection, et ils y répondent par la révélation. Quant à moi, qui crois en Dieu sans croire cette foi nécessaire, je ne vois pas pourquoi Dieu se seroit obligé de nous la donner. Je pense que chacun sera jugé non sur ce qu'il a cru, mais sur ce qu'il a fait, et je ne crois point qu'un système de doctrine soit nécessaire aux œuvres, parce que la conscience en tient lieu.

Je crois bien, il est vrai, qu'il faut être de bonne foi dans sa croyance, et ne pas s'en faire un système favorable à nos passsions. Comme nous ne sommes pas tout intelligence, nous ne saurions philosopher avec tant de désintéressement que notre volonté n'influe un peu sur nos opinions : l'on peut souvent juger des secrètes inclinations d'un homme par ses sentiments purement spéculatifs; et, cela posé, je pense qu'il se pourroit bien que celui qui n'a pas voulu croire fût puni pour n'avoir pas cru.

Cependant je crois que Dieu s'est suffisamment révélé aux hommes et par ses œuvres et dans leurs cœurs; et s'il y en a qui ne le connoissent pas, c'est, selon moi, parce qu'ils ne veulent pas le connoître, ou parce qu'ils n'en ont pas besoin.

Dans ce dernier cas est l'homme sauvage et sans culture qui n'a fait encore aucun usage de sa raison ; qui, gouverné seulement par ses appétits, n'a pas besoin d'autre guide ; et qui, ne suivant que l'instinct de la nature, marche par des mouvements toujours droits. Cet homme ne connoît pas Dieu, mais il ne l'offense pas. Dans l'autre cas, au contraire, est le philosophe qui, à force de vouloir exalter son intelligence, de raffiner, de subtiliser sur ce qu'on pensa jusqu'à lui, ébranle enfin tous les axiomes de la raison simple et primitive, et, pour vouloir toujours savoir plus et mieux que les autres, parvient à ne rien savoir du tout. L'homme à la fois raisonnable et modeste, dont l'entendement exercé, mais borné, sent ses limites et s'y renferme, trouve dans ces limites la notion de son ame et celle de l'auteur de son être, sans pouvoir passer au-delà pour rendre ces notions claires, et contempler d'aussi près l'une et l'autre que s'il étoit lui-même un pur esprit. Alors, saisi de respect, il s'arrête, et ne touche point au voile, content de savoir que l'être immense est dessous. Voilà jusqu'où la philosophie est utile à la pratique; le reste n'est plus qu'une spéculation oiseuse pour laquelle l'homme n'a point été fait, dont le raisonneur modéré s'abstient, et dans laquelle n'entre point l'homme vulgaire. Cet homme, qui n'est ni une brute ni un prodige, est l'homme proprement dit, moyen entre les deux extrêmes, et qui compose les dix-neuf vingtièmes du genre humain; c'est à cette classe nombreuse de chanter le psaume *Cœli enarrant*, et c'est elle en effet qui le chante. Tous les peuples de la terre connoissent et adorent Dieu; et, quoique chacun l'habille à sa mode, sous tous ces vêtements divers on trouve pourtant toujours Dieu. Le petit nombre d'élite qui a de plus hautes prétentions de doctrine, et dont le génie ne se borne pas au sens commun, en veut un plus transcendant, ce n'est pas de quoi je le blâme; mais qu'il parte de là pour se mettre à la place du genre humain, et dire que Dieu s'est caché aux hommes parce que lui, petit nombre, ne le voit plus, je trouve en cela qu'il a tort. Il peut arriver, j'en conviens, que le torrent de la mode et le jeu de l'intrigue étendent la secte philosophique, et persuadent un moment à la multitude qu'elle ne croit plus en Dieu; mais cette mode passagère ne peut durer; et, comme qu'on s'y prenne, il faudra toujours à la longue un Dieu à l'homme : enfin quand, forçant la nature des choses, la Divinité augmenteroit pour nous d'évidence, je ne doute pas que dans le nouveau lycée on n'augmentât en même raison de subtilité pour la nier. La raison prend à la longue le pli que le cœur lui donne; et quand on veut penser en tout autrement que le peuple, on en vient à bout tôt ou tard.

Tout ceci, monsieur, ne vous paroît guère philosophique, ni à moi non plus; mais toujours de bonne foi avec moi-même, je sens se joindre à mes raisonnements, quoique simples, le poids de l'assentiment intérieur. Vous voulez qu'on s'en défie; je ne saurois penser comme vous sur ce point, et je trouve, au contraire, dans ce jugement interne une sauvegarde naturelle contre les sophismes de ma raison. Je crains même qu'en cette occasion vous ne confondiez les penchants secrets de notre cœur qui nous égarent, avec ce dictamen plus secret, plus interne encore, qui réclame et murmure contre ces décisions intéressées, et nous ramène en dépit de nous sur la route de la vérité. Ce sentiment intérieur est celui de la nature elle-même, c'est un appel de sa part contre les sophismes de la raison; et ce qui le prouve est qu'il ne parle jamais plus fort que quand notre volonté cède avec le plus de complaisance aux jugements qu'il s'obstine à rejeter. Loin de croire que qui juge d'après lui soit sujet à se tromper, je crois que jamais il ne nous trompe, et qu'il est la lumière de notre foible entendement lorsque nous voulons aller plus loin que ce que nous pouvons concevoir.

Et après tout, combien de fois la philosophie elle-même, avec toute sa fierté, n'est-elle pas forcée de recourir à ce jugement interne qu'elle affecte de mépriser? N'étoit-ce pas lui seul qui faisoit marcher Diogène pour toute réponse devant Zénon qui nioit le mouvement? N'étoit-ce pas par lui que toute l'antiquité philosophique répondoit aux pyrrhoniens? N'allons pas si loin; tandis que toute la philosophie moderne rejette les esprits, tout d'un coup l'évêque Berkley s'élève et soutient qu'il n'y a point de corps. Comment est-on venu à bout de répondre à ce terrible logicien? Otez le sentiment intérieur, et je défie tous les philosophes modernes ensemble de prouver à Berkley qu'il y a des corps. Bon jeune homme, qui me paroissez si bien né, de la bonne foi; je vous en conjure, et permettez que je vous cite ici un auteur qui ne vous sera pas suspect, celui des *Pensées philosophiques*[1]. Qu'un homme vienne vous dire que, projetant au hasard une multitude de caractères d'imprimerie, il a vu

---

[1] Diderot.

l'Énéide tout arrangée résulter de ce jet : convenez qu'au lieu d'aller vérifier cette merveille vous lui répondrez froidement : Monsieur, cela n'est pas impossible, mais vous mentez. En vertu de quoi, je vous prie, lui répondrez-vous ainsi ?

Eh ! qui ne sait que, sans le sentiment interne, il ne resteroit bientôt plus de traces de vérité sur la terre, que nous serions tous successivement le jouet des opinions les plus monstrueuses, à mesure que ceux qui les soutiendroient auroient plus de génie, d'adresse et d'esprit ; et qu'enfin, réduits à rougir de notre raison même, nous ne saurions bientôt plus que croire ni que penser ?

Mais les objections.... Sans doute il y en a d'insolubles pour nous, et beaucoup, je le sais ; mais encore un coup, donnez-moi un système où il n'y en ait pas, ou dites-moi comment je dois me déterminer. Bien plus, par la nature de mon système, pourvu que mes preuves directes soient bien établies, les difficultés ne doivent pas m'arrêter, vu l'impossibilité où je suis, moi être mixte, de raisonner exactement sur les esprits purs et d'en observer suffisamment la nature. Mais vous, matérialiste, qui me parlez d'une substance unique, palpable, et soumise par sa nature à l'inspection des sens, vous êtes obligé non seulement de ne me rien dire que de clair, de bien prouvé, mais de résoudre toutes mes difficultés d'une façon pleinement satisfaisante, parce que nous possédons vous et moi tous les instruments nécessaires à cette solution. Et, par exemple, quand vous faites naître la pensée des combinaisons de la matière, vous devez me montrer sensiblement ces combinaisons et leur résultat par les seules lois de la physique et de la mécanique, puisque vous n'en admettez point d'autres. Vous épicurien, vous composez l'ame d'atomes subtils. Mais qu'appelez-vous *subtils*, je vous prie? Vous savez que nous ne connoissons point de dimensions absolues, et que rien n'est petit ou grand que relativement à l'œil qui le regarde. Je prends par supposition un microscope suffisant, et je regarde un de vos atomes : je vois un grand quartier de rocher crochu; de la danse et de l'accrochement de pareils quartiers j'attends de voir résulter la pensée. Vous, moderniste, vous me montrez une molécule organique : je prends mon microscope, et je vois un dragon grand comme la moitié de ma chambre; j'attends de voir se mouler et s'entortiller de pareils dragons jusqu'à ce que je voie résulter du tout un être non seulement organisé, mais intelligent, c'est-à-dire un être non agrégatif et qui soit rigoureusement un, etc. Vous me marquiez, monsieur, que le monde s'étoit fortuitement arrangé comme la république romaine : pour que la parité fût juste, il faudroit que la république romaine n'eût pas été composée avec des hommes, mais avec des morceaux de bois. Montrez-moi clairement et sensiblement la génération purement matérielle du premier être intelligent, je ne vous demande rien de plus.

Mais si tout est l'œuvre d'un être intelligent, puissant, bienfaisant, d'où vient le mal sur la terre? Je vous avoue que cette difficulté si terrible ne m'a jamais beaucoup frappé, soit que je ne l'aie pas bien conçue, soit qu'en effet elle n'ait pas toute la solidité qu'elle paroît avoir: Nos philosophes se sont élevés contre les entités métaphysiques; et je ne connois personne qui en fasse tant. Qu'entendent-ils par le *mal*? qu'est-ce que le *mal* en lui-même? où est le *mal* relativement à la nature et à son auteur? L'univers subsiste; l'ordre y règne et s'y conserve; tout y périt successivement, parce que telle est la loi des êtres matériels et mus; mais tout s'y renouvelle, et rien n'y dégénère, parce que tel est l'ordre de son auteur, et cet ordre ne se dément point. Je ne vois aucun mal à tout cela; mais quand je souffre, n'est-ce point un mal? quand je meurs, n'est-ce pas un mal? Doucement; je suis sujet à la mort, parce que j'ai reçu la vie; il n'y avoit pour moi qu'un moyen de ne point mourir, c'étoit de ne jamais naître. La vie est un bien positif; mais fini, dont le terme s'appelle mort. Le terme du positif n'est pas le négatif, il est zéro. La mort nous est terrible, et nous appelons cette terreur un mal. La douleur est encore un mal pour celui qui souffre; j'en conviens; mais la douleur et le plaisir étoient les seuls moyens d'attacher un être sensible et périssable à sa propre conservation, et ces moyens sont ménagés avec une bonté digne de l'Être suprême. Au moment même que j'écris ceci, je viens encore d'éprouver combien la cessation subite d'une douleur aiguë est un plaisir vif et délicieux. M'oseroit-on dire que la cessation du plaisir le plus vif soit une douleur aiguë? La douce jouissance de la vie est permanente; il suffit, pour la goûter, de ne pas souffrir. La douleur n'est qu'un avertissement importun, mais nécessaire, que ce bien qui nous est si cher est en péril. Quand je regardai de près à tout cela, je trouvai, je prouvai peut-être que le sentiment de la mort et celui de la douleur est presque nul dans l'ordre de la nature. Ce sont les hommes qui l'ont aiguisé; sans leurs raffinements insensés, sans leurs institutions barbares, les maux physiques ne nous atteindroient, ne nous affecteroient guère; et nous ne sentirions point la mort.

Mais le mal moral! autre ouvrage de l'homme, auquel Dieu n'a d'autre part que de l'avoir fait libre, et en cela semblable à lui. Faudra-t-il donc s'en prendre à Dieu des crimes des hommes et des maux qu'ils leur attirent? Faudra-t-il, en voyant un champ de bataille, lui reprocher d'avoir créé tant de jambes et de bras cassés?

Pourquoi, direz-vous, avoir fait l'homme libre, puisqu'il devoit abuser de sa liberté? Ah! M. de***, s'il exista jamais un mortel qui n'en ait pas abusé, ce mortel seul honore plus l'humanité que tous les scélérats qui couvrent la terre ne la dégradent. Mon Dieu ! donne-moi des vertus, et me place un jour auprès des Fénélon, des Caton, des Socrate. Que m'importera le reste du genre humain ? je ne rougirai point d'avoir été homme.

Je vous l'ai dit, monsieur, il s'agit ici de mon sentiment, non de mes preuves, et vous ne le voyez que trop. Je me souviens d'avoir jadis rencontré sur mon chemin cette question de l'origine du mal, et de l'avoir effleurée ; mais vous n'avez point lu ces rabâcheries, et moi je les ai oubliées : nous avons très-bien fait tous deux. Tout ce que je sais est que la facilité que je trouvois à les résoudre venoit de l'opinion que j'ai toujours eue de la co-existence éternelle de deux principes : l'un actif, qui est Dieu ; l'autre passif, qui est la matière, que l'être actif combine et modifie avec une pleine puissance, mais pourtant sans l'avoir créée et sans la pouvoir anéantir. Cette opinion m'a fait huer des philosophes à qui je l'ai dite ; ils l'ont décidée absurde et contradictoire. Cela peut-être, mais elle ne m'a pas paru telle, et j'y ai trouvé l'avantage d'expliquer sans peine et clairement à mon gré tant de questions dans lesquelles ils s'embrouillent, entre autres celle que vous m'avez proposée ici comme insoluble.

Au reste, j'ose croire que mon sentiment, peu pondérant sur toute autre matière, doit l'être un peu sur celle-ci; et, quand vous connoîtrez mieux ma destinée, quelque jour vous direz peut-être en pensant à moi : Quel autre a droit d'agrandir la mesure qu'il a trouvée aux maux que l'homme souffre ici-bas?

Vous attribuez à la difficulté de cette même question, dont le fanatisme et la superstition ont abusé, les maux que les religions ont causés sur la terre.

Cela peut-être, et je vous avoue même que toutes les formules en matière de foi ne me paroissent qu'autant de chaînes d'iniquité, de fausseté, d'hypocrisie et de tyrannie. Mais ne soyons jamais injustes; et, pour aggraver le mal, n'ôtons pas le bien. Arracher toute croyance en Dieu du cœur des hommes, c'est y détruire toute vertu. C'est mon opinion, monsieur : peut-être elle est fausse; mais, tant que c'est la mienne, je ne serai point assez lâche pour vous la dissimuler.

Faire le bien est l'occupation la plus douce d'un homme bien né : sa probité, sa bienfaisance, ne sont point l'ouvrage de ses principes, mais celui de son bon naturel; il cède à ses penchants en pratiquant la justice, comme le méchant cède aux siens en pratiquant l'iniquité. Contenter le goût qui nous porte à bien faire est bonté, mais non pas vertu.

Ce mot de vertu signifie *force*. Il n'y a point de vertu sans combat; il n'y en a point sans victoire.

La vertu ne consiste pas seulement à être juste, mais à l'être en triomphant de ses passions, en régnant sur son propre cœur. Titus, rendant heureux le peuple romain, versant partout les grâces et les bienfaits, pouvoit ne pas perdre un seul jour et n'être pas vertueux ; il le fut certainement en renvoyant Bérénice. Brutus faisant mourir ses enfants pouvoit n'être que juste. Mais Brutus étoit un tendre père ; pour faire son devoir il déchira ses entrailles, et Brutus fut vertueux.

Vous voyez ici d'avance la question remise à son point. Ce divin simulacre dont vous me parlez s'offre à moi sous une image qui n'est pas ignoble, et je crois sentir à l'impression que cette image fait dans mon cœur la chaleur qu'elle est capable de produire. Mais ce simulacre enfin n'est encore qu'une de ces entités métaphysiques dont vous ne voulez pas que les hommes se fassent des dieux ; c'est un pur objet de contemplation. Jusqu'où portez-vous l'effet de cette contemplation sublime ? Si vous ne voulez qu'en tirer un nouvel encouragement pour bien faire, je suis d'accord avec vous ; mais ce n'est pas de cela qu'il s'agit. Supposons votre cœur honnête en proie aux passions les plus terribles, dont vous n'êtes pas à l'abri, puisque enfin vous êtes homme. Cette image, qui dans le calme s'y peint si ravissante, n'y perdra-t-elle rien de ses charmes, et ne s'y ternira-t-elle point au milieu des flots ? Écartons la supposition décourageante et terrible des périls qui peuvent tenter la vertu mise au désespoir; supposons seulement qu'un cœur trop sensible brûle d'un amour involontaire pour la fille ou la femme de son ami; qu'il soit maître de jouir d'elle entre le ciel qui n'en voit rien, et lui qui n'en veut rien dire à personne; que sa figure charmante l'attire ornée de tous les attraits de la beauté et de la volupté : au moment où ses sens enivrés sont prêts à se livrer à leurs délices, cette image abstraite de la vertu viendra-t-elle disputer son cœur à l'objet réel qui le frappe? lui paroîtra-t-elle en cet instant la plus belle? l'arrachera-t-elle des bras de celle qu'il aime pour se livrer à la vaine contemplation d'un fantôme qu'il sait être sans réalité? finira-t-il comme Joseph, et laissera-t-il son manteau? Non, monsieur; il fermera les yeux et succombera. Le croyant, direz-vous, succombera de même. Oui, l'homme foible; celui, par exemple, qui vous écrit; mais donnez-leur à tous deux le même degré de force, et voyez la différence du point d'appui.

Le moyen, monsieur, de résister à des tentations violentes quand on peut leur céder sans crainte en se disant : A quoi bon résister? Pour être vertueux, le philosophe a besoin de l'être aux yeux des hommes, mais sous les yeux de Dieu le juste est bien fort; il compte cette vie, et ses biens, et ses maux, et toute sa gloriole pour si peu de chose!

il aperçoit tant au-delà ! Force invincible de la vertu, nul ne te connoît que celui qui sent tout son être, et qui sait qu'il n'est pas au pouvoir des hommes d'en disposer. Lisez-vous quelquefois la *République de Caton ?* voyez dans le second dialogue avec quelle énergie l'ami de Socrate, dont j'ai oublié le nom, lui peint le juste accablé des outrages de la fortune et des injustices des hommes, diffamé, persécuté, tourmenté, en proie à tout l'opprobre du crime, et méritant tous les prix de la vertu, voyant déjà la mort qui s'approche, et sûr que la haine des méchants n'épargnera pas sa mémoire, quand ils ne pourront plus rien sur sa personne. Quel tableau décourageant, si rien pouvoit décourager la vertu ! Socrate lui-même effrayé s'écrie, et croit devoir invoquer les dieux avant de répondre ; mais sans l'espoir d'une autre vie il auroit mal répondu pour celle-ci. Toutefois dût-il finir pour nous à la mort, ce qui ne peut être si Dieu est juste, et par conséquent s'il existe, l'idée seule de cette existence seroit encore pour l'homme un encouragement à la vertu, et une consolation dans ses misères, dont manque celui qui, se croyant isolé dans cet univers, ne sent au fond de son cœur aucun confident de ses pensées. C'est toujours une douceur dans l'adversité d'avoir un témoin qu'on ne l'a pas méritée ; c'est un orgueil vraiment digne de la vertu de pouvoir dire à Dieu : Toi qui lis dans mon cœur, tu vois que j'use en âme forte et en homme juste de la liberté que tu m'as donnée. Le vrai croyant, qui se sent partout sous l'œil éternel, aime à s'honorer à la face du ciel d'avoir rempli ses devoirs sur la terre.

Vous voyez que je ne vous ai point disputé ce simulacre que vous m'avez présenté pour unique objet des vertus du sage. Mais, mon cher monsieur, revenez maintenant à vous, et voyez combien cet objet est inalliable, incompatible avec vos principes. Comment ne sentez-vous pas que cette même loi de la nécessité qui seule règle, selon vous, la marche du monde et tous les événements, règle aussi toutes les actions des hommes, toutes les pensées de leurs têtes, tous les sentiments de leurs cœurs ; que rien n'est libre ; que tout est forcé, nécessaire, inévitable ; que tous les mouvements de l'homme, dirigés par la matière aveugle, ne dépendent de sa volonté que parce que sa volonté même dépend de la nécessité ; qu'il n'y a par conséquent ni vertus, ni vices, ni mérite, ni démérite, ni moralité dans les actions humaines ; et que ces mots d'honnête homme ou de scélérat doivent être pour vous totalement vides de sens ? Ils ne le sont pas toutefois, j'en suis très-sûr ; votre honnête cœur en dépit de vos arguments réclame contre votre triste philosophie ; le sentiment de la liberté, le charme de la vertu, se font sentir à vous malgré vous. Et voilà comment de toutes parts cette forte et salutaire voix du sentiment intérieur rappelle au sein de la vérité et de la vertu tout homme que sa raison mal conduite égare. Bénissez, monsieur, cette sainte et bienfaisante voix qui vous ramène aux devoirs de l'homme, que la philosophie à la mode finiroit par vous faire oublier. Ne vous livrez à vos arguments que quand vous les sentez d'accord avec le dictamen de votre conscience ; et, toutes les fois que vous y sentirez de la contradiction, soyez sûr que ce sont eux qui vous trompent.

Quoique je ne veuille pas ergoter avec vous ni suivre pied à pied vos deux lettres, je ne puis cependant me refuser un mot à dire sur le parallèle du sage hébreu et du sage grec. Comme admirateur de l'un et de l'autre, je ne puis guère être suspect de préjugés en parlant d'eux. Je ne vous crois pas dans le même cas : je suis peu surpris que vous donniez au second tout l'avantage ; vous n'avez pas assez fait connoissance avec l'autre, et vous n'avez pas pris assez de soin pour dégager ce qui est vraiment à lui de ce qui lui est étranger et qui le défigure à vos yeux, comme à ceux de bien d'autres gens qui, selon moi, n'y ont pas regardé de plus près que vous. Si Jésus fût né à Athènes, et Socrate à Jérusalem, que Platon et Xénophon eussent écrit la vie du premier, Luc et Matthieu celle de l'autre, vous changeriez beaucoup de langage ; et ce qui lui fait tort dans votre esprit est précisément ce qui rend son élévation d'ame plus étonnante et plus admirable, savoir, sa naissance en Judée, chez le plus vil peuple qui peut-être existât alors; au lieu que Socrate, né chez le plus instruit et le plus aimable, trouva tous les secours dont il avoit besoin pour s'élever aisément au ton qu'il prit. Il s'éleva contre les sophistes, comme Jésus contre les prêtres, avec cette différence que Socrate imita souvent ses antagonistes, et que, si sa belle et douce mort n'eût honoré sa vie, il eût passé pour un sophiste comme eux. Pour Jésus, le vol sublime que prit sa grande ame l'éleva toujours au-dessus de tous les mortels; et depuis l'âge de douze ans jusqu'au moment qu'il expira dans la plus cruelle ainsi que dans la plus infâme de toutes les morts, il ne se démentit pas un moment. Son noble projet étoit de relever son peuple, d'en faire derechef un peuple libre et digne de l'être; car c'étoit par là qu'il falloit commencer. L'étude profonde qu'il fit de la loi de Moïse, ses efforts pour en réveiller l'enthousiasme et l'amour dans les cœurs, montrèrent son but autant qu'il étoit possible pour ne pas effaroucher les Romains. Mais ses vils et lâches compatriotes, au lieu de l'écouter, le prirent en haine précisément à cause de son génie et de sa vertu qui leur reprochoient leur indignité. Enfin ce ne fut qu'après avoir vu l'impossibilité d'exécuter son projet qu'il l'étendit dans sa tête, et que, ne pouvant faire par lui-même une révolution chez son peuple, il voulut en faire une par ses disciples dans l'univers. Ce qui l'empêcha de réussir dans son premier plan, outre la bassesse de son peuple, incapable de toute vertu, fut la trop grande douceur de son propre caractère ; douceur qui tient plus de l'ange et du dieu que de l'homme, qui ne l'abandonna pas un instant, même sur la croix, et qui fait verser des torrents de larmes à qui sait lire sa vie comme il faut à travers les fatras dont ces pauvres gens l'ont défigurée. Heureusement ils ont respecté et transcrit fidèlement ses discours qu'ils n'entendoient pas : ôtez quelques tours orientaux ou mal rendus, on n'y voit pas un mot qui ne soit digne de lui ; et c'est là qu'on reconnoît l'homme divin, qui, de si piètres disciples, a fait pourtant, dans leur grossier mais fier enthousiasme, des hommes éloquents et courageux.

Vous m'objectez qu'il a fait des miracles. Cette objection seroit terrible, si elle étoit juste ; mais vous savez, monsieur, ou du moins vous pourriez savoir que, selon moi, loin que Jésus ait fait des miracles, il a déclaré très-positivement qu'il n'en feroit point, et a marqué un très-grand mépris pour ceux qui en demandoient.

Que de choses me resteroient à dire ? Mais cette lettre est énorme ; il faut finir : voici la dernière fois que je reviendrai sur ces matières. J'ai voulu vous complaire, monsieur ; je ne m'en repens point : au contraire, je vous remercie de m'avoir fait reprendre un fil d'idées presque effacées, mais dont les restes peuvent avoir pour moi leur usage dans l'état où je suis.

Adieu, monsieur ; souvenez-vous quelquefois d'un homme que vous auriez aimé, je m'en flatte, quand vous l'auriez mieux connu, et qui s'est occupé de vous dans des moments où l'on ne s'occupe guère que de soi-même.

Observation. — On ignore le nom de celui qui avoit communiqué à Rousseau ses doutes sur l'existence de Dieu. Jean-Jacques lui répondit par cette longue lettre que la force des raisonnements, le style, la bonne foi d'un homme qui cherche sincèrement la vérité, rendent également remarquable. « Il « a cru dans son enfance par autorité, dans sa jeunesse par « sentiment, dans son âge mûr par raison, et, maintenant il « croit parce qu'il a toujours cru. » Cette lettre fut écrite à Bourgoin, dans un cabaret où Jean-Jacques étoit logé d'une manière incommode, et à l'une des époques de sa vie où il fut le plus tourmenté. C'étoit au sujet de l'affaire Thevenin, qui l'affecta beaucoup trop, comme on l'a vu. Toutes les fois que dans ses malheurs on interrogeoit Rousseau sur de grandes questions, il sortoit de son léthargique accablement et reprenoit toute son énergie. On l'a vu dans sa réponse au marquis de Mirabeau, qui le consultoit sur l'absurde système du *despotisme légal.* V. lettre du 26 juillet 1767.

LETTRE DCCCLXXX.

A M. LALIAUD.

Monquin, le 17 mars 1769.

J'ai reçu, monsieur, avec votre dernière lettre, votre seconde rescription, dont je vous remercie, et dont je n'ai pas encore fait usage, faute d'occasion.

Je me trouve beaucoup mieux depuis que je suis ici; je respire et j'agis beaucoup plus librement, quoique l'estomac ne soit pas désenflé: outre l'effet de l'air et de l'eau marécageuse, je crois devoir attribuer en grande partie mon incommodité au vin du cabaret, dont j'ai apporté avec moi une vingtaine de bouteilles, et dont j'ai senti le mauvais effet toutes les fois que j'en ai bu. Tous les cabaretiers falsifient et frelatent ici leurs vins avec de l'alun; et rien n'est plus pernicieux, surtout pour moi.

J'ai appris par M. du Peyrou que le discours en question avoit été absolument défiguré et mutilé à l'impression, et que non seulement on n'avoit pas suivi les corrections que j'y ai faites, mais qu'on avoit même retranché des morceaux de la première composition. Cela me console en quelque sorte de ce larcin où personne de bon sens ne peut reconnoître mon ouvrage.

Permettez que je vous prie de donner cours à la lettre ci-jointe.

J'oubliois de vous répondre au sujet des livres dont vous offrez de me défaire. S'ils sont tolérés, j'y consens; s'ils sont défendus, je m'y oppose. Mais une chose qui me tient beaucoup plus au cœur, et dont vous ne me parlez point, est le portrait du roi d'Angleterre. Il est singulier que, de quelque façon que je m'y prenne, il me soit impossible d'avoir ce portrait. Il est pourtant bien à moi, ce me semble, et je ne suis d'humeur à le céder à qui que ce soit, pas même à vous, à moins qu'il ne vous fît autant de plaisir qu'à moi.

Donnez-nous, monsieur, de vos nouvelles à vos moments de loisir. Madame Renou vous souhaite, ainsi que moi, bonheur et santé, et nous vous faisons l'un et l'autre bien des salutations.

LETTRE DCCCLXXXI.

A MADAME LATOUR.

A Monquin, le 23 mars 1769.

Le changement d'air m'a fait du bien, chère Marianne, et je me trouve beaucoup mieux, quant à la santé, que quand j'ai quitté Bourgoin.

Cependant mon estomac n'est pas assez rétabli

pour que je puisse écrire sans peine, ce qui m'oblige à ne faire que de courtes lettres autant que je puis, et seulement pour le besoin. C'en sera toujours un pour moi, mon aimable amie, d'entretenir avec vous les liens d'une amitié maintenant aussi chère à mon cœur qu'elle parut jadis l'être au vôtre.

~~~~~~

LETTRE DCCCLXXXII.

A M. DU PEYROU.

A Monquin, le 31 mars 1769.

Votre dernière lettre sans date, mon cher hôte, a bien vivement irrité les inquiétudes où j'étois déjà sur l'état tant de madame la commandante que sur le vôtre. Je vois que vous en êtes au point de ne pas même craindre le retour de la goutte, comme une diversion de la douleur du corps pour celle de l'ame. Cela m'apprend ou me confirme bien combien tous les systèmes philosophiques sont foibles contre la douleur tant de l'un que de l'autre, et combien la nature est toujours la plus forte aussitôt qu'elle fait sentir son aiguillon. Il n'y a pas six mois que, pour m'armer contre ma foiblesse, vous me souteniez que, hors les remords inconnus aux gens de votre espèce, les peines morales n'étoient rien, qu'il n'y avoit de réel que le mal physique; et vous voilà, foible mortel ainsi que moi, appelant, pour ainsi dire, ce même mal physique à votre aide contre celui que vous souteniez ne pas exister. Mon cher hôte, revenons-en donc pour toujours, vous et moi, à cette maxime naturelle et simple, de commencer par être toujours bien avec soi, puis, au surplus, de crier tout bonnement et bien fort quand on souffre, et de se taire quand on ne souffe plus, car tel est l'instinct de la nature et le lot de l'être sensible. Faisons comme les enfants et les ivrognes, qui ne se cassent jamais ni jambes ni bras quand ils tombent, parce qu'ils ne se roidissent point pour ne pas tomber, et revenons à ma grande maxime de laisser aller le cours des choses tant qu'il n'y a point de notre faute, et de ne jamais regimber contre la nécessité.

LETTRE DCCCLXXXIII.

A M. BEAUCHATEAU.

Bourgoin, le 4 avril 1769.

Vous vous moquez de moi, monsieur, avec votre médaille. Allez, je ne veux point d'autre médaille que celle qui restera dans les cœurs des honnêtes gens qui me survivront, et qui connoîtront mes sentiments et ma destinée. Je vous salue, monsieur, très-humblement.

LETTRE DCCCLXXXIV.

A M. DU PEYROU.

Monquin, le 21 avril 1769.

Que votre situation, mon cher hôte, me navre! Que je vous trouve à plaindre, et que je vous plains ainsi que votre digne et infortunée mère! Mais vous êtes sans contredit le plus à plaindre des deux; tant qu'elle voit son fils tendre et bien portant auprès d'elle, elle a dans ses terribles maux des consolations bien douces; mais vous, vous n'en avez point. Elle peut encore aimer sa vie, et vous, vous devez soigner la vôtre parce qu'elle lui est nécessaire. Ce n'est pas une consolation pour vous, mais c'est un devoir qui doit vous rendre bien sacré le soin de vous-même.

Vous me demandez conseil sur ce que vous devez lui dire au sujet du choix que vous vous êtes fait. Personne ne peut vous donner ce conseil que vous-même, parce que personne ne peut prévoir comme vous l'effet que cette déclaration peut faire sur son esprit; car, sans contredit, vous ne devez rien lui dire dans son triste état que vous ne sachiez devoir lui être agréable et consolant. Vous êtes convaincu, me dites-vous, que ce choix lui fera plaisir; cela étant, je ne vois pas pourquoi vous balanceriez. Mais vous n'avez pas le courage, ajoutez-vous, de lui en parler de but en blanc dans son état. Eh bien! parlez-lui-en par forme de consultation plutôt que de déclaration. Cette déférence ne peut que lui plaire et la toucher; et dût-elle ne pas approuver votre choix, vous n'en restez pas moins le maître de passer outre sans la contrister, lorsque le ciel aura disposé d'elle. Voilà tout ce que la raison et le tendre intérêt que je prends à l'un et à l'autre me prescrit de vous dire à ce sujet.

J'ai le cœur si plein de vous et de votre cruelle situation, que je n'ai pas le courage de vous parler de moi; et tout ce que j'ai de bon à vous en dire est que ma santé continue d'aller assez bien. Faites parler mon cœur avec le vôtre auprès de votre bonne maman. Mille amitiés au bon Jeannin. Nous vous embrassons, madame Renou et moi, de tout notre cœur.

LETTRE DCCCLXXXV.

AU MÊME.

Ce 19 mai 1769.

J'apprends votre perte, mon cher hôte, et je la sens bien; mais ce n'est pas une perte récente à laquelle vous ne fussiez pas préparé. Je ne voudrois, pour vous en consoler, que le détail que vous me faites de l'état de la défunte. Il y avoit long-temps qu'elle avoit cessé de vivre; elle n'a fait que cesser de souffrir, et vous de partager ses souffrances. Il n'y a pas là de quoi s'affliger. Mais votre perte, pour être ancienne en quelque sorte, n'en est pas moins réelle et pas moins irréparable; et voilà sur quoi doivent tomber vos regrets; vous avez un véritable ami de moins, et un ami qui ne se remplace pas. Puissiez-vous n'avoir jamais plus à le pleurer dans la suite que vous ne le pleurez aujourd'hui! Mais telle est la loi de la nature, il faut baisser la tête et se résigner.

La nature qui se ranime me ranime aussi. Je reprends des forces et j'herborise. Le pays où je suis seroit très-agréable s'il avoit d'autres habitants; j'avois semé quelques plantes dans le jardin, on les a détruites. Cela m'a déterminé à n'avoir plus d'autre jardin que les prés et les bois. Tant que j'aurai la force de m'y promener, je trouverai du plaisir à vivre ; c'est un plaisir que les hommes ne m'ôteront pas, parce qu'il a sa source en dedans de moi.

LETTRE DCCCLXXXVI.

A M. LE PRINCE DE CONTI.

Bourgoin, le 31 mai 1769.

Monseigneur,

Puisque votre altesse sérénissime n'approuve pas que je dispose de moi sans ses ordres, et puisque je ne veux en rien lui déplaire, il faut qu'elle daigne endurer les importunités que ma situation rend indispensables.

Je ne puis rester volontairement ici, ni choisir mon habitation dans le lieu qu'il vous a plu, monseigneur, de me désigner. Mes raisons ne peuvent s'écrire. J'ai cent fois été tenté de partir à tout risque pour porter à vos pieds les éclaircissements qu'il m'importe qui soient connus de vous et de vous seul. Avant de céder à cette tentation qui devient plus forte de jour en jour, je crois devoir vous en instruire. Daignez l'approuver, et n'avoir pas plus d'égard à mes périls que je n'en veux avoir moi-même, parce qu'il n'est pas de la magnanimité de votre ame de vouloir ma sûreté aux dépens de mon honneur.

Si je suis assez malheureux pour que votre altesse sérénissime se refuse à cette audience, je la supplie au moins d'approuver que je choisisse moi-même, dans le royaume, le lieu de mon habitation; que je le choisisse en toute liberté, sans être obligé d'indiquer ce lieu d'avance, parce que je ne puis juger de celui qui me conviendra qu'après en avoir fait l'essai.

Si nul de ces deux partis n'obtient l'agrément de votre altesse sérénissime, je le lui demande au moins pour sortir du royaume à la faveur d'un passeport pareil au précédent que m'accorda M. de Choiseul, et dont je n'ai pu ni dû faire usage.

Enfin, monseigneur, si vous n'approuvez aucune de ces propositions, ou que vous ne m'honoriez d'aucune réponse, je prends le ciel à témoin de mon profond respect pour vos ordres et de l'ardent désir que j'ai de mériter toujours vos bontés; mais comme rien ne peut me dispenser de ce que je me dois à moi-même, dans l'extrémité où je suis, je disposerai de moi comme mon cœur me l'inspirera.

Veuillez, monseigneur, agréer avec bonté mon profond respect.

LETTRE DCCCLXXXVII.

A M. DU PEYROU.

Ce 12 juin 1769.

Recevez, mon cher hôte, mes félicitations et celles de madame Renou, sur votre mariage; nous faisons l'un et l'autre les vœux les plus sincères pour que vous y trouviez et que vous y rendiez à votre épouse ce rare et précieux bonheur qui en fait un lien céleste et sans lequel il n'est qu'une chaîne de misère; car il n'y a point de milieu. Elle nous a paru fort aimable à l'un et à l'autre, et d'un fort bon caractère, autant que nous en avons pu juger sur une connoissance aussi superficielle. Nous apprendrons avec joie que le jugement avantageux que nous en avons porté est confirmé par votre expérience. Vous avez, mon cher hôte, une grande et belle tâche à remplir. La sienne est plus grande et plus belle encore. Si elle la remplit, comme le choix d'un homme sensé nous le fait espérer, elle méritera l'estime et le respect de toute la terre, et c'est un tribut que nos cœurs lui paieront avec plaisir.

Le ressentiment de goutte dont vous paroissez menacé nous tient en peine sur l'état présent de votre santé. Donnez-m'en des nouvelles, je vous prie. Ménagez-la, c'est un soin que votre état rend très-nécessaire. Nous vous embrassons l'un et l'autre et vous prions de faire agréer nos salutations à madame du Peyrou.

LETTRE DCCCLXXXVIII.

A MADAME LATOUR.

A Monquin, le 19 juin 1769.

Connoître mon cœur et lui rendre justice, c'est en montrer un bien digne de son attachement. Il y a trois lignes dans votre dernière lettre, chère Marianne, qui m'ont encore plus touché que tout ce que vous m'avez écrit jusqu'ici. Vous comptez sur mes sentiments ; vous avez d'autant plus raison que vous m'avez appris à compter sur les vôtres, et que toute personne dont je serai sûr d'être aimé, fût-elle bien moins aimable que vous, aura toujours de ma part plus que du retour. Je sens plus que vous, croyez-moi, notre éloignement ; mais quand vous pourriez me venir voir ici, je n'y consentirois pas ; plus vous m'aimez, plus vous seriez affligée. Nous étions amis sans nous être jamais vus, nous le serons, et, s'il le faut, sans nous revoir. J'étois négligent à écrire ; à présent que vous m'imitez un peu, je ne serai pas plus exact; mais dussé-je ne vous plus voir et ne vous plus écrire, le besoin de vous aimer et la douceur de le satisfaire feront partie de mon être aussi long-temps qu'il sera ce qu'il est.

LETTRE DCCCLXXXIX.

A LA MÊME.

A Monquin, le 4 juillet 1769.

Rassurez-vous, belle Marianne, j'ai regret aux inquiétudes que je vous ai données. J'ai voulu mettre à l'épreuve votre sensibilité ; le succès a passé mon attente ; je vous promets de ne plus faire avec vous de pareils essais. Adieu, belle Marianne ; puissiez-vous ne voir jamais autour de vous que bonheur et prospérité ! Quand on s'affecte ainsi des peines de ses amis, on n'en doit avoir que d'heureux.

LETTRE DCCCXC.

A M. DU PEYROU.

A Nevers, le 21 juillet 1769.

Je n'aurois pas tardé si long-temps, mon cher hôte, à vous remercier du livre de M. Haller, et à vous en accuser la réception, sans mon départ un peu précipité, pour venir rendre mes devoirs à mon ancien hôte de Trye, tandis qu'il se trouvoit rapproché de moi. Après huit jours de séjour en cette ville, je compte en repartir demain pour Lyon, et de là pour Monquin, où j'ai laissé madame Renou, et où j'espère trouver de vos nouvelles, n'en ayant pas eu depuis votre mariage, au bonheur duquel vous ne doutez pas, je m'en flatte, de l'intérêt vif et vrai que prend votre concitoyen. Je ne doute pas que l'habitation de la campagne ne tire en ce moment un nouveau charme de celle avec qui vous la partagez, et que vous n'y repreniez même le goût de l'herborisation, ne fût-ce que pour lui offrir des guirlandes mieux assorties. J'aurois bien voulu pouvoir y joindre de très-jolies fleurs que j'ai trouvées sur ma route; ce beau pays, peu connu des botanistes, est abondant en belles plantes, dont j'aurois enrichi mon herbier si j'avois eu l'esprit de porter avec moi un portefeuille.

Je ne puis vous parler encore du catalogue de M. Gagnebin, à qui j'en fais, ainsi qu'à vous, bien des remerciements, non plus que du Haller, n'ayant fait que parcourir bien rapidement l'un et l'autre. J'ai déjà dans mon herbier une grande partie des plantes que contient le premier ; et quant à l'autre, je le trouve imprimé avec une extrême négligence et plein de fautes impardonnables, j'entends fautes d'impression. Il ne laissera pas pour cela de m'être toujours précieux par lui-même et par la main dont il me vient. Adieu, mon cher hôte ; mes hommages, je vous supplie, à votre chère épouse ; et mes amitiés à M. Jeannin. Je vous embrasse de tout mon cœur.

LETTRE DCCCXCI.

AU MÊME.

Monquin, le 12 août 1769.

De retour ici, mon cher hôte, de Nevers, d'où je vous ai écrit une lettre qui, j'espère, vous sera parvenue, j'y ai trouvé la vôtre du 9 juillet, où je vois et sens en la lisant les douloureuses incisions que vous avez souffertes, et qui ont abouti à vous tirer du tuf du bout des doigts. Voilà, je l'avoue, une manière d'escamoter dont je n'avois pas l'idée.

Comment peut-on avoir du tuf dans le bout des doigts ? Cela me passe, et j'aimerois autant, pour la vraisemblance, l'histoire de cet homme qui vomissoit des canifs et des écritoires. Mais enfin, là où le vrai parle, la vraisemblance doit se taire; et puisqu'il faut convenir qu'il peut y avoir du tuf là où il s'en trouve, je suis toujours fort aise que vous soyez délivré de celui-là, et que vos douleurs de goutte en soient soulagées.

Vous voulez que je vous parle à mon tour de ma santé; j'ai peu de chose à vous en dire. Mon voyage m'a extrêmement fatigué par la chaleur, la poussière, et la voiture; mais, chemin faisant, j'ai vu des plantes nouvelles qui m'ont amusé, et après quelques jours de repos me voilà prêt à repartir demain pour aller herboriser sur le mont Pila avec M. le gouverneur de Bourgoin, et quelques autres messieurs à qui je tâche de persuader qu'ils aiment la botanique, et qui en effet y ont fait quelques progrès. Notre pélerinage doit être de sept ou huit jours, et toujours pédestre, comme celui que nous fîmes ensemble à Bienne. La première journée d'ici à Vienne est très-forte pour moi, qui d'ailleurs ne me sens pas extrêmement bien, et il faut que je compte beaucoup sur le bien que me font ordinairement les voyages pédestres pour ne pas renoncer à celui-là. Mais, après avoir mis la partie en train, la rompre seroit à moi de mauvaise grâce, et j'aime mieux courir quelques risques que paroître trop inconstant. Je compte à mon retour trouver ici de vos nouvelles, et apprendre que votre singulière opération vous a en effet délivré d'une attaque de goutte, comme vous l'avez espéré.

Votre Haller me fait toujours grand plaisir, mais je le trouve toujours plus rempli de fautes d'impression. La moitié des phrases de Linnæus qu'il cite sont estropiées, et un très-grand nombre de chiffres des tables et citations sont faux, de sorte qu'on ne sait presque où aller chercher tout ce qu'il indique ; j'ai vu peu de livres aussi considérables imprimés si négligemment. Le catalogue de M. Gagnebin est exact, net, mais sans ordre, de sorte qu'on ne sait comment y chercher la plante dont on a besoin. Au reste, l'un et l'autre de ces deux ouvrages peut donner des instructions utiles, dont je profite de mon mieux en pensant à vous. Quand je serai revenu de Pila (si j'en reviens heureusement), je vous marquerai ce que j'y aurai trouvé de plus ou de moins que dans le catalogue de M. Gagnebin.

LETTRE DCCCXCII.

A MADAME ROUSSEAU.

Monquin, ce samedi 12 août 1769.

Depuis vingt-six ans, ma chère amie, que notre union dure, je n'ai cherché mon bonheur que dans le vôtre, je ne me suis occupé qu'à tâcher de vous rendre heureuse; et vous avez vu par ce que j'ai fait en dernier lieu, sans m'y être engagé jamais, que votre honneur et votre bonheur ne m'étoient pas moins chers l'un que l'autre. Je m'aperçois avec douleur que le succès ne répond pas à mes soins, et qu'ils ne vous sont pas aussi doux à recevoir qu'il me l'est de vous les rendre. Je sais que les sentiments de droiture et d'honneur avec lesquels vous êtes née ne s'altéreront jamais en vous; mais quant à ceux de tendresse et d'attachement, qui jadis étoient réciproques, je sens qu'ils n'existent plus que de mon côté. Ma chère amie, non seulement vous avez cessé de vous plaire avec moi, mais il faut que vous preniez beaucoup sur vous pour y rester quelques moments par complaisance. Vous êtes à votre aise avec tout le monde hors avec moi; tous ceux qui vous entourent sont dans vos secrets excepté moi, et votre seul véritable ami est le seul exclu de votre confidence. Je ne vous parle point de beaucoup d'autres choses. Il faut prendre nos amis avec leurs défauts, et je dois vous passer les vôtres comme vous me passez les miens. Si vous étiez heureuse avec moi, je serois content; mais je vois clairement que vous ne l'êtes pas, et voilà ce qui me déchire. Si je pouvois faire mieux pour y contribuer, je le ferois et je me tairois; mais cela n'est pas possible. Je n'ai rien omis de ce que j'ai cru pouvoir contribuer à votre félicité ; je ne saurois faire davantage, quelque ardent désir que j'en aie. En nous unissant, j'ai fait mes conditions; vous y avez consenti, je les ai remplies. Il n'y avoit qu'un tendre attachement de votre part qui pût m'engager à les passer et à n'écouter que notre amour au péril de ma vie et de ma santé. Convenez, ma chère amie, que vous éloigner de moi n'est pas le moyen de me rapprocher de vous : c'étoit pourtant mon intention, je vous le jure ; mais votre refroidissement m'a retenu, et des agaceries ne suffisent pas pour m'attirer lorsque le cœur me repousse. En ce moment même où je vous écris, navré de détresse et d'affliction, je n'ai pas de désir plus vif et plus vrai que celui de finir mes jours avec vous dans l'union la plus parfaite, et de n'avoir plus qu'un lit lorsque nous n'aurons plus qu'une ame.

Rien ne plaît, rien n'agrée de la part de quelqu'un qu'on n'aime pas. Voilà pourquoi, de quelque façon que je m'y prenne, tous mes soins, tous mes efforts auprès de vous sont insuffisants. Le cœur, ma chère amie, ne se commande pas, et ce mal est sans remède. Cependant, quelque passion que j'aie de vous voir heureuse à quelque prix que ce soit, je n'aurois jamais songé à m'éloigner de vous pour cela, si vous n'eussiez été la première à m'en faire la proposition. Je sais bien qu'il ne faut pas donner trop de poids à ce qui se dit dans la chaleur d'une querelle ; mais vous êtes revenue trop souvent à cette idée pour qu'elle n'ait pas fait sur vous quelque impression. Vous connoissez mon sort ; il est tel qu'on n'oseroit pas même le décrire, parce qu'on n'y sauroit ajouter foi. Je n'avois, chère amie, qu'une seule consolation, mais bien douce, c'étoit d'épancher mon cœur dans le tien ; quand j'avois parlé de mes peines avec toi elles étoient soulagées ; et quand tu m'avois plaint, je ne me trouvois plus à plaindre. Il est sûr que, ne trouvant plus que des cœurs fermés ou faux, toute ma ressource, toute ma confiance est en toi seule ; le mien ne peut vivre sans s'épancher, et ne peut s'épancher qu'avec toi. Il est sûr que, si tu me manques et que je sois réduit à vivre absolument seul, cela m'est impossible, et je suis un homme mort. Mais je mourrois cent fois plus cruellement encore, si nous continuions de vivre ensemble en mésintelligence, et que la confiance et l'amitié s'éteignissent entre nous. Ah ! mon enfant, à Dieu ne plaise que je sois réservé à ce comble de misère ! Il vaut mieux cent fois cesser de se voir, s'aimer encore, et se regretter quelquefois. Quelque sacrifice qu'il faille de ma part pour te rendre heureuse, sois-le à quelque prix que ce soit, et je suis content.

Je te conjure donc, ma chère femme, de bien rentrer en toi-même, de bien sonder ton cœur, et de bien examiner s'il ne seroit pas mieux pour l'un et pour l'autre que tu suivisses ton projet de te mettre en pension dans une communauté pour t'épargner les désagréments de mon humeur, et à moi ceux de ta froideur, car, dans l'état présent des choses, il est impossible que nous trouvions notre bonheur l'un avec l'autre : je ne puis rien changer en moi, et j'ai peur que tu ne puisses rien changer en toi non plus. Je te laisse parfaitement libre de choisir ton asile et d'en changer sitôt que cela te conviendra. Tu n'y manqueras de rien, j'aurai soin de toi plus que de moi-même ; et sitôt que nos cœurs nous feront mieux sentir combien nous étions nés l'un pour l'autre, et le vrai besoin de nous réunir, nous le ferons pour vivre en paix et nous rendre heureux mutuellement jusqu'au tombeau. Je n'endurerois pas l'idée d'une séparation éternelle ; je n'en veux qu'une qui nous serve à tous deux de leçon ; je ne l'exige point même, je ne l'impose point, je crains seulement qu'elle ne soit devenue nécessaire. Je t'en laisse le juge et je m'en rapporte à ta décision. La seule chose que j'exige, si nous en venons là, c'est que le parti que tu jugeras à propos de prendre se prenne de concert entre nous : je te promets de me prêter là-dessus en tout à ta volonté, autant qu'elle sera raisonnable et juste, sans humeur de ma part et sans chicane. Mais quant au parti que tu voulois prendre dans ta colère de me quitter et de t'éclipser sans que je m'en mêlasse et sans que je susse même où tu voudrois aller, je n'y consentirai de ma vie, parce qu'il seroit honteux et déshonorant pour l'un et pour l'autre, et contraire à tous nos engagements.

Je vous laisse le temps de bien peser toutes choses. Réfléchissez pendant mon absence au sujet de cette lettre. Pensez à ce que vous vous devez, à ce que vous me devez, à ce que nous sommes depuis long-temps l'un à l'autre, et à ce que nous devons être jusqu'à la fin de nos jours, dont la plus grande et la plus belle partie est passée; et dont il ne nous reste que ce qu'il faut pour couronner une vie infortunée, mais innocente, honnête et vertueuse, par une fin qui l'honore et nous assure un bonheur durable. Nous avons des fautes à pleurer et à expier; mais, grâces au ciel, nous n'avons à nous reprocher ni noirceurs ni crimes : n'effaçons pas par l'imprudence de nos derniers jours la douceur et la pureté de ceux que nous avons passés ensemble.

Je ne vais pas faire un voyage bien long ni bien périlleux : cependant la nature dispose de nous au moment que nous y pensons le moins. Vous connoissez trop mes vrais sentiments pour craindre qu'à quelque degré que mes malheurs puissent aller, je sois homme à disposer jamais de ma vie avant le temps que la nature ou les hommes auront marqué. Si quelque accident doit terminer ma carrière, soyez bien sûre, quoi qu'on puisse dire, que ma volonté n'y aura pas eu la moindre part. J'espère me retrouver en bonne santé dans vos bras, d'ici à quinze jours au plus tard; mais s'il en étoit autrement, et que nous n'eussions pas le bonheur de nous revoir, souvenez-vous en pareil cas de l'homme dont vous êtes la veuve; et d'honorer sa mémoire en vous honorant. Tirez-vous d'ici le plus tôt que vous pourrez. Qu'aucun moine ne se mêle de vous ni de vos affaires en quelque façon que ce soit. Je ne vous dis point ceci par jalousie, et je suis bien convaincu qu'ils n'en veulent point à votre personne; mais n'importe; profitez de cet avis, ou soyez sûre de n'attirer que déshonneur et calamité sur le reste de votre vie. Adressez-vous à M. de Saint-Germain pour sortir d'ici; tâchez d'endurer l'air méprisant de sa femme par la certitude que vous ne l'avez pas mérité. Cherchez à Paris, à Orléans, ou à Blois, une communauté qui vous convienne, et tâchez d'y vivre plutôt que seule dans une chambre. Ne comptez sur aucun ami; vous n'en avez point ni moi non plus, soyez-en sûre; mais comptez sur les honnêtes gens, et soyez sûre que la bonté de cœur et l'équité d'un honnête homme vaut cent fois mieux que l'amitié d'un coquin. C'est à ce titre d'honnête homme que vous pouvez donner votre confiance au seul homme de lettres que vous savez que je tiens pour tel [1]. Ce n'est pas un ami chaud, mais c'est un homme droit qui ne vous trompera pas, et qui n'insultera pas ma mémoire, parce qu'il m'a bien connu et qu'il est juste; mais il ne se compromettra pas, et je ne désire pas qu'il se compromette. Laissez tranquillement exécuter les complots faits contre votre mari; ne vous tourmentez point à justifier sa mémoire outragée; contentez-vous de rendre honneur à la vérité dans l'occasion, et laissez la Providence et le temps faire leur œuvre; cette œuvre se fera tôt ou tard. Ne vous rapprochez plus des grands; n'acceptez aucune de leurs offres, encore moins de celles des gens de lettres. J'exclus nommément toutes les femmes qui se sont dites mes amies. J'excepte madame Dupin et madame de Chenonceaux; l'une et l'autre sont sûres à mon égard et incapables de trahison. Parlez-leur quelquefois de mes sentiments pour elles; ils vous sont connus. Vous aurez assez de quoi vivre indépendante avec les secours que M. du Peyrou a dessein de vous

---

[1] Duclos, mort en 1772.

donner, et qu'il vous doit puisqu'il en a reçu l'argent. Si vous aimez mieux vivre seule chez vous que chez des religieuses, vous le pouvez; mais ne vous laissez pas subjuguer, ne vous livrez pas à vos voisines, et ne vous fiez pas aux gens avant de les connoître. Je finis ma lettre si à la hâte que je ne sais plus ce que je dis. Adieu, chère amie de mon cœur: à vous revoir; et, si nous ne nous revoyons pas, souvenez-vous toujours du seul ami véritable que vous ayez eu et que vous aurez jamais. Je ne me signerai pas *Renou*, puisque ce nom fut fatal à votre tendresse; mais, pour ce moment, j'en veux reprendre un que votre cœur ne sauroit oublier.

J. J. ROUSSEAU.

OBSERVATION.— C'est sur cette lettre que nous appuyons l'opinion que nous avons exprimée plusieurs fois relativement à Thérèse. C'est un monument incontestable du caractère de cette indigne femme. Elle avoit menacé Jean-Jacques de le quitter furtivement; il est fâcheux qu'elle ne l'ait pas fait vingt ans plus tôt. C'est elle qui fit naître en lui cette méfiance dont il étoit tourmenté, et qu'elle avoit soin d'alimenter; c'est elle qui, par son commérage et ses propos, le dégoûta successivement de toutes les retraites qu'il s'étoit choisies; c'est elle qui, en acceptant clandestinement des cadeaux, en les provoquant même, autorisoit la calomnie et compromettoit l'honneur de celui à qui elle devoit tout et dont on ne peut expliquer l'aveuglement; c'est elle qui empoisonna son existence... Malgré les justes sujets de plainte qu'il expose dans cette lettre, il exprime une tendre sollicitude sur sa destinée si elle lui survit, lui donne des conseils, et lui fait les adieux les plus touchants. Elle lui a survécu en effet, s'est avilie, est morte dans l'opprobre et la misère.

LETTRE DCCCXCIII.

A M. LALIAUD.

Monquin, le 27 août 1769.

Un voyage de botanique, monsieur, que j'ai fait au mont Pila presque en arrivant ici, m'a privé du plaisir de vous répondre aussitôt que je l'aurois dû. Ce voyage a été désastreux, toujours de la pluie ; j'ai trouvé peu de plantes, et j'ai perdu mon chien, blessé par un autre et fugitif : je le croyois mort dans les bois de sa blessure, quand à mon retour je l'ai trouvé ici bien portant, sans que je puisse imaginer comment il a pu faire douze lieues et repasser le Rhône dans l'état où il étoit. Vous avez, monsieur, la douceur de revoir vos pénates et de vivre au milieu de vos amis. Je prendrois part à ce bonheur en vous en voyant jouir, mais je doute que le ciel me destine à ce partage. J'ai trouvé madame Renou en assez bonne santé : elle vous remercie de votre souvenir, et vous salue de tout son cœur. J'en fais de même, étant forcé d'être bref à cause du soin que demandent quelques plantes que j'ai rapportées, et quelques graines que je destinois à madame de Portland, le tout étant arrivé ici à demi-pourri par la pluie. Je voudrois du moins en sauver quelque chose, pour n'avoir pas perdu tout-à-fait mon voyage, et la peine que j'ai prise à les recueillir. Adieu, mon cher M. Laliaud ; conservez-vous, et vivez content.

LETTRE DCCCXCIV.

A M. MOULTOU.

Monquin, le 8 septembre 1769.

Sans une foulure à la main, cher Moultou, qui me fait souffrir depuis plusieurs jours, je me livrerois à mon aise au plaisir de causer avec vous; mais je ne désespère pas d'en trouver une occasion plus commode : en attendant, recevez mon remerciement de votre bon souvenir, et de celui de madame Moultou, dont je me consolerai difficilement d'avoir été si près sans la voir. Je veux croire qu'elle a quelque part au plaisir que vous m'avez fait de m'amener votre fils, et cela m'a rendu plus touchante la vue de cet aimable enfant. Je suis fort aise qu'il soit un peu jaloux, dans ce qu'il fait de mon approbation : il lui est toujours aisé de s'en assurer par la vôtre ; car sur ce point, comme sur beaucoup d'autres, nous ne saurions penser différemment vous et moi.

Je ne suis point surpris de ce que vous me marquez des dispositions secrètes des gens qui vous entourent : il y a long-temps qu'ils ont changé le patriotisme en égoïsme et l'amour prétendu du bien public n'est plus dans leurs cœurs que la haine des partis. Garantissez le vôtre, ô cher Moultou, de ce sentiment pénible qui donne toujours plus de tourment que de jouissance, et qui, lors même qu'il l'assouvit, venge dans le cœur de celui qui l'éprouve le mal qu'il a fait a son ennemi. Paradis aux bienfaisants, disoit sans cesse le bon abbé de Saint-Pierre : voilà un paradis que les méchants ne peuvent ôter à personne, et qu'ils se donneroient s'ils en connoissoient le prix.

Adieu, cher Moultou; je vous embrasse.

LETTRE DCCCXCV.

A M. DU PEYROU.

Monquin, le 16 septembre 1769.

Je n'aurois pas attendu, mon cher hôte, votre lettre du 5 septembre pour répondre à celle du 6 août, si à mon retour du mont Pila je ne me fusse foulé la main droite par une chute qui m'en a pendant quelque temps gêné l'usage. Je suis bien charmé de n'apprendre votre accès de goutte qu'à votre convalescence; c'est une grande consolation, quand on souffre, d'attendre ensuite de longs intervalles, durant lesquels on ne souffrira plus ; et je ne suis pas surpris que les tendres soins de votre aimable Henriette fassent une assez grande diversion à vos souffrances pour vous les laisser beaucoup moins sentir. Vous devez vous trouver trop heureux de gagner à son service des accès de goutte dans lesquels vous êtes servi par ses mains. Vous êtes assurément bien faits, l'un pour donner, l'autre pour sentir tout le prix des soins du plus pur zèle et de la plus tendre amitié ; mais cependant, aux charmes près qu'elle seule y peut ajouter, des soins de cette espèce ne doivent pas être absolument nouveaux pour vous. Je suis plus que flatté, je suis touché qu'elle se souvienne avec plaisir de notre ancienne connoissance. J'aurois été trop heureux de pouvoir la cultiver ; mais les attachements fondés sur l'estime, tels que celui que j'ai conçu pour elle, n'ont pas besoin de l'habitude de se voir pour s'entretenir et se renfoncer. Fût-elle beaucoup moins aimable, les respectables devoirs qu'elle remplit si bien près de vous la rendent trop estimable à tout le monde pour ne la pas rendre chère aux honnêtes gens, et surtout à vos amis. A l'égard des échecs, malgré tout ce que vous me dites de son habileté, vous me permettrez de douter que ce soit le jeu auquel elle joue le mieux ; et si jamais j'ai le plaisir de faire une partie avec elle, je lui dirai, et de bien bon cœur, ce que je disois jadis à un grand prince [1] : « Je vous honore trop pour « ne pas gagner toujours. »

Vous aviez grande raison, mon cher hôte, d'attendre la relation de mon herborisation de Pila; car, parmi les plaisirs de la faire, je comptois beaucoup sur celui de vous la décrire: Mais les premiers ayant manqué me laissent peu de quoi fournir à l'autre. Je partis à pied avec trois messieurs, dont un médecin, qui faisoient semblant d'aimer la botanique, et qui, désirant me cajoler, je ne sais pourquoi, s'imaginèrent qu'il n'y avoit rien de mieux pour cela que de me faire bien des façons. Jugez comment cela s'assortit, non seulement avec mon humeur, mais avec l'aisance et la gaieté des voyages pédestres. Ils m'ont trouvé très-maussade, je le crois bien; ils ne disent pas que c'est eux qui m'ont rendu tel. Il me semble, que malgré la pluie, nous n'étions point maussades à Brot ni les uns ni les autres. Premier article. Le second est que nous avons eu mauvais temps presque durant toute la route; ce qui n'amuse pas quand on ne veut qu'herboriser, et que, faute d'une certaine intimité, l'on n'a que cela pour point de ralliement et pour ressource. Le troisième est que nous avons trouvé sur la montagne un très-mauvais gîte; pour lit, du foin ressuant et tout mouillé, hors un seul matelas rembourré de puces, dont, comme étant le Sancho de la troupe, j'ai été pompeusement gra-

[1] Le prince de Conti.

tifié. Le quatrième, des accidents de toute espèce : un de nos messieurs a été mordu d'un chien sur la montagne. Sultan a été demi-massacré d'un autre chien ; il a disparu, je l'ai cru mort de ses blessures ou mangé du loup ; et ce qui me confond est qu'à mon retour ici je l'ai trouvé tranquille et parfaitement guéri, sans que je puisse imaginer comment, dans l'état où il étoit, il a pu faire douze grandes lieues et surtout repasser le Rhône, qui n'est pas un petit ruisseau, comme disoit du Rhin M. Chazeron. Le cinquième article, et le pire, est que nous n'avons presque rien trouvé, étant allés trop tard pour les fleurs, trop tôt pour les graines, et n'ayant eu nul guide pour trouver les bons endroits. Ajoutez que la montagne est fort triste, inculte, déserte, et n'a rien de l'admirable variété des montagnes de Suisse. Si vous n'étiez pas devenu un profane, je vous ferois ici l'énumération de notre maigre collection ; je vous parlerois du *méum*, de l'*oreille d'ours*, du *doronic*, de la *bistorte*, du *napel*, du *thymelæa*, etc. Mais j'espère que quand M. d'Escherny, qui a appris la botanique en trois jours, sera près de vous, il vous expliquera tout cela. Parmi toutes les plantes alpines très-communes, j'en ai trouvé trois plus curieuses qui m'ont fait grand plaisir. L'une est l'*onagra* (*œnothera biennis*), que j'ai trouvée aux bords du Rhône, et que j'avois déjà trouvée à mon voyage de Nevers au bord de la Loire. La seconde est le *laiteron bleu* des Alpes, *sonchus alpinus*, qui m'a fait d'autant plus de plaisir que j'ai eu peine à le déterminer, m'obstinant à le prendre pour une laitue; la troisième est le *lichen islandicus*, que j'ai d'abord reconnu aux poils courts qui bordent les feuilles. Je vous ennuie avec mon pédant étalage; mais si votre Henriette prenoit du goût pour les plantes, comme mon foin se transformeroit bien vite en fleurs! Il faudroit bien alors, malgré vous et vos dents, que vous devinssiez botaniste.

LETTRE DCCCXCVI.

A M. L. C. D. L.

Monquin, le 10 octobre 1769.

Me voici, monsieur, en vous répondant, dans une situation bien bizarre, sachant bien à qui, mais non pas à quoi : non que tout ce que vous écrivez ne mérite bien qu'on s'en souvienne, mais parce que je ne me souviens plus de rien. J'avois mis à part votre lettre pour y répondre, et après avoir vingt fois renversé ma chambre et tous les fatras qui la remplissent, je n'ai pu parvenir à retrouver cette lettre : toutefois je n'en veux pas avoir le démenti, ni que mon étourderie me prive du plaisir de vous écrire. Ce ne sera pas, si vous voulez, une réponse ; ce sera un bavardage de rencontre, pour avoir, aux dépens de votre patience, l'avantage de causer un moment avec vous.

Vous me parliez, monsieur, du nouveau-né, dont je vous fais mes bien cordiales félicitations : voilà vos pertes réparées ; que vous êtes heureux de voir les plaisirs paternels se multiplier autour de vous ! Je vous le dis, et bien du fond de mon cœur, quiconque a le bonheur de pouvoir remplir des soins si chers trouve chez lui des plaisirs plus vrais que tous ceux du monde, et les plus douces consolations dans l'adversité. Heureux qui peut élever ses enfants sous ses yeux ! Je plains un père de famille obligé d'aller chercher au loin la fortune ; car pour le vrai bonheur de la vie, il en a la source auprès de lui.

Vous me parliez du logement auquel vous aviez eu la bonté de songer pour moi. Vous avez bien, monsieur, tout ce qu'il faut pour ne pas me laisser renoncer sans regret à l'espoir d'être votre voisin : et pourquoi y renoncer? qu'est-ce qui empêcheroit que, dans une saison plus douce, je n'allasse vous voir, et voir avec vous les habitations qui pourroient me convenir? S'il s'en trouvoit une assez voisine de la vôtre pour me procurer l'agrément de votre société, il y auroit là de quoi racheter bien des inconvénients, et, pourvu que je trouvasse à peu près le plus nécessaire, de quoi me consoler de n'avoir pas ce qui le seroit moins.

Vous me parliez de littérature; et précisément cet article, le plus plein de choses et le plus digne d'être retenu, est celui que j'ai totalement oublié. Ce sujet, qui ne me rappelle que des idées tristes, et que l'instinct éloigne de ma mémoire, a fait tort à l'esprit avec lequel vous l'avez traité : je me suis souvenu seulement que vous étiez très-aimable, même en traitant un sujet que je n'aimois plus.

Vous me parliez de botanique et d'herborisations. C'est un objet sur lequel il me reste un peu plus de mémoire, encore ai-je grand'peur que bientôt elle ne s'en aille de même avec le goût de la chose, et qu'on ne parvienne à me rendre désagréable jusqu'à cet innocent amusement. Quelque ignorant que je sois en botanique, je ne le suis pas au point d'aller, comme on vous l'a dit, chercher en Europe une plante qui empoisonne par son odeur; et je pense, au contraire, qu'il y a beaucoup à rabattre des qualités prodigieuses, tant en bien qu'en mal, que l'ignorance, la charlatanerie, la crédulité, et quelquefois la méchanceté, prêtent aux plantes, et qui, bien examinées, se réduisent pour l'ordinaire à très-peu de chose, souvent tout-à-fait à rien. J'allois à Pila faire avec trois messieurs, qui faisoient semblant d'aimer la botanique, une herborisation dont le principal objet étoit un commencement d'herbier pour l'un des trois, à qui j'avois tâché d'inspirer le goût de cette douce et aimable étude. Tout en marchant, M. le médecin M*** m'appela pour me montrer, disoit-il, une très-belle ancolie. Comment, monsieur, une ancolie ! lui dis-je en voyant sa plante ; c'est le napel. Là-dessus je leur racontai les fables que le peuple débite en Suisse sur le napel ; et j'avoue qu'en avançant et nous trouvant comme ensevelis dans une forêt de napels, je crus un moment sentir un peu de mal de tête, dont je reconnus la chimère et ris avec ces messieurs presque au même instant.

Mais au lieu d'une plante à laquelle je n'avois pas songé, j'ai vraiment et vainement cherché à Pila une fontaine glaçante, qui tuoit, à ce qu'on nous dit, quiconque en buvoit. Je déclarai que j'en voulois faire l'essai sur moi-même, non pas pour me tuer, je vous jure, mais pour désabuser ces pauvres gens sur la foi de ceux qui se plaisent à calomnier la nature, craignant jusqu'au lait de leur mère, et ne voyant partout que les périls et la mort. J'aurois bu de l'eau de cette fontaine comme M. Storck a mangé du napel. Mais au lieu de cette fontaine homicide qui ne s'est point trouvée, nous trouvâmes une fontaine très-bonne, très-fraîche, dont nous bûmes tous avec grand plaisir, et qui ne tua personne.

Au reste, mes voyages pédestres ayant été jusqu'ici tous très-gais, faits avec des camarades d'aussi bonne humeur que moi, j'avois espéré que ce seroit ici la même chose. Je voulus d'abord bannir toutes les petites façons de ville : pour mettre en train ces messieurs, je leur dis des canons, je voulus leur en apprendre ; je m'imaginois que nous allions chanter, criailler, folâtrer toute la journée ; je leur fis même une chanson (l'air s'entend) que je notai, tout en marchant par la pluie, avec des chiffres de mon invention. Mais quand ma chanson fut faite, il n'en fut plus question, ni d'amusements, ni de gaieté, ni de familiarité ; voulant être badin tout seul, je ne me trouvai que grossier ; toujours le grand cérémonial, et toujours monsieur don Japhet. A la fin je me le tins pour dit ; et, m'amusant avec mes plantes, je laissai ces messieurs s'amuser à me faire des façons. Je ne sais pas trop si mes longues rabâcheries vous amusent ; je sais seulement que si je les prolongeois encore, elles vous ennuieroient certainement à la fin. Voilà, monsieur, l'histoire exacte de ce tant célèbre pélerinage, qui court déjà les quatre coins de la France, et qui remplira bientôt l'Europe entière de son risible fracas. Je vous salue, monsieur, et vous embrasse de tout mon cœur.

LETTRE DCCCXCVII.

A MADAME B.

Monquin, le 28 octobre 1769.

Si je n'avois été garde-malade, madame, et si je ne l'étois encore, j'aurois été moins lent et je serois moins bref à vous remercier du plaisir que m'a fait votre lettre, et du désir que j'ai de mériter et cultiver la correspondance que vous daignez m'offrir. Votre caractère aimable et vos bons sentiments m'étoient déjà assez connus pour me donner du regret de n'avoir pu leur rendre mon hommage en personne lorsque je fus un instant votre voisin. Maintenant vous m'offrez, madame, dans la douceur de m'entretenir quelquefois avec vous, un dédommagement dont je sens déjà le prix, mais qui ne peut pourtant qu'à l'aide d'une imagination qui vous cherche suppléer au charme de voir animer vos yeux et vos traits par ces sentiments vivifiants et honnêtes dont votre cœur me paroît pénétré. Ne craignez point que le mien repousse la confiance dont vous voulez bien m'honorer, et dont je ne suis pas indigne.

Adieu, madame ; soyez sûre, je vous supplie, que mon cœur répond très-bien au vôtre, et que c'est pour cela que ma plume n'ajoute rien.

LETTRE DCCCXCVIII.

A M. DE SAINT-GERMAIN.

A Monquin, le mardi 31 octobre 1769.

Il me reste, monsieur, un seul plaisir dans la vie, et qui m'est aussi doux que rare, celui de voir la face d'un honnête homme. Jugez de l'empressement avec lequel vous serez reçu quand vous voudrez bien faire l'obligeante course que vous me promettez. Les cadeaux que veut me faire M..... ont l'air d'une plaisanterie. Je vous prie de vouloir lui faire bien des salutations de ma part, quand vous lui écrirez.

Permettez, monsieur, que j'assure ici madame de Saint-Germain de mon respect; que je vous salue et vous embrasse de tout mon cœur.

RENOU.

LETTRE DCCCXCIX.

A M. DU PEYROU.

Monquin, le 15 novembre 1769.

Vous voilà, mon cher hôte, grâce à la rechute dont vous êtes délivré, dans un de ces intervalles heureux durant lesquels, n'entrevoyant que de loin le retour des atteintes de goutte, vous pouvez jouir de la santé, et même la prolonger; et je suis bien sûr que le plus doux emploi que vous en pourrez faire sera de rendre la vie heureuse à cette aimable Henriette qui verse tant de douceurs et de consolations dans la vôtre. Les détails que vous me faites de la manière dont vous cultivez le fonds de sentiment et de raison que vous avez trouvé en elle me font juger de l'agrément que vous devez trouver dans une occupation si chérie, et me font désirer bien des fois dans la journée d'avoir la douceur d'en être le témoin : mais, appelé par de grands et tristes devoirs à des soins plus nécessaires, je ne vois aucune apparence à me flatter de finir mes jours auprès de vous. J'en sens le désir, je l'exécuterois même s'il ne tenoit qu'à ma volonté; la chose n'est peut-être pas absolument impossible : mais je suis si accoutumé de voir tous mes vœux éconduits en toute chose, que j'ai tout-à-fait cessé d'en faire, et me borne à tâcher de supporter le reste de mon sort en homme, tel qu'il plaise au ciel de me l'envoyer.

Ne parlons plus de botanique, mon cher hôte : quoique la passion que j'avois pour elle n'ait fait qu'augmenter jusqu'ici ; quoique cette innocente et aimable distraction me fût bien nécessaire dans mon état, je la quitte, il le faut ; n'en parlons plus. Depuis que j'ai commencé de m'en occuper, j'ai fait une assez considérable collection de livres de botanique, parmi lesquels il y en a de rares et de recherchés par les botanophiles, qui peuvent donner quelque prix à cette collection. Outre cela, j'ai fait sur la plupart de ces livres un grand travail par rapport à la synonymie, en ajoutant à la plupart des descriptions et des figures le nom de Linnæus. Il faut s'être essayé sur ces sortes de concordances pour comprendre la peine qu'elles coûtent, et combien celle que j'ai prise peut en éviter à ceux à qui passeront ces mêmes livres, s'ils en veulent faire usage. Je cherche à me défaire de cette collection, qui me devient inutile et difficile à transporter. Je voudrois qu'elle pût vous convenir ; et je ne désespère pas, quand vous aurez un jardin de plantes, que vous ne repreniez le goût de la botanique qui, selon moi, vous seroit très-avantageux. En ce cas, vous auriez une collection toute faite, qui pourroit vous suffire, et que vous formeriez difficilement aussi complète en détail ;

ainsi j'ai cru devoir vous la proposer avant que d'en parler à personne; j'en fais faire le catalogue; voulez-vous que je vous le fasse passer?

Je ne suis point surpris des soins, des longueurs, des frais inattendus, des embarras de toute espèce que vous cause votre bâtiment : vous avez dû vous y attendre, et vous pouvez vous rappeler ce que je vous ai écrit et dit à ce sujet quand vous en avez formé l'entreprise. Cependant vous devez être à la fin de la grosse besogne, et ce qui vous reste à faire n'est qu'un amusement en comparaison de ce qui est fait : à moins pourtant que vous ne donniez dans la manie de défaire et refaire; car, en ce cas, vous en avez pour la vie, et vous ne jouirez jamais. Refusez-vous totalement à cette tentation dangereuse, ou je vous prédis que vous vous en trouverez très-mal.

LETTRE CM.

A M. LALIAUD.

Monquin, le 30 novembre 1769.

J'apprends avec plaisir, monsieur, que vous jouissez, en bonne santé et avec agrément, du beau climat que vous habitez, et que vous êtes content à la fois de votre séjour et de votre récolte. Vous avez deviné bien juste que, tandis que l'ardeur du soleil vous forçoit encore quelquefois à chercher l'ombre, j'étois réduit à garder mes tisons; et nous avions eu déjà de fortes gelées et des neiges durables long-temps avant la réception de votre lettre. Cela, monsieur, me chagrine en une chose, c'est de ne pouvoir plus, pour cette année, exécuter votre petite commission des rosiers à feuilles odorantes, puisque ayant depuis long-temps perdu toutes leurs feuilles, ils seroient à présent impossibles à distinguer, et difficiles même à trouver. Je suis donc forcé de remettre cette recherche à l'année prochaine; et je vous assure que vous me fournissez l'occasion d'une petite herborisation très-agréable, en songeant que je la fais pour votre jardin.

Je vous dois et vous fais, monsieur, bien des remerciements des lauriers que vous avez la bonne intention de m'envoyer pour mon herbier, quoique je ne me rappelle point du tout qu'il en ait été question entre nous : ils ne laisseront pas de trouver leur place, et de me rappeler votre obligeant souvenir aussi long-temps que je resterai possesseur de mon herbier; car il pourroit dans peu changer de maître, ainsi que mes livres de plantes, dont je cherche à me défaire, étant sur le point de quitter totalement la botanique.

J'ai fait votre commission auprès de madame de Lessert, et je ne doute pas que, dans sa première lettre, elle ne me charge de ses remerciements et salutations pour vous. Elle a eu la bonté de me pourvoir d'une bonne épinette pour cet hiver; cet instrument me fait plaisir encore, et me donne quelques moments d'amusement ; mais il ne me fournit plus de nouvelles idées de musique ; et je me suis vainement efforcé d'en jeter quelques-unes sur le papier; rien n'est venu, et je sens qu'il faut renoncer désormais à la composition comme à tout le reste : cela n'est pas surprenant.

Bonjour, monsieur; le beau soleil qu'il fait ici dans ce moment me fait imaginer des promenades délicieuses en cette saison dans le pays où vous êtes; et, si j'y étois aussi, j'aimerois bien à les faire avec vous.

Bonjour derechef; portez-vous bien, amusez-vous, et donnez-moi quelquefois de vos nouvelles.

LETTRE CMI.

A MADAME B.

Monquin, le 7 décembre 1769.

Je présume, madame, que vous voilà heureusement arrivée à Paris, et peut-être déjà dans le tourbillon de ces plaisirs bruyants dont vous pressentiez le vide, en vous proposant de les chercher. Je ne crains pas que vous les trouviez, à l'épreuve, plus substantiels pour un cœur tel que le vôtre me paroît être, que vous ne les avez estimés; mais il pourroit résulter de leur habitude une chose bien cruelle, c'est qu'ils devinssent pour vous des besoins, sans être des aliments; et vous voyez dans quel état cruel cela jette quand on est forcé de chercher son existence là où l'on sent bien qu'on ne trouvera jamais le bonheur. Pour prévenir un pareil malheur, quand on est dans le train d'en courir le risque, je ne vois guère qu'une chose à faire, c'est de veiller sévèrement sur soi-même, et de rompre cette habitude, ou du moins de l'interrompre avant de s'en laisser subjuguer. Le mal est que, dans ce cas comme dans un autre plus grave, on ne commence guère à craindre le joug que quand on le porte et qu'il n'est plus temps de le secouer; mais j'avoue aussi que quiconque a pu faire cet acte de vigueur dans le cas le plus difficile, peut bien compter sur soi-même aussi dans l'autre; il suffit de prévoir qu'on en aura besoin. La conclusion de ma morale sera donc moins austère que le début. Je ne blâme assurément pas que vous vous livriez, avec la modération que vous y voulez mettre, aux amusements du grand monde où vous vous trouvez : votre âge, madame, vos sentiments, vos résolutions, vous donnent tout le droit d'en goûter les innocents plaisirs sans alarmes; et tout ce que je vois de plus à craindre dans les sociétés où vous allez briller, est que vous ne rendiez beaucoup plus difficile à suivre pour d'autres l'avis que je prends la liberté de vous donner.

Je crains bien, madame, que l'intérêt peut-être un peu trop vif que vous m'inspirez ne m'ait fait vous prendre un peu trop légèrement au mot sur ce ton de pédagogue que vous m'invitez en quelque façon de prendre avec vous. Si vous trouvez mon radotage impertinent ou maussade, ce sera ma vengeance de la petite malice avec laquelle vous êtes venue agacer un pauvre barbon qui se dépêche d'être sermonneur, pour éviter la tentation d'être encore plus ridicule. Je suis même un peu tenté, je vous l'avoue, de m'en tenir là : l'état où vous m'apprenez que vous êtes actuellement, et le vide du cœur, accompagné d'une tristesse habituelle que laisse dans le vôtre ce tumulte qu'on appelle société, me donnent, madame, un vif désir de rechercher avec vous s'il n'y auroit pas moyen de faire servir une de ces deux choses de remède à l'autre; mais cela me mèneroit à des discussions si déplacées dans le train d'amusements où je vous suppose, et que le carnaval dont nous approchons va probablement rendre plus vifs, qu'il me faudroit de votre part plus qu'une permission pour oser entamer cette matière dans un moment aussi désavantageux. Si vous m'entendez d'avance, comme je puis l'espérer ou le craindre, dites-moi, de grâce, si je dois parler ou me taire; et soyez sûre, madame, que dans l'un ou l'autre cas je vous obéirai, non pas avec le même plaisir peut-être, mais avec la même fidélité.

LETTRE CMII.

A M. DU PEYROU.

A Monquin, 7 janvier 1770.

Excusez, mon cher hôte, le retard de ma réponse. Je ne vous ai jamais promis de l'exactitude, encore moins de la diligence; et j'ai maintenant une inertie plus grande qu'à l'ordinaire par la rigueur de la saison et par le froid excessif de ma chambre, où, le nez sur un feu presque aussi ardent que ceux que vous faisiez faire à Trye, je ne puis garantir mes doigts de l'onglée.

J'ai prévu et je vous ai prédit tout ce qui vous arrive au sujet de votre bâtiment, et dans le fond autant vaut qu'il vous occupe qu'autre chose; si c'est un tracas, c'est aussi un amusement. C'est d'ailleurs la charge de votre état : il faut opter dans la vie entre être pauvre ou être affairé; trop heureux d'éviter un troisième état que je connois bien, c'est d'être à la fois l'un et l'autre.

Grand merci, mon cher hôte, de la subite velléité qui vous prend de m'avoir auprès de vous. J'ai vu le temps que l'exécution de ce projet eût fait le bonheur de ma vie; et si ce temps n'est plus, ce n'est assurément pas ma faute. Vous m'exhortez à vous traiter tout-à-fait en étranger ou tout-à-fait en ami; l'alternative me paroît dure, car votre exemple ne m'a pas laissé le choix, et votre cachet m'avertit sans cesse que nos deux ames ne sauroient jamais se monter au même ton. Vous voulez que nous fassions un saut en arrière de trois ou quatre ans; vous voilà bien leste avec votre goutte : pour moi, je ne me sens pas aussi dispos que cela ; et quand je pourrois me résoudre à faire ce saut une fois, je voudrois du moins être sûr de n'en avoir pas dans trois ou quatre ans un second à faire. Je vous avoue naturellement que si ce saut étoit en mon pouvoir, je ne le ferois pas seulement de trois, mais de huit.

Tout cela dit, je ne vous dissimulerai point que j'effacerai difficilement de mes souvenirs la douce idée que je m'étois faite d'achever paisiblement mes jours près de vous. J'avoue même que l'aimable hôtesse que vous m'avez donnée me rend cette idée infiniment plus riante. Si je pouvois lui faire ma cour, au point de vous rendre jaloux du pauvre barbon, cela me paroîtroit fort plaisant et surtout fort agréable ; et croyez-moi, mon cher hôte, vous aurez beau vous vanter d'en vouloir courir les risques, je vous connois, votre mine stoïque est admirable, mais seulement tant que vous êtes loin du danger.

Votre conseil de ne point renoncer subitement et absolument à la botanique me paroît de fort bon sens, et je prends le parti de le suivre. Il est contre la nature de la chose de se prescrire ou de s'interdire d'avance un choix dans ses amusements. Quand le dégoût viendra, je cesserai d'herboriser; quand le goût reviendra, je recommencerai jusqu'à ce qu'il me quitte derechef. Il est déjà revenu. Des plantes qu'on m'avoit envoyées et des correspondances de botanique me l'ont rendu, et je doute qu'il s'éteigne jamais tout-à-fait. Cela n'empêchera pourtant pas que je ne me défasse de mes livres et même de mon herbier; et, si vous voulez tout de bon vous accommoder de l'un et de l'autre, je serai charmé qu'ils tombent entre vos mains, qui, quoi que vous en disiez, ne seront jamais pour moi des mains tout-à-fait étrangères. Le désir que j'avois de vous envoyer le catalogue est une des causes qui ont retardé cette lettre. Le grand froid ne me permet pas, quant à présent, ce bouquinage; et, puisque vous ne voulez pas encore avoir ces livres, rien ne presse. Mais vous ne serez pas oublié, et vous aurez la préférence que vous avez l'honnêteté de me demander, et qui en devient réellement une, car depuis ma dernière lettre on m'a demandé cette collection.

LETTRE CMIII.

A M. MOULTOU.

Monquin, le 9 janvier 1770.

Je comprends, mon cher Moultou, qu'une caisse de confitures que j'ai reçue de Montpellier est le cadeau que vous m'aviez annoncé cet été, et auquel je ne songeois plus quand il est venu me surprendre en guet-appens. Que voulez-vous que je fasse d'un si grand magasin ? voulez-vous que je me mette marchand de sucre ? il me semble que je n'étois pas trop appelé à ce métier ; voulez-vous que je le mange ? il en faudroit beaucoup, je l'avoue, pour adoucir les fleuves d'amertume qu'on me fait avaler depuis tant d'années ; mais c'est une amertume mielleuse et traîtresse, qui ne sauroit s'allier avec la franche douceur du sucre. Votre envoi, cher Moultou, n'est raisonnable qu'au cas que vous vouliez venir m'aider à le consommer ; j'en goûterois alors la douceur dans toute sa pureté. Il faudroit attendre, il est vrai, que la saison fût plus douce elle-même ; car, quant à présent, le campagne n'est pas tenable ; il y fait presque aussi froid que dans ma chambre, où, près d'un grand feu, je gèle en me rôtissant, et l'onglée me fait tomber la plume des doigts.

Adieu, cher Moultou : mes deux moitiés embrassent les deux vôtres, et tout ce qui vous est cher.

* * *

LETTRE CMIV.

A MADAME B.

Monquin, le 17 janvier 1770.

Votre lettre, madame, exigeroit une longue réponse ; mais je crains que le trouble passager où je suis ne me permette pas de la faire comme il faudroit. Il m'est difficile de m'accoutumer assez aux outrages et à l'imposture, même la plus comique, pour ne pas sentir, à chaque fois qu'on les renouvelle, les bouillonnements d'un cœur fier qui s'indigne précéder le ris moqueur qui doit être ma seule réponse à tout cela. Je crois pourtant avoir gagné beaucoup : j'espère gagner davantage ; et je crois voir le moment assez proche où je me ferai un amusement de suivre dans leurs manœuvres souterraines ces troupes de noires taupes qui se fatiguent à me jeter de la terre sur les pieds. En attendant, nature pâtit encore un peu, je l'avoue : mais le mal est court, bientôt il sera nul. Je viens à vous.

J'eus toujours le cœur un peu romanesque, et

j'ai peur d'être encore mal guéri de ce penchant en vous écrivant. Excusez donc, madame, s'il se mêle un peu de visions à mes idées ; et, s'il s'y mêle aussi un peu de raison, ne la dédaignez pas sous quelque forme et avec quelque cortége qu'elle se présente. Votre correspondance a commencé d'une manière à me la rendre à jamais intéressante, un acte de vertu dont je connois bien tout le prix, un besoin de nourriture à votre ame qui me fait présumer de la vigueur pour la digérer, et la santé qui en est la source. Ce vide interne dont vous vous plaignez ne se fait sentir qu'aux cœurs faits pour être remplis : les cœurs étroits ne sentent jamais de vide, parce qu'ils sont toujours pleins de rien ; il en est, au contraire, dont la capacité vorace est si grande, que les chétifs êtres qui nous entourent ne la peuvent remplir. Si la nature vous a fait le rare et funeste présent d'un cœur trop sensible au besoin d'être heureux, ne cherchez rien au dehors qui lui puisse suffire : ce n'est que de sa propre substance qu'il doit se nourrir. Madame, tout le bonheur que nous voulons tirer de ce qui nous est étranger est un bonheur faux : les gens qui ne sont susceptibles d'aucun autre font bien de s'en contenter : mais si vous êtes celle que je suppose, vous ne serez jamais heureuse que par vous-même ; n'attendez rien pour cela que de vous. Ce sens moral, si rare parmi les hommes, ce sentiment exquis du beau, du vrai, du juste, qui réfléchit toujours sur nous-même, tient l'ame de quiconque en est doué dans un ravissement continuel qui est la plus délicieuse des jouissances : la rigueur du sort, la méchanceté des hommes, les maux imprévus, les calamités de toute espèce, peuvent l'engourdir pour quelques moments, mais jamais l'éteindre ; et, presque étouffé sous le faix des noirceurs humaines, quelquefois une explosion subite peut lui rendre son premier éclat. On croit que ce n'est pas à une femme de votre âge qu'il faut dire ces choses-là ; et moi je crois, au contraire, que ce n'est qu'à votre âge qu'elles sont utiles, et que le cœur s'y peut ouvrir : plus tôt, il ne sauroit les entendre ; plus tard, son habitude est déjà prise, il ne sauroit les goûter.

Comment s'y prendre ? me direz-vous ; que faire pour cultiver et développer ce sens moral ? Voilà, madame, à quoi j'en voulois venir : le goût de la vertu ne se prend point par des préceptes, il est l'effet d'une vie simple et saine : on parvient bientôt à aimer ce qu'on fait, quand on ne fait que ce qui est bien. Mais pour prendre cette habitude, qu'on ne commence à goûter qu'après l'avoir prise, il faut un motif : je vous en offre un que votre état me suggère ; nourrissez votre enfant. J'entends les clameurs, les objections; tout haut, les embarras, point de lait, un mari qu'on importune.... tout bas, une femme qui se gêne, l'ennui de la vie domestique, les soins ignobles, l'abstinence des plaisirs.... Des plaisirs? Je vous en promets, et qui rempliront vraiment votre ame. Ce n'est point par des plaisirs entassés qu'on est heureux, mais par un état permanent qui n'est point composé d'actes distincts : si le bonheur n'entre, pour ainsi dire, en dissolution dans notre ame, s'il ne fait que la toucher, l'effleurer par quelques points, il n'est qu'apparent, il n'est rien pour elle.

L'habitude la plus douce qui puisse exister est celle de la vie domestique. qui nous tient plus près de nous qu'aucune autre : rien ne s'identifie plus fortement, plus constamment avec nous que notre famille et nos enfants ; les sentiments que nous acquérons ou que nous renforçons dans ce commerce intime sont les plus vrais, les plus durables, les plus solides, qui puissent nous attacher aux êtres périssables, puisque la mort seule peut les éteindre ; au lieu que l'amour et l'amitié vivent rarement autant que nous : ils sont aussi les plus purs, puisqu'ils tiennent de plus près à la nature, à l'ordre, et, par leur seule force, nous éloignent du vice et des goûts dépravés. J'ai beau chercher où l'on peut trouver le vrai bonheur, s'il en est sur la terre, ma raison ne me le montre que là....
Les comtesses ne vont pas d'ordinaire l'y chercher, je le sais ; elles ne se font pas nourrices et gouvernantes ; mais il faut aussi qu'elles sachent se passer d'être heureuses ; il faut que, substituant

leurs bruyants plaisirs au vrai bonheur, elles usent leur vie dans un travail de forçat pour échapper à l'ennui qui les étouffe aussitôt qu'elles respirent ; et il faut que celles que la nature doua de ce divin sens moral qui charme quand on s'y livre, et qui pèse quand on l'élude, se résolvent à sentir incessamment gémir et soupirer leur cœur, tandis que leurs sens s'amusent.

Mais moi qui parle de famille, d'enfants.... Madame, plaignez ceux qu'un sort de fer prive d'un pareil bonheur ; plaignez-les s'ils ne sont que malheureux ; plaignez-les beaucoup plus s'ils sont coupables. Pour moi, jamais on ne me verra, prévaricateur de la vérité, plier dans mes égaremens mes maximes à ma conduite ; jamais on ne me verra falsifier les saintes lois de la nature et du devoir pour exténuer mes fautes. J'aime mieux les expier que les excuser : quand ma raison me dit que j'ai fait dans ma situation ce que j'ai dû faire, je l'en crois moins que mon cœur qui gémit et qui la dément. Condamnez-moi donc, madame, mais écoutez-moi : vous trouverez un homme ami de la vérité jusque dans ses fautes, et qui ne craint point d'en rappeler lui-même le souvenir lorsqu'il en peut résulter quelque bien. Néanmoins je rends grâces au ciel de n'avoir abreuvé que moi des amertumes de ma vie, et d'en avoir garanti mes enfants : j'aime mieux qu'ils vivent dans un état obscur sans me connoître, que de les voir, dans mes malheurs, bassement nourris par la traîtresse générosité de mes ennemis, ardents à les instruire à haïr, et peut-être à trahir leur père ; et j'aime mieux cent fois être ce père infortuné qui négligea son devoir par foiblesse, et qui pleure sa faute, que d'être l'ami perfide qui trahit la confiance de son ami, et divulgue, pour le diffamer, le secret qu'il a versé dans son sein.

Jeune femme, voulez-vous travailler à vous rendre heureuse? commencez d'abord par nourrir votre enfant : ne mettez pas votre fille dans un couvent, élevez-la vous-même ; votre mari est jeune, il est d'un bon naturel ; voilà ce qu'il nous faut. Vous ne me dites point comment il vit avec vous ; n'importe : fût-il livré à tous les goûts de son âge et de son temps, vous l'en arracherez par les vôtres sans lui rien dire ; vos enfants vous aideront à le retenir par des liens aussi forts et plus constants que ceux de l'amour : vous passerez la vie la plus simple, il est vrai, mais aussi la plus douce et la plus heureuse dont j'aie l'idée. Mais encore une fois, si celle d'un ménage bourgeois vous dégoûte, et si l'opinion vous subjugue, guérissez-vous de la soif du bonheur qui vous tourmente, car vous ne l'étancherez jamais.

Voilà mes idées : si elles sont fausses ou ridicules, pardonnez l'erreur à l'intention ; je me trompe peut-être, mais il est sûr que je ne veux pas vous tromper. Bonjour, madame ; l'intérêt que vous prenez à moi me touche, et je vous jure que je vous le rends bien.

Toutes vos lettres sont ouvertes; la dernière l'a été, celle-ci le sera; rien n'est plus certain. Je vous en dirois bien la raison, mais ma lettre ne vous parviendroit pas; comme ce n'est pas à vous qu'on en veut, et que ce ne sont pas vos secrets qu'on y cherche, je ne crois pas que ce que vous pourriez avoir à me dire fût exposé à beaucoup d'indiscrétion; mais encore faut-il que vous soyez avertie.

LETTRE CMV.

A LA MÊME.

Monquin, le 2 février 1770.

Si votre dessein, madame, lorsque vous commençâtes de m'écrire, étoit de me circonvenir et de m'abuser par des cajoleries, vous avez parfaitement réussi. Touché de vos avances, je prêtois à votre ame la candeur de votre âge; dans l'attendrissement de mon cœur, je vous regardois déjà comme l'aimable consolatrice de mes malheurs et de ma vieillesse, et l'idée charmante que je me faisois de vous effaçoit l'idée horrible des auteurs des trames dont je suis enlacé. Me voilà désabusé;

c'est l'ouvrage de votre dernière lettre : son tortillage ne peut être ni la réponse que la mienne a dû naturellement vous suggérer, ni le langage ouvert et franc de la droiture. Pour moi, ce langage ne cessera jamais d'être le mien : je vois que vous avez respiré l'air de votre voisinage. Eh ! mon Dieu, madame, vous voilà, bien jeune, initiée à des mystères bien noirs ! J'en suis fâché pour moi, j'en suis affligé pour vous... à vingt-deux ans !... Adieu, madame.

Rousseau.

P. S. En reprenant avec plus de sang froid votre lettre, je trouve la mienne dure et même injuste ; car je vois que ce qui rend vos phrases embarrassées est qu'une involontaire sincérité s'y mêle à la dissimulation que vous voulez avoir. En blâmant mon premier mouvement je ne veux pourtant pas vous le cacher ; non, madame, vous ne voulez pas me tromper, je le sens ; c'est vous qu'on trompe, et bien cruellement. Mais, cela posé, il me reste une question à vous faire : Dans le jugement que vous portez de moi, pourquoi m'écrire ? pourquoi me rechercher ? que me voulez-vous ? recherche-t-on quelqu'un qu'on n'estime pas ? Eh ! je fuirois jusqu'au bout du monde un homme que je verrois comme vous paroissez me voir. Je suis environné, je le sais, d'espions empressés et d'ardents satellites qui me flattent pour me poignarder ; mais ce sont des traîtres, ils font leur métier. Mais vous, madame, que je veux honorer autant que je méprise ces misérables, de grâce, que me voulez-vous? je vous demande sur ce point une réponse précise, et, pour Dieu, suivez en la faisant le mouvement de votre cœur et non pas l'impulsion d'autrui. Je veux répondre en détail à votre lettre, et j'espère avoir long-temps la douceur de vous parler de vous : mais, pour ce moment, commençons par moi, commençons par nous mettre en règle sur ce que nous devons penser l'un de l'autre. Quand nous saurons bien à qui nous parlons, nous en saurons mieux ce que nous aurons à nous dire.

Je vous prie, madame, de ne plus m'écrire sous un autre nom que celui que je signe, et que je n'aurois jamais dû quitter.

LETTRE CMVI.

A M. L'ABBÉ M.

Monquin, par Bourgoin, le $17\frac{2}{7}70$ [1].

Pauvres aveugles que nous sommes!
Ciel, démasque les imposteurs,
Et force leurs barbares cœurs
A s'ouvrir aux regards des hommes.

En vérité, monsieur, votre lettre n'est point d'un jeune homme qui a besoin de conseil, elle est

[1] Le chiffre supérieur de la fraction indique le quantième du

d'un sage très-capable d'en donner. Je ne puis vous dire à quel point cette lettre m'a frappé : si vous avez en effet l'étoffe qu'elle annonce, il est à désirer pour le bien de votre élève que ses parents sentent le prix de l'homme qu'ils ont mis auprès de lui.

Je suis, et depuis si long-temps, si loin des idées sur lesquelles vous me remettez, qu'elles me sont devenues absolument étrangères : toutefois je remplirai, selon ma portée, le devoir que vous m'imposez, mais je suis bien persuadé que vous ferez mieux de vous en rapporter à vous qu'à moi sur la meilleure manière de vous conduire dans le cas difficile où vous vous trouvez.

Sitôt qu'on s'est dévoyé de la droite route de la nature, rien n'est plus difficile que d'y rentrer. Votre enfant a pris un pli d'autant moins facile à corriger que nécessairement tout ce qui l'environne doit empêcher l'effet de vos soins pour y parvenir : c'est ordinairement le premier pli que les enfants de qualité contractent, et c'est le dernier qu'on peut leur faire perdre, parce qu'il faut pour cela le concours de la raison qui leur vient plus tard qu'à tous les autres enfants. Ne vous effrayez

---

mois, et l'inférieur le mois dans l'ordre numérique. Ainsi cette lettre est du 9 février 1770. C'est la première fois qu'il date de cette manière, et qu'on voit les vers par lesquels, depuis cette époque, il a commencé la plupart de ses lettres. Le choix des vers fait naître un sentiment pénible.

donc pas trop que l'effet de vos soins ne réponde pas d'abord à la chaleur de votre zèle ; vous devez vous attendre à peu de succès jusqu'à ce que vous ayez la prise qui peut l'amener ; mais ce n'est pas une raison pour vous relâcher en attendant. Vous voilà dans un bateau qu'un courant très-rapide entraîne en arrière, il faut beaucoup de travail pour ne pas reculer.

La voie que vous avez prise, et que vous craignez n'être pas la meilleure, ne le sera pas toujours sans doute ; mais elle me paroît la meilleure en attendant. Il n'y a que trois instruments pour agir sur les ames humaines, la raison, le sentiment et la nécessité. Vous avez inutilement employé le premier ; il n'est pas vraisemblable que le second eût plus d'effet : reste le troisième ; et mon avis est que, pour quelque temps, vous devez vous y tenir, d'autant plus que la première et la plus importante philosophie de l'homme de tout état et de tout âge est d'apprendre à fléchir sous le dur joug de la nécessité : *Clavos trabales et cuneos manu gestans ahenâ.*

Il est clair que l'opinion, ce monstre qui dévore le genre humain, a déjà farci de ses préjugés la tête du petit bon-homme : il vous regarde comme un homme à ses gages, une espèce de domestique fait pour lui obéir, pour complaire à ses caprices; et, dans son petit jugement, il lui paroît fort étrange que ce soit vous qui prétendiez l'asservir aux vôtres ; car c'est ainsi qu'il voit tout ce que vous lui prescrivez : toute sa conduite avec vous n'est qu'une conséquence de cette maxime, qui n'est pas injuste, mais qu'il applique mal, que *c'est à celui qui paie de commander.* D'après cela qu'importe qu'il ait tort ou raison ? c'est lui qui paie.

Essayez, chemin faisant, d'effacer cette opinion par des opinions plus justes, de redresser ses erreurs par des jugements plus sensés; tâchez de lui faire comprendre qu'il y a des choses plus estimables que la naissance et que les richesses ; et pour le lui faire comprendre il ne faut pas le lui dire, il faut le lui faire sentir. Forcez sa petite ame vaine à respecter la justice et le courage, à se mettre à genoux devant la vertu, et n'allez pas pour cela lui chercher des livres, les hommes des livres ne seront jamais pour lui que des hommes d'un autre monde. Je ne sache qu'un seul modèle qui puisse avoir à ses yeux de la réalité ; et ce modèle, c'est vous, monsieur ; le poste que vous remplissez est à mes yeux le plus noble et le plus grand qui soit sur la terre. Que le vil peuple en pense ce qu'il voudra, pour moi, je vous vois à la place de Dieu, vous faites un homme. Si vous vous voyez du même œil que moi, que cette idée doit vous élever en dedans de vous-même ! qu'elle peut vous rendre grand en effet ? et c'est ce qu'il faut ; car, si vous ne l'étiez qu'en apparence, et que vous ne fissiez que jouer la vertu, le petit bon-homme vous pénétreroit infailliblement, et tout seroit perdu. Mais si cette image sublime du grand et du beau le frappe une fois en vous ; si votre désintéressement lui apprend que la richesse ne peut pas tout ; s'il voit en vous combien il est plus grand de commander à soi-même qu'à des valets ; si vous le forcez, en un mot, à vous respecter, dès cet instant vous l'aurez subjugué, et je vous réponds que, quelque semblant qu'il fasse, il ne trouvera plus égal que vous soyez d'accord avec lui ou non, surtout si, en le forçant de vous honorer dans le fond de son petit cœur, vous lui marquez en même temps faire peu de cas de ce qu'il pense lui-même, et ne vouloir plus vous fatiguer à le faire convenir de ses torts. Il me semble qu'avec une certaine façon grave et soutenue d'exercer sur lui votre autorité, vous parviendrez à la fin à demander froidement à votre tour : *Qu'est-ce que cela fait que nous soyons d'accord ou non ?* et qu'il trouvera, lui, que cela fait quelque chose. Il faudra seulement éviter de joindre à ce sang froid la dureté qui vous rendroit haïssable. Sans entrer en explication avec lui vous pourrez dire à d'autres en sa présence: « J'aurois fait mes délices de rendre « son enfance heureuse, mais il ne l'a pas voulu, « et j'aime encore mieux qu'il soit malheureux « étant enfant que méprisable étant homme. » A l'égard des punitions, je pense comme vous qu'il n'en faut jamais venir aux coups que dans le seul cas où il auroit commencé lui-même : ses châtimens ne doivent jamais être que des abstinences, et tirées, autant qu'il se peut, de la nature du délit; je voudrois même que vous vous y soumissiez toujours avec lui quand cela seroit possible, et cela sans affectation, sans que cela parût vous coûter, et de façon qu'il pût en quelque sorte lire dans votre cœur, sans que vous le lui dissiez; que vous sentez si bien la privation que vous lui imposez, que c'est sans y songer que vous vous y soumettez vous-même. En un mot, pour réussir il faudroit vous rendre presque impassible, et ne sentir que par votre élève ou pour lui. Voilà, je l'avoue, une terrible tâche; mais je ne vois nul autre moyen de succès : et ce succès me paroît assuré de part ou d'autre; car, quand avec tant de soins vous n'auriez pas le bonheur d'avoir fait un homme, n'est-ce rien que de l'être devenu?

Tout ceci suppose que la dédaigneuse hauteur de l'enfant n'est que la petite vanité de la petite grandeur dont ses bonnes auront boursoufflé sa petite ame; mais il pourroit arriver aussi que ce fût l'effet de l'âpreté d'un caractère indomptable et fier qui ne veut céder qu'à lui-même. Cette dureté, propre aux seuls naturels qui ont beaucoup d'étoffe, et qui ne se trouve guère au pays où vous vivez, n'est pas probablement celle de votre élève : si cependant cela se trouvoit (et c'est un discernement facile à faire), alors il faudroit bien vous garder de suivre avec lui la méthode dont je viens de parler, et de heurter la rudesse avec la rudesse. Les ouvriers en bois n'emploient jamais fer sur fer; ainsi faut-il faire avec les esprits roides qui résistent toujours à la force; il n'y a sur eux qu'une prise, mais aimable et sûre, c'est l'attachement et la bienveillance : il faut les apprivoiser comme les lions par les caresses. On risque peu de gâter de pareils enfants; tout consiste à s'en faire aimer une fois, après cela vous les feriez marcher sur des fers rouges.

Pardonnez, monsieur, tout ce radotage à ma pauvre tête qui diverge, bat la campagne, et se perd à la suite de la moindre idée : je n'ai pas le courage de relire ma lettre, de peur d'être forcé de la recommencer. J'ai voulu vous montrer le vrai désir que j'aurois de vous complaire et d'applaudir à vos respectables soins; mais je suis très-persuadé qu'avec les talents que vous me paroissez avoir et le zèle qui les anime, vous n'avez besoin que de vous-même pour conduire, aussi sagement qu'il est possible, le sujet que la Providence a mis entre vos mains. Je vous honore, monsieur, et vous salue de tout mon cœur.

LETTRE CMVII.

A M. MOULTOU.

Monquin, le 17 9/2 70.

Pauvres aveugles que nous sommes ! etc.

Cher Moultou, quoique vous paroissiez m'oublier, je vous aime toujours, et je n'ai pas voulu m'éloigner de ce pays sans vous en donner avis et vous dire encore un adieu. Je compte y rester quinze jours ou trois semaines avant de me rendre à Lyon : ces trois semaines me seroient bien précieuses pour l'herborisation des mousses et des lichens, si la neige n'y portoit obstacle; car probablement l'occasion n'en reviendra plus pour moi. Le temps, qui paroît vouloir se remettre, peut permettre un essai; et après avoir été long-temps bien malingre, je compte tenter aujourd'hui l'analyse de quelques troncs d'arbres. Faites comme moi. Adieu; je vous embrasse tendrement, et je vous exhorte à m'aimer, car je le mérite.

J. J. Rousseau.

Je reprends un nom que je n'aurois jamais dû quitter : n'en employez plus d'autre pour m'écrire.

LETTRE CMVIII.

A MADAME GONCERU,

NÉE ROUSSEAU.

Monquin, le 17 2/3 70.

Pauvres aveugles que nous sommes ! etc.

Ma bonne, ma chère, ma respectable tante, né mourant, je vous pardonne de m'avoir fait vivre, et je m'afflige de ne pouvoir vous rendre à la fin de vos jours les tendres soins que vous m'avez prodigués au commencement des miens. A la première lueur d'une meilleure fortune je songeai à vous faire une petite part de ma subsistance qui pût rendre la vôtre un peu plus commode : je vous en fis aussitôt donner avis, et votre petite pension commença de courir en même temps, savoir à la fin de mars 1767[1]. Il n'y a pas encore de cela trois ans révolus, et ces trois ans vous ont été payés d'avance, année par année : ainsi, quand vous ne recevriez rien d'un an d'ici, tout seroit encore en règle, et il n'y auroit encore rien d'arriéré. Mon intention est bien pourtant de continuer à vous payer d'avance et l'année qui commencera bientôt de courir

[1] Voyez la lettre à d'Ivernois, du 29 janvier 1768.

et les suivantes, autant que mes moyens me le permettront; mais, ma chère tante, je ne puis pas vous dissimuler que la dureté présente et future de ma situation me met dans la nécessité de compter avec moi-même, sans quoi je ne me résoudrois jamais à compter avec vous. Veuillez donc prendre un peu de patience dans la certitude de n'être pas oubliée; et s'il arrivoit dans la suite que votre pension tardât à venir, ce qui ne sera pas, autant qu'il me sera possible, dites-vous alors à vous-même : Je « connois le cœur de mon neveu; et, sûre qu'il ne « m'oublie pas, je le plains de n'être pas en état « de mieux faire. » Adieu, ma bonne et respectable tante : je vous recommande à la Providence; faites la même chose pour moi, car j'en ai grand besoin, et recevez avec bonté mes plus tendres et respectueuses salutations.

―――――――――――――――――――――

LETTRE CMIX.

AU MARQUIS DE CONDORCET.

Monquin, le 17$\frac{16}{2}$70.

Pauvres aveugles que nous sommes! etc.

Je suis pénétré, monsieur, de l'honneur que vous me faites de m'envoyer vos *Essais d'analyse*[1],

[1] Il est probable que l'auteur nonagénaire de la rapsodie publiée

et je m'en sens digne par ma sensibilité, quoique je le sois si peu par mon intelligence, trop bornée pour me mettre en état de lire cet ouvrage que ma tête affoiblie ne me permettroit même plus de suivre, quand j'aurois les connoissances nécessaires pour cela. Que je vous envie de cultiver de profondes études qui mènent à des vérités qu'un homme isolé peut dire impunément à ses semblables, sans avoir besoin de tenir à des partis et de se donner des appuis! Si j'avois à renaître, je tâcherois d'être votre disciple pour mériter l'honneur d'être un jour votre émule et votre ami; mais ne pouvant, dans mon ignorance, être que votre stupide admirateur, je vous remercie au moins du moment de véritable douceur que votre obligeante attention jette sur ma triste existence. Je vous salue, monsieur, et vous honore de tout mon cœur.

en 1824 sous le titre de *Mémoires de Condorcet* ne connoissoit ni l'hommage des *Essais d'analyse*, ni cette lettre de Rousseau.

LETTRE CMX.

A M. DE BELLOY.

Monquin, par Bourgoin, le 17 19/7 70.

Pauvres aveugles que nous sommes! etc.

J'honorois vos talents, monsieur, encore plus le digne usage que vous en faites, et j'admirois comment le même esprit patriotique nous avoit conduits par la même route à des destins si contraires, vous à l'acquisition d'une nouvelle patrie et à des honneurs distingués, moi à la perte de la mienne et à des opprobres inouïs.

Vous m'avez ressemblé, dites-vous, par le malheur; vous me feriez pleurer sur vous, si je pouvois vous en croire. Êtes-vous seul en terre étrangère, isolé, séquestré, trompé, trahi, diffamé par tout ce qui vous environne, enlacé de trames horribles dont vous sentiez l'effet, sans pouvoir parvenir à les connoître, à les démêler? Êtes-vous à la merci de la puissance, de la ruse, de l'iniquité, réunies pour vous traîner dans la fange, pour élever autour de vous une impénétrable œuvre de ténèbres, pour vous enfoncer tout vivant dans un cercueil? Si tel est ou fût votre sort, venez, gémissons ensemble; mais en tout autre cas, ne vous vantez point de faire avec moi société de malheurs.

Je lisois votre Bayard, fier que vous eussiez trouvé mon Édouard digne de lui servir de modèle en quelque chose; et vous me faisiez vénérer ces antiques François auxquels ceux d'aujourd'hui ressemblent si peu, mais que vous faites trop bien agir et parler pour ne pas leur ressembler vous-même. A ma seconde lecture je suis tombé sur un vers qui m'avoit échappé dans la première, et qui par réflexion m'a déchiré[1]. J'y ai reconnu, non, grâces au ciel, le cœur de Jean-Jacques, mais les gens à qui j'ai affaire, et que, pour mon malheur, je connois trop bien. J'ai compris, j'ai pensé du moins qu'on vous avoit suggéré ce vers-là : Misère humaine! me suis-je dit. Que les méchants diffament les bons, ils font leur œuvre; mais comment les trompent-ils les uns à l'égard des autres? leurs ames n'ont-elles pas pour se reconnoître des marques plus sûres que tous les prestiges des imposteurs ? J'ai pu douter quelques instants, je l'avoue, si vous n'étiez point séduit plutôt que trompé par mes ennemis.

Dans ce même temps j'ai reçu votre lettre et votre Gabrielle, que j'ai lue et relue aussi, mais avec un plaisir bien plus doux que celui que m'a-

---

[1] Il est probable que ce vers étoit le second de ces deux-ci :

Que de vertu brilloit dans son faux repentir!
Peut-on si bien la peindre, et ne la pas sentir?

voit donné le guerrier Bayard; car l'héroïsme de la valeur m'a toujours moins touché que le charme du sentiment dans les ames bien nées. L'attachement que cette pièce m'inspire pour son auteur est un de ces mouvements, peut-être aveugles, mais auxquels mon cœur n'a jamais résisté. Ceci me mène à l'aveu d'une autre folie à laquelle il ne résiste pas mieux, c'est de faire de mon Héloïse le *criterium* sur lequel je juge du rapport des autres cœurs avec le mien. Je conviens volontiers qu'on peut être plein d'honnêteté, de vertu, de sens, de raison, de goût, et trouver ce roman détestable : quiconque ne l'aimera pas peut bien avoir part à mon estime, mais jamais à mon amitié; quiconque n'idolâtre pas ma Julie ne sent pas ce qu'il faut aimer; quiconque n'est pas l'ami de Saint-Preux ne sauroit être le mien : d'après cet entêtement, jugez du plaisir que j'ai pris en lisant votre Gabrielle, d'y retrouver ma Julie un peu plus héroïquement requinquée, mais gardant son même naturel, animée peut-être d'un peu plus de chaleur, plus énergique dans les situations tragiques, mais moins enivrante aussi, selon moi, dans le calme. Frappé de voir dans des multitudes de vers à quel point il faut que vous ayez contemplé cette image si tendre dont je suis le Pygmalion, j'ai cru, sur ma règle ou sur ma manie, que la nature nous avoit faits amis; et, revenant avec plus d'incertitude aux vers de votre Bayard, j'ai résolu d'en parler avec ma franchise ordinaire, sauf à vous de me répondre ce qu'il vous plaira.

Monsieur de Belloy, je ne pense pas de l'honneur, comme vous de la vertu, qu'il soit possible d'en bien parler, d'y revenir souvent par goût, par choix, et d'en parler toujours d'un ton qui touche et remue ceux qui en ont, sans l'aimer et sans en avoir soi-même : ainsi, sans vous connoître autrement que par vos pièces, je vous crois dans le cœur l'honneur d'un ancien chevalier, et je vous demande de vouloir me dire sans détours s'il y a quelque vers dans votre Bayard dont en l'écrivant vous m'ayez voulu faire l'application ; dites-moi simplement oui ou non, et je vous crois.

Quant au projet de réchauffer les cœurs de vos compatriotes par l'image des antiques vertus de leurs pères, il est beau, mais il est vain : l'on peut tenter de guérir des malades, mais non pas de ressusciter des morts. Vous venez soixante-dix ans trop tard. Contemporain du grand Catinat, du brillant Villars, du vertueux Fénélon, vous auriez pu dire : Voilà encore des François dont je vous parle ; leur race n'est pas éteinte ; mais aujourd'hui vous n'êtes plus que *vox clamans in deserto*. Vous ne mettez pas seulement sur la scène des gens d'un autre siècle, mais d'un autre monde ; ils n'ont plus rien de commun avec celui-ci. Il ne reste à votre nation, pour se consoler de n'avoir plus de vertu, que de n'y plus croire et de la diffamer dans les autres. Oh! s'il étoit encore des Bayards en France, avec quelle noble colère, avec quelle vive indignation!.... Croyez-moi, de Belloy, ne faites plus de ces beaux vers à la gloire des anciens François, de peur qu'on ne soit tenté, par la justesse de la parodie, de l'appliquer à ceux d'aujourd'hui.

Adieu, monsieur ; si cette letre vous parvient, je vous prie de m'en donner avis, afin que je ne sois pas injuste : je vous salue de tout mon cœur.

LETTRE CMXI.

A M. DE SAINT-GERMAIN [1].

A Monquin, le $17\frac{26}{3}70$.

Pauvres aveugles que nous sommes ! etc.

Vous verrez, monsieur, que la lettre ci-jointe étoit commencée avant votre retour de Grenoble, et que, par conséquent, j'ai bien eu le temps de la mettre en meilleur état ; mais je vous avoue que l'angoisse et les serrements de cœur que j'éprouvois en l'écrivant ne m'ont pas permis d'en faire une autre copie plus au net. L'indignation qui m'arrêtoit à chaque ligne m'a trop fait sentir que le rôle d'accusé n'étoit pas fait pour moi. Malgré le

[1]. Cette lettre étoit incluse dans celle qui suit.

désordre qui règne dans cette lettre, elle contient des éclaircissements dont j'ai cru que vous ne dédaigneriez pas d'être le dépositaire, et qui peuvent importer un jour au triomphe de la vérité. Je ne vous demande point, monsieur, de secret sur cette lettre; j'ose prévoir qu'un jour elle sera dans votre famille un monument non méprisable de vos bontés pour celui qui l'a écrite et de l'honneur qu'il sut rendre à vos vertus.

Mon état ne me permet point de tenter le voyage de Bourgoin par le temps qu'il fait, et je m'oppose absolument à tout désir que vous pourriez avoir de renouveler, pour moi cette œuvre de miséricorde ; au lieu du plaisir que me donne toujours votre présence, vous ne m'apporteriez que des alarmes pour votre santé et pour votre retour. Cependant, avant de nous séparer vraisemblablement pour toujours, que j'aie au moins, s'il m'est possible, la douceur d'embrasser encore une fois mon consolateur. Je compte, monsieur, sur ce que vous me dîtes dernièrement, que vous aviez encore au moins huit à dix jours à rester à Bourgoin, et je tâcherai d'en prendre un, s'il m'est possible, pour me rendre auprès de vous. Si malheureusement votre départ étoit accéléré, je vous prierois de vouloir bien me le faire dire, afin que je ne fisse pas un voyage inutile.

Monsieur, veuille le ciel vous payer en prospérités tant sur vous que sur madame de Saint-

Germain et sur votre aimable et florissante famille, le prix des bontés dont vous m'avez comblé ! Souvenez-vous quelquefois d'un infortuné qui ne mérite point ses malheurs, qui vous prouva sa vénération pour vous par sa confiance, et qui, par le droit qu'il se sent à votre estime, se glorifiera toujours d'y avoir part.

~~~~~~~~~~~~~~~~~~~~~~~~~~~~~~

LETTRE CMXII.

AU MÊME.

Monquin, le 17 26/2 70.

Pauvres aveugles que nous sommes! etc.

Où êtes-vous, brave Saint-Germain ? Quand pourrai-je vous embrasser, et réchauffer au feu de votre courage celui dont j'ai besoin pour supporter les rigueurs de ma destinée ? Qu'il est cruel, qu'il est déchirant pour le plus aimant des hommes de se voir devenir l'horreur de ses semblables en retour de son tendre attachement pour eux, et sans pouvoir imaginer la cause de cette frénésie, ni par conséquent la guérir ! Quoi ! l'implacable animosité des méchants peut-elle donc ainsi renverser les têtes et changer les cœurs de toute une nation, de toute une génération ? lui montrer noir ce qui est blanc ; lui rendre odieux ce qu'elle doit aimer ; lui faire estimer l'iniquité justice, la trahison générosité ? Ah ! c'est aussi trop accorder à la puissance que de lui soumettre ainsi le jugement, le sentiment, la raison, et de se dépouiller pour elle de tout ce qui nous fait hommes.

Quels sont mes torts envers M. de Choiseul ? Un seul, mais grand, celui d'avoir pu l'estimer. Dans ma retraite je ne connoissois de lui que son ministère : son pacte de famille me prévint en faveur de ses talents. Il avoit paru bien disposé pour moi : cette bienveillance m'en avoit inspiré. Je ne savois rien de son naturel, de ses goûts, de ses inclinations, de son caractère ; et, dans les ténèbres où je suis plongé depuis tant d'années, j'ai long-temps ignoré tout cela. Jugeant du reste par ce qui m'étoit connu, je lui donnai des louanges qu'il méritoit trop peu pour les prendre au pied de la lettre. Il se crut insulté : de là sa haine et tous mes malheurs. En me punissant de mon tort il m'en a corrigé. S'il me punit maintenant de lui rendre justice, il ne peut être trop sévère ; car assurément je la lui rends bien.

Pour mieux assouvir sa vengeance, il n'a voulu ni ma mort qui finissoit mes malheurs, ni ma captivité qui m'eût du moins donné le repos. Il a conçu que le plus grand supplice d'une ame fière et brûlante d'amour pour la gloire étoit le mépris et l'opprobre, et qu'il n'y avoit point pour moi de pire tourment que celui d'être haï ; c'est sur ce double objet qu'il a dirigé son plan. Il s'est appliqué à me travestir en monstre effroyable ; il a concerté dans le secret l'œuvre de ma diffamation ; il m'a fait enlacer de toutes parts par ses satellites ; il m'a fait traîner par eux dans la fange ; il m'a rendu la fable du peuple et le jouet de la canaille. Pour m'accabler encore mieux de la haine publique, il a pris soin de la faire sortir par les moqueuses caresses des fourbes dont il me faisoit entourer ; et, pour dernier raffinement, il a fait en sorte que partout les égards et les attentions parussent me suivre, afin que quand, trop sensible aux outrages, j'exhalerois quelques plaintes, j'eusse l'air d'un homme qui n'est pas à son aise avec lui-même, et qui se plaint des autres parce qu'il est mécontent de lui.

Pour m'isoler et m'ôter tout appui, les moyens étoient simples. Tout cède à la puissance, et presque tout à l'intrigue. On connoissoit mes amis, on a travaillé sur eux ; aucun n'a résisté. On a éventé par la poste toutes les correspondances que je pouvois avoir. On m'a détaché de temps en temps de petits chercheurs de places, de petits imploreurs de recommandations, pour savoir par eux s'il ne restoit personne qui eût pour moi de la bienveillance, et travailler aussitôt à me l'ôter. Je connois si bien ce manège, et j'en ai si bien senti le succès, que je ne serois pas sans crainte pour M. de Saint-Germain lui-même, si je le savois moins clairvoyant, et que je connusse moins sa sagesse et sa fermeté. Parmi les objets de tant de vigilance, mes papiers n'ont pas été oubliés. J'ai confié tous ceux que j'avois en des mains amies, ou que je crus telles : tous sont à la merci de mes ennemis. Enfin, on m'a lié moi-même par des engagements dont j'ai cru vainement acheter mon repos, et qui n'ont servi qu'à me livrer pieds et poings liés au sort qu'on vouloit me faire. On ne m'a laissé pour défense que le ciel, dont on ne s'embarrasse guère, et mon innocence, qu'on n'a pu m'ôter.

Parvenu une fois à ce point, tout le reste va de lui-même et sans la moindre difficulté. Les gens chargés de disposer de moi ne trouvent plus d'obstacles. Les essaims d'espions malveillants et vigilants dont je suis entouré savent comment ils ont à faire leur cour. S'il y a du bien, ils se garderont de le dire, ou prendront grand soin de le travestir ; s'il y a du mal, ils l'aggraveront ; s'il n'y en a pas, ils l'inventeront. Ils peuvent me charger tout à leur aise ; ils n'ont pas peur de me trouver là pour les démentir. Chacun veut prendre part à la fête, et présenter le plus beau bouquet. Dès qu'il est convenu que je suis un homme noir, c'est à qui me controuvera le plus de crimes. Quiconque en a fait un peut en faire cent, et vous verrez que bientôt j'irai violant, brûlant, empoisonnant, assassinant à droite et à gauche pour mes menus plaisirs, sans m'embarrasser des foules de surveillants qui me guettent, sans songer que les planchers sous lesquels je suis ont des yeux, que les murs qui m'entourent ont des oreilles, que je ne fais pas un pas qui ne soit compté, pas un mouvement de doigt qui ne soit noté, et sans que, durant tout ce temps-là, personne ait la charité de pourvoir à la sûreté publique en m'empêchant de continuer toutes ces horreurs, dont ils se contentent de tenir tranquillement le registre, tandis que je les fais tout aussi tranquillement sous leurs yeux, tant la haine est aveugle et bête dans sa méchanceté! Mais n'importe, dès qu'il s'agira de m'imputer des forfaits, je vous réponds que le bon M. de Choiseul sera coulant sur les preuves, et qu'après ma mort toutes ces inepties deviendront autant de faits incontestables; parce que monsieur l'un, et monsieur l'autre, et madame celle-ci, et mademoiselle celle-là, tous gens de la plus haute probité, les auront attestés, et que je ne ressusciterai pas pour y répondre.

Encore une fois, tout devient facile, et désormais on va faire de moi tout ce qu'on voudra de mauvais. Si je reste en repos, c'est que je médite des crimes, et peut-être le pire de tous, celui de dire la vérité. Si, pour me distraire de mes maux, je m'amuse à l'étude des plantes, c'est pour y chercher des poisons. Mon Dieu! quand quelque jour ceux qui sauront quel fut mon caractère, et qui liront mes écrits, apprendront qu'on a fait de Jean-

Jacques Rousseau un empoisonneur, ils demanderont quelle sorte d'êtres existoient de son temps, et ne pourront croire que ce fussent des hommes.

Mais comment en est-on venu là ? quel fut le premier forfait qui rendit les autres croyables ? Voilà ce qui me passe, voilà l'étonnante énigme. C'est ce premier pas qu'il faut expliquer; et qui n'offre à mes yeux qu'un abîme impénétrable. M. de Saint-Germain, dans ce que vous connoissez de moi par vous-même, trouvez-vous de l'étoffe pour faire un scélérat ? Tel je parois à vos yeux depuis plus d'un an, tel je fus pendant près de soixante. Je n'eus jamais que des goûts honnêtes, que des passions douces; je m'élevai, pour ainsi dire, moi-même; je me livrai par choix aux meilleures études; je ne cultivai que des talents aimables. J'aimai toujours la retraite, la vie paisible et solitaire. J'ai passé la jeunesse et l'âge mûr, chéri de mes amis, bien voulu de mes connoissances, tranquille, heureux, content de mon sort, et sans avoir eu jamais qu'une seule querelle avec un extravagant [1], laquelle tourna tout à ma gloire. Malheureusement ayant déjà passé l'âge mûr, je me laissai tenter afin de communiquer au public, dans des livres qui ne respirent que la vertu, des maximes que je crus utiles à mes semblables, ou de nouvelles idées pour le progrès des beaux-arts. Me voilà devenu depuis lors un homme noir; de

[1] Le comte de Montaigu, ambassadeur à Venise.

quelle façon? je l'ignore. Eh? quels sont ces malheureux dont les ames sombres et concentrées couvent le crime? Sont-ce des auteurs, des gens de lettres dévoués à la paisible occupation d'écrire des livres, des romans, de la musique, des opéra? Ont-ils des cœurs ouverts, confiants, faciles à s'épancher? Et où de pareils secrets se cacheroient-ils un moment dans le mien, transparent comme le cristal, et qui porte à l'instant dans mes yeux et sur mon visage chaque mouvement dont il est affecté? Seul, étranger, sans parti, livré dans ma retraite à de pareils goûts, quel avantage, quel moyen, quelle tentation pouvois-je avoir de mal faire? Quoi! lorsque l'amour, la raison, la vertu, prenoient sous ma plume leurs plus doux, leurs plus énergiques accents; lorsque je m'enivrois à torrents des plus délicieux sentiments qui jamais soient entrés dans un cœur d'homme, lorsque je planois dans l'empyrée au milieu des objets charmants et presque angéliques dont je m'étois entouré, c'étoit précisément alors, et pour la première fois, que ma noire et farouche ame méditoit, digéroit, commettoit les forfaits atroces dont on ne me voila l'imputation que pour m'ôter les moyens de m'en défendre, et cela sans motif, sans raison, sans sujet, sans autre intérêt que celui de satisfaire la plus infernale férocité! Et l'on peut... Si jamais pareille contradiction, pareille extravagance, pareille absurdité, pouvoient réellement trouver foi dans l'esprit d'un homme, oui, j'ose le dire sans crainte, il faudroit étouffer cet homme-là.

Les passions qui portent au crime sont analogues à leurs noirs effets. Où furent les miennes? Je n'ai connu jamais les passions haineuses; jamais l'envie, la méchanceté, la vengeance, n'entrèrent dans mon cœur. Je suis bouillant, emporté, quelquefois colère, jamais fourbe ni rancunier; et quand je cesse d'aimer quelqu'un, cela s'aperçoit bien vite. Je hais l'ennemi qui veut me nuire; mais sitôt que je ne le crains plus, je ne le hais plus. Que Diderot, que Grimm surtout, le premier, le plus caché, le plus ardent, le plus implacable, celui qui m'attira tous les autres, dise pourquoi il me hait. Est-ce pour le mal qu'il a reçu de moi? Non, c'est pour celui qu'il m'a fait, car souvent l'offensé pardonne, mais l'offenseur ne pardonne jamais. Dirai-je mes torts envers lui? j'en sais deux : le premier, je l'ai trop aimé; le second, *son cœur fut déchiré par la louange qui n'étoit pas pour lui*[1]. Si lui, si Diderot, ont quelque autre grief, qu'ils le disent. Ils ont découvert, dira-t-on, que j'étois un monstre. Ah! c'est une autre affaire; mais toujours est-il sûr que ce monstre ne leur fit jamais de mal.

Madame la comtesse de Boufflers me hait, et en femme; c'est tout dire. Quels sont ses griefs? Les voici.

[1] Passage remarquable du *Petit Prophète*, ouvrage de M. Grimm, et dans lequel il s'est peint sans y songer.

Le premier. J'ai dit dans l'*Héloïse* que la femme d'un charbonnier étoit plus respectable que la maîtresse d'un prince : mais, quand j'écrivis ce passage, je ne songeois ni à elle ni à aucune femme en particulier; je ne savois pas même alors qu'il existât une comtesse de Boufflers, encore moins qu'elle pût s'offenser de ce trait, et je n'ai fait que long-temps après connoissance avec elle.

Le second. Madame de Boufflers me consulta sur une tragédie en prose de sa façon, c'est-à-dire qu'elle me demanda des éloges. Je lui donnai ceux que je crus lui être dus; mais je l'avertis que sa pièce ressembloit beaucoup à une pièce anglaise que je lui nommai : j'eus le sort de Gil Blas auprès de l'évêque prédicateur.

Le troisième. Madame de Boufflers étoit aimable alors, et jeune encore. Les amitiés dont elle m'honora me touchèrent plus qu'il n'eût fallu peut-être : elle s'en aperçut. Quelque temps après j'appris ses liaisons, que dans ma bêtise je ne savois pas encore. Je ne crus pas qu'il convînt à Jean-Jacques Rousseau d'aller sur les brisées d'un prince du sang, et je me retirai. Je ne sais, monsieur, ce que vous pensez de ce crime; mais il seroit singulier que tous les malheurs de ma vie fussent venus de trop de prudence, dans un homme qui en eut toujours si peu.

Madame la maréchale de Luxembourg me hait; elle a raison. J'ai commis envers elle des balourdises, bien innocentes assurément dans mon cœur, bien involontaires, mais que jamais femme ne pardonne, quoiqu'on n'ait pas eu l'intention de l'offenser. Cependant je ne puis la croire essentiellement méchante, ni perdre le souvenir des jours heureux que j'ai passés près d'elle et de M. de Luxembourg. De tous mes ennemis elle est la seule que je croie capable de retour, mais non pas de mon vivant. Je désire ardemment qu'elle me survive, sûr d'être regretté, peut-être pleuré d'elle après ma mort.

Ajoutez à cette courte liste M. de Choiseul, dont j'ai déjà parlé, et qui malheureusement à lui seul en vaut mille; le docteur Tronchin, avec qui je n'eus d'autre tort que d'être Génevois comme lui, et d'avoir autant de célébrité; quoique j'eusse gagné moins d'argent; enfin le baron d'Holbach, aux avances duquel j'ai résisté long-temps, par la seule raison qu'il étoit trop riche : raison que je lui dis pour réponse à ses instances, et qui malheureument ne se trouva que trop juste dans la suite. Sur mes premiers écrits, et sur le bruit qu'ils firent, il se prit pour moi d'une telle haine, et, comme je crois, par l'impulsion de Grimm, qu'il me traita, dans sa propre maison, et sans le moindre sujet, avec une brutalité sans exemple. Diderot et M. de Margency, gentilhomme ordinaire du roi, furent témoins de la querelle; et le dernier m'a souvent dit depuis lors qu'il avoit admiré ma patience et ma modération.

Ces détails, monsieur, sont dans la plus exacte vérité. Trouvez-vous là quelque méchanceté dans le pauvre Jean-Jacques? Voilà pourtant les seuls ennemis personnels que j'aie eus jamais. Tous les autres ne le sont que par jalousie, comme d'Alembert, avec lequel j'ai eu très-peu de liaison; ou sur parole, comme la foule; ou parce qu'en général les lâches aiment à faire leur cour aux puissants, en achevant d'accabler ceux qu'ils oppriment. Que puis-je faire à cela?

Les naturels haineux, jaloux, méchants, ne se déguisent guère; leurs propos, leurs écrits décèlent bientôt leurs penchants; ils vont toujours se mêlant des affaires des autres; les pointes de la satire lardent leurs discours et leurs ouvrages; les mots couverts, les allusions malignes leur échappent malgré eux. Mes écrits sont dans les mains de tout le monde, et vous connoissez mon ton. Veuillez, monsieur, juger par vous-même, et voyez s'il y a de la malignité dans mon cœur.

Le jeu : je ne puis le souffrir. Je n'ai vraiment joué qu'une fois en ma vie au Redoute à Venise: je gagnai beaucoup, m'ennuyai, et ne jouai plus. Les échecs, où l'on ne joue rien, sont le seul jeu qui m'amuse. Je n'ai pas peur d'être un Béverley.

L'ambition, l'avidité, l'avarice: je suis trop paresseux, je déteste trop la gêne, j'aime trop mon indépendance pour avoir des goûts qui demandent un homme laborieux, vigilant, courtisan, souple, intrigant, les choses du monde les plus contraires à mon humeur. M'a-t-on vu souvent aux toilettes des femmes, ou dans les antichambres des grands? ce sont pourtant là les portes de la fortune. J'ai refusé beaucoup de places, et n'en recherchai jamais. C'est par paresse que je suis attaché à l'argent que j'ai, crainte de la peine d'en chercher quand je n'en ai plus : mais je ne crois pas qu'il me soit arrivé de la vie, ayant le nécessaire du moment, de rien convoiter au-delà ; et, après avoir vécu dans une honnête aisance, je me vois prêt à manquer de pain sur mes vieux jours, sans en avoir grand souci. Combien j'ai laissé échapper de choses par ma nonchalance à les retenir ou à les saisir! Citons un seul fait. Un receveur-général des finances auquel j'étois attaché depuis long-temps m'offre sa caisse; je l'accepte : au bout de quinze jours l'embarras, l'assujettissement, l'inquiétude surtout de cette maudite caisse, me font tomber malade. Je finis par quitter la caisse, et me faire copiste de musique à six sous la page. M. de Francueil, à qui je marque ma résolution, me croit encore dans le transport de la fièvre, vient me voir, me parle, m'exhorte, ne m'ébranle pas: il attend inutilement; et, voyant ma résolution bien prise et bien confirmée, il dispose enfin de sa caisse, et me donne un successeur. Ce fait seul prouve, ce me semble, que l'avidité de l'argent n'est pas mon défaut : et j'en pourrois donner des preuves récentes plus fortes que celle-là. Et de quoi me serviroit l'opulence ? Je déteste le luxe, j'aime la retraite, je n'ai que les goûts de la simplicité, je ne saurois souffrir autour de moi des domestiques ; et quand j'aurois cent mille livres de rente, je ne voudrois être ni mieux vêtu, ni mieux logé, ni mieux nourri que je ne le suis. Je ne voudrois être riche que pour faire du bien, et l'on ne cherche pas à satisfaire un pareil goût par des crimes.

Les femmes !.... Oh ! voici le grand article ; car assurément le violateur de la chaste Vertier doit être un terrible homme auprès d'elles, et le plus difficile des travaux d'Hercule doit peu lui coûter après celui-là. Il y a quinze ans qu'on eût été étonné de m'entendre accuser de pareille infamie : mais laissez faire M. de Choiseul et madame de Boufflers ; ils ont bien opéré d'autres métamorphoses, et je les vois en train de ne s'arrêter plus guère que par l'impossibilité d'en imaginer. Je doute qu'aucun homme ait eu une jeunesse plus chaste que la mienne. J'avois trente ans passés sans avoir eu qu'un seul attachement, ni fait à son objet qu'une seule infidélité [1] ; c'étoit là tout. Le reste de ma vie a doublé cette licence [2], je n'ai pas été plus loin. Je ne fais point honneur de cette

[1] Son aventure avec madame de Larnage.
[2] Le souper fait avec Grimm chez Klupffell, et ce qui en a été la suite.

réserve à ma sagesse ; elle est bien plus due à ma timidité ; et j'avoue avoir manqué par elle bien des bonnes fortunes que j'ai convoitées, et qui, si j'en avois tenté l'aventure, ne m'auroient peut-être pas réduit au même crime auquel, selon la Vertier, m'ont entraîné ses attraits.

Pour contenter les besoins de mon cœur encore plus que ceux de mes sens, je me donnai une compagne honnête et fidèle, dont, après vingt-cinq ans d'épreuve et d'estime, j'ai fait ma femme. Si c'est là ce qu'on appelle de la débauche, je m'en honore, et ce n'est pas du moins celle-là qui mène dans les lieux publics. L'exemple, la nécessité, l'honneur de celle qui m'étoit chère, d'autres puissantes raisons me firent confier mes enfants à l'établissement fait pour cela, et m'empêchèrent de remplir moi-même le premier, le plus saint des devoirs de la nature. En cela, loin de m'excuser, je m'accuse ; et quand ma raison me dit que j'ai fait dans ma situation ce que j'ai dû faire, je l'en crois moins que mon cœur qui gémit et qui la dément. Je ne fis point un secret de ma conduite à mes amis, ne voulant pas passer à leurs yeux pour meilleur que je n'étois. Quel parti les barbares en ont tiré ! Avec quel art ils l'ont mise dans le jour le plus odieux ! Comme ils se sont plu à me peindre en père dénaturé, parce que j'étois à plaindre ! comme ils ont cherché à tirer du fond de mon caractère une faute qui fut l'ouvrage de mon malheur! Comme si pécher n'étoit pas de l'homme, et même de l'homme juste! Elle fut grave, sans doute, elle fut impardonnable; mais aussi ce fut la seule, et je l'ai bien expiée. A cela près, et des vices qui n'ont jamais fait de mal qu'à moi, je puis exposer à tous les yeux une vie irréprochable dans tout le secret de mon cœur. Ah! que ces hommes si sévères aux fautes d'autrui rentrent dans le fond de leur conscience, et que chacun d'eux se félicite s'il sent qu'au jour où tout sans exception sera manifesté, lui-même en sera quitte à meilleur compte!

La Providence a veillé sur mes enfants par le péché même de leur père. Eh Dieu! quelle eût été leur destinée s'ils avoient eu la mienne à partager? que seroient-ils devenus dans mes désastres? Ils seront ouvriers ou paysans; ils passeront dans l'obscurité des jours paisibles; que n'ai-je eu le même bonheur! Je rends au moins grâce au ciel de n'avoir abreuvé que moi des amertumes de ma vie, et de les en avoir préservés. J'aime mieux qu'ils vivent du travail de leurs mains sans me connoître, que de les voir avilis et nourris par la traîtresse générosité de mes ennemis, qui les instruiroient à haïr, peut-être à trahir leur père; et j'aime mieux cent fois être ce père infortuné qui commit la faute et qui la pleure, que d'être le méchant qui la révèle, l'étend, l'amplifie, l'aggrave avec la plus maligne joie, que d'être l'ami perfide qui trahit la confiance de son ami, et divulgue, pour le diffamer, le secret qu'il a versé dans son sein.

Mais des fautes, quelque grandes qu'elles soient, n'en supposent pas de contradictoires. Les débauchés sont peu dans le cas d'en commettre de pareilles, comme ceux qui s'occupent dans le port à changer des vaisseaux, que bientôt ils perdent de vue, ne songent guère à les assurer. Mes attachements me préservèrent du désordre; et toujours, je le répète, je fus réglé dans mes mœurs. Je ne doute pas même que celles de ma jeunesse n'aient contribué dans la suite à répandre dans mes écrits cette vive chaleur que les gens qui ne sentent rien prennent pour de l'art, mais que l'art ne peut contrefaire, et que ne sauroit fournir un sang appauvri par la débauche. Pour répondre à ces hommes vils qui m'osent accuser d'avoir gagné, dans des lieux que je ne connois point, des maux que je connois encore moins, je ne voudrois que la *Nouvelle Héloïse*. Est-ce ainsi qu'on apprend à parler dans la crapule? Qu'on prenne autant de débauchés qu'on voudra, tous doués d'autant d'esprit qu'il est possible, et je les défie entre eux tous de faire une seule page à mettre à côté d'une des lettres brûlantes dont ce roman n'abonde que trop. Non, non; il est pour l'ame un prix aux bonnes mœurs, c'est de la vivifier. L'amour et la débauche ne sauroient aller ensemble; il faut choisir. Ceux qui les confondent ne connoissent que la dernière; c'est sur leur propre état qu'ils jugent du mien : mais ils se trompent; adorer les femmes et les posséder sont deux choses très-différentes : ils ont fait l'une, et j'ai fait l'autre. J'ai connu quelquefois leurs plaisirs, mais ils n'ont jamais connu les miens.

L'amour que je conçois, celui que j'ai pu sentir, s'enflamme à l'image illusoire de la perfection de l'objet aimé; et cette illusion même le porte à l'enthousiasme de la vertu, car cette idée entre toujours dans celle d'une femme parfaite. Si quelquefois l'amour peut porter au crime, c'est dans l'erreur d'un mauvais choix qui nous égare, ou dans les transports de la jalousie : mais ces deux états, dont aucun n'a jamais été le mien, sont momentanés et ne transforment point un cœur noble en une ame noire. Si l'amour m'eût fait faire un crime, il faudroit m'en punir et m'en plaindre; mais il ne me rendroit pas l'horreur des honnêtes gens.

Voilà tout, ce me semble, à moins qu'on ne veuille ajouter l'amour de la solitude; car cet amour fut la première marque à laquelle Diderot parut juger que j'étois un scélérat. Ses mystérieuses trames avec Grimm étoient commencées quand j'allai vivre à l'Hermitage, il publia quelque temps après *le Fils naturel*, dans lequel il inséra cette sentence : *Il n'y a que le méchant qui soit seul.*

Je lui écrivis avec tendresse pour me plaindre qu'il n'eût mis à ce passage aucun adoucissement ; il me répondit durement et sans aucune explication. Pour moi, quoique cette sentence ait quelque chose qui papillotte à l'oreille, je n'y trouve qu'une absurdité ; et il est si faux qu'il n'y ait que le méchant qui soit seul, qu'au contraire il est impossible qu'un homme qui sait vivre seul soit méchant, et qu'un méchant veuille vivre seul ; car à qui feroit-il du mal, et avec qui formeroit-il ses intrigues ? La sentence en elle-même exigeoit donc tout au moins une explication : elle l'exigeoit bien plus encore, ce me semble, de la part d'un auteur qui, lorsqu'il parloit de la sorte au public, avoit un ami retiré depuis six mois dans une solitude ; et il étoit également choquant et malhonnête de refuser, du moins en maxime générale, l'honorable et juste exception qu'il devoit non seulement à cet ami, mais à tant de sages respectés, qui dans tous les temps ont cherché le calme et la paix dans la retraite, et dont, pour la première fois depuis que le monde existe, un écrivain s'avise, avec un trait de plume, de faire autant de scélérats : mais Diderot avoit ses vues, et ne s'embarrassoit pas de déraisonner, pourvu qu'il préparât de loin les coups qu'il m'a portés dans la suite.

Je vais faire une remarque qui peut paroître légère, mais qui me paroît à moi des plus sûres pour juger de l'état interne et vrai d'un auteur. On sent, dans les ouvrages que j'écrivois à Paris, la bile d'un homme importuné du tracas de cette grande ville, et aigri par le spectacle continuel de ses vices [1]. Ceux que j'écrivis depuis ma retraite à l'Hermitage respirent une tendresse de cœur, une douceur d'ame qu'on ne trouve que dans les bocages, et qui prouvent l'effet que faisoient sur moi la retraite et la campagne, et qu'elles feront toujours sur quiconque en saura sentir le charme et y vivre aussi volontiers que moi. *Les pensées mâles de la vertu*, dit le nerveux Young, *les nobles élans du génie, les brûlants transports d'un cœur sensible, sont perdus pour l'homme qui croit qu'être seul est une solitude : le malheureux s'est condamné à ne les jamais sentir. Dieu et la raison, quelle immense société ! que leurs entretiens sont sublimes ! que leur commerce est plein de douceur !* Voilà MM. Young et Diderot d'avis un peu différents, sans ajouter celui de Virgile. Pour moi, je me fais honneur d'avoir imité le scélérat Descartes, quand il s'en alla méchamment philosopher dans sa solitude de Nord-Hollande.

Je viens de faire, ce me semble, une revue exacte, et je n'y vois rien encore qui m'ait pu

---

[1] Ajoutez les impulsions continuelles de Diderot, qui, soit qu'il ne pût oublier le donjon de Vincennes, soit avec le projet déjà formé de me rendre odieux, m'alloit sans cesse excitant et stimulant aux sarcasmes. Sitôt que je fus à la campagne, et que ces impulsions cessèrent, le caractère et le ton de mes écrits changèrent, et je rentrai dans mon naturel.

donner des penchants pervers. Que reste-t-il donc enfin? L'amour de la gloire. Quoi! ce noble sentiment qui élève l'ame aux sublimes contemplations, qui l'élance dans les régions éthérées, qui l'étend pour ainsi dire sur toute la postérité, pourroit lui dicter des forfaits! Il prendroit, pour s'honorer, la route de l'infamie! Eh! qui ne sait que rien n'avilit, ne resserre et ne concentre l'ame comme le crime; que rien de grand et de généreux ne peut partir d'un intérieur corrompu? Non, non; cherchez des passions viles pour cause à des actions viles. On peut être un malhonnête homme et faire un bon livre; mais jamais les divins élans du génie n'honorèrent l'ame d'un malfaiteur, et si les soupçons de quelqu'un que j'estimerois pouvoient à ce point ravaler la mienne, je lui présenterois mon *Discours sur l'inégalité* [1] pour toute réponse, et je lui dirois : Lis, et rougis [2].

Vous me citerez Érostrate. A cela voici ma réponse. L'histoire d'Érostrate est une fable : mais

---

[1] En retranchant quelques morceaux de la façon de Diderot, qu'il m'y fit insérer presque malgré moi. Il en avoit ajouté de plus durs encore; mais je ne pus me résoudre à les employer.

[2] Que seroit-ce si je lui présentois ma *Lettre à d'Alembert sur les Spectacles*, ouvrage où le plus tendre délire perce à travers la force du raisonnement, et rend cette lecture ravissante? Il n'y a point d'absurdité qu'on ne rende imaginable en supposant que des scélérats peuvent traiter ainsi de pareils sujets. Démocrite prouva aux Abdéritains qu'il n'étoit pas fou en leur lisant une de ses pièces; et moi, je défie tout homme sensé qui lira cette lettre de pouvoir croire que l'auteur soit un coquin.

supposons-la vraie; Érostrate, sans génie et sans talent, eut un moment la fantaisie de la célébrité, à laquelle il n'avoit aucun droit; il prit la seule et courte voie que son mauvais cœur et son esprit étroit pût lui suggérer : mais comptez que, s'il se fût senti capable de faire l'*Émile*, il n'eût point brûlé le temple d'Ephèse. Non, monsieur, on n'aspire point par le crime au prix qu'on peut obtenir par la vertu; et voilà ce qui rend plus ridicule l'imposture dont je suis l'objet. Qu'avois-je besoin de gloire et de célébrité? je l'avois déjà tout acquise, non par des noirceurs et des actes abominables, mais par des moyens vertueux, honnêtes, par des talents distingués, par des livres utiles, par une conduite estimable, par tout le bien que j'avois pu faire selon mon pouvoir: elle étoit belle, elle étoit sans tache; qu'y pouvois-je ajouter désormais, si ce n'est la persévérance dans l'honorable carrière dont je voyois déjà d'assez près le terme? Que dis-je? je l'avois atteint: je n'avois plus qu'à me reposer, et jouir. Peut-on concevoir que de gaieté de cœur et par des forfaits j'aie cherché moi-même à ternir ma gloire, à la détruire, à laisser échapper de mes mains, ou plutôt à jeter, dans un transport de furie, le prix inestimable que j'avois légitimement acquis? Quoi! le sage, le brave Saint-Germain retourneroit-il exprès à la guerre pour y flétrir par des lâchetés infâmes les lauriers sous lesquels il a blanchi? ne sait-on pas qu'une belle réputation est la plus noble et la plus douce récompense de la vertu sur la terre? Et l'on veut qu'un homme qui se l'est dignement procurée s'aille exprès plonger dans le crime pour la souiller! Non, cela n'est pas, parce que cela ne peut pas être; et il n'y a que des gens sans honneur qui puissent ne pas sentir cette impossibilité.

Mais quels sont enfin ces forfaits dont je me suis avisé si tard de souiller une réputation déjà tout acquise par mieux que des livres, par quarante ans d'honneur et d'intégrité? Oh! c'est ici le mystère profond qu'il ne faut jamais que je sache, et qui ne doit être ouvertement publié qu'après ma mort, quoiqu'on fasse en sorte, pendant ma vie, que tout le monde en soit instruit, hors moi seul. Pour me forcer, en attendant, de boire la coupe amère de l'ignominie, on aura soin de la faire circuler sans cesse autour de moi dans l'obscurité; de la faire dégoutter, ruisseler sur ma tête, afin qu'elle m'abreuve, m'inonde, me suffoque, mais sans qu'aucun trait de lumière l'offre jamais à ma vue, et me laisse discerner ce qu'elle contient. On me séquestrera du commerce des hommes, même en vivant avec eux; tout sera pour moi secret; mystère et mensonge; on me rendra étranger à la société, sans paroître m'en chasser; on élevera autour de moi un impénétrable édifice de ténèbres, on m'ensevelira tout vivant dans un cercueil. C'est exactement ainsi que, sans prétexte et sans droit, on traite en France un homme libre, un étranger, qui n'est point sujet du roi, qui ne doit compte à personne de sa conduite, en continuant d'y respecter, comme il a toujours fait, le roi, les lois, les magistrats, et la nation. Que s'il est coupable, qu'on l'accuse, qu'on le juge, et qu'on le punisse; s'il ne l'est pas, qu'on le laisse libre, non pas en apparence, mais réellement. Voilà, monsieur, ce qui est juste; tout ce qui est hors de là, de quelque prétexte qu'on l'habille, est trahison, fourberie, iniquité.

Non, je ne serai point accusé, point arrêté, point jugé, point puni, en apparence; mais on s'attachera, sans qu'il y paroisse, à me rendre la vie odieuse, insupportable, pire cent fois que la mort : on me fera garder à vue; je ne ferai pas un pas sans être suivi; on m'ôtera tous moyens de rien savoir et de ce qui me regarde et de ce qui ne me regarde pas; les nouvelles publiques les plus indifférentes, les gazettes même me seront interdites; on ne laissera courir mes lettres et paquets que pour ceux qui me trahissent, on coupera ma correspondance avec tout autre; la réponse universelle à toutes mes questions sera toujours qu'on ne sait pas; tout se taira dans toute assemblée à mon arrivée; les femmes n'auront plus de langue, les barbiers seront discrets et silencieux; je vivrai dans le sein de la nation la plus loquace comme chez un peuple de muets. Si je voyage, on préparera tout d'avance pour disposer de moi partout où je veux aller ; on me consignera aux passagers, aux cochers, aux cabaretiers ; à peine trouverai-je à manger avec quelqu'un dans les auberges, à peine trouverai-je un logement qui ne soit pas isolé ; enfin l'on aura soin de répandre une telle horreur de moi sur ma route, qu'à chaque pas que je ferai, à chaque objet que je verrai, mon ame soit déchirée : ce qui n'empêchera pas que, traité comme Sancho, je ne reçoive partout cent courbettes moqueuses, avec autant de compliments de respect et d'admiration : ce sont de ces politesses de tigres qui semblent vous sourire au moment qu'ils vont vous déchirer.

Imaginez, monsieur, s'il est possible, un traitement plus insultant, plus cruel, plus barbare et dont le concert incroyablement unanime laisse au sein d'une nation tout entière un infortuné rigoureusement seul et sans consolation. Tel est le talent supérieur de M. de Choiseul pour les détails; tels sont les soins avec lesquels il est servi quand il est question de nuire : mais s'il s'agissoit d'une œuvre de bonté, de générosité, de justice, trouveroit-il la même fidélité dans ses créatures? j'en doute; auroit-il lui-même la même activité? j'en doute encore plus.

J'ai beau chercher des cas où il soit permis d'accuser, de juger, de diffamer un homme à son insu, sans vouloir l'entendre, sans souffrir qu'il réponde, et même qu'il parle; je ne trouve rien. Je veux supposer toutes les preuves possibles : mais quand, en plein midi, toute la ville verroit un homme en assassiner un autre sur la place publique, encore, en jugeant l'accusé, ne l'empêcheroit-on pas de répondre; encore ne le jugeroit-on pas sans l'avoir interrogé. A l'inquisition l'on cache à l'accusé son délateur, je l'avoue; mais au moins lui dit-on qu'il est accusé, au moins ne le condamne-t-on pas sans l'entendre, au moins ne l'empêche-t-on pas de parler. Un délateur secret accuse, il ne prouve pas; il ne peut prouver dans aucun cas possible : car comment prouveroit-il ? Par des témoins ? mais l'accusé peut avoir contre ces témoins des moyens de récusation que les juges ignorent. Par des écritures ? mais l'accusé peut y faire apercevoir des marques de fausseté que d'autres n'ont pu connoître. Un délateur qui se cache est toujours un lâche : s'il prend des mesures pour que l'accusé ne puisse répondre à l'accusation, ni même en être instruit, il est un fourbe : s'il prenoit en même temps avec l'accusé le masque de l'amitié, il seroit un traître. Or un traître qui prouve ne prouve jamais assez, ou ne prouve que contre lui-même; et quiconque est un traître peut bien être encore un imposteur. Eh! quel seroit, grand Dieu! le sort des particuliers s'il étoit permis de leur faire à leur insu leur procès, et puis de les aller prendre chez eux pour les mener tout de suite au supplice, sous prétexte que les preuves sont si claires qu'il leur est inutile d'être entendus?

Remarquez, monsieur, je vous supplie, combien cette première accusation dut paroître extraordinaire, vu la réputation sans reproche dont je jouissois, et que soutenoient ma conduite et mes écrits. Assurément, ceux qui vinrent apprendre pour la première fois aux chefs de la nation que j'étois un scélérat durent les étonner beaucoup, et rien ne devoit manquer à la preuve d'une pareille accusation pour être admise. Il y manqua pourtant au moins une petite circonstance, savoir, l'audition de l'accusé; on se cacha de lui très-soigneusement, et il fut jugé. Messieurs! messieurs! quand il seroit généralement permis de juger un accusé sans l'ouïr, il y a du moins des hommes qui mériteroient d'être exceptés, et Jean-Jacques pouvoit espérer, ce me semble, d'être mis au nombre de ces hommes-là.

On ne vous a pas jugé, diront-ils. Et qu'avez-vous donc fait, misérables? En feignant d'épargner ma personne, vous m'ôtez l'honneur, vous m'accablez d'opprobres; vous me laissez la vie, mais vous me la rendez odieuse en y joignant la diffamation. Vous me traitez plus cruellement mille fois que si vous m'aviez fait mourir; et vous appelez cela ne m'avoir pas jugé! Les fourbes! il ne manquoit plus à leur barbarie que le vernis de la générosité.

Non, jamais on ne vit des gens aussi fiers d'être des traîtres : prudemment enfoncés dans leurs tanières, ils s'applaudissent de leurs lâchetés, et insultent à ma franchise en la redoutant. Pour m'étouffer sans que je crie, ils m'ont auparavant attaché un bâillon. A voir enfin leur bénigne contenance, on les prendroit pour les bourreaux de l'infortuné don Carlos, qui prétendoient qu'il leur fût encore redevable de la peine qu'ils prenoient de l'étrangler.

En vérité, monsieur, plus je médite sur cette étrange conduite, plus j'y trouve une complication de lâcheté, d'iniquité, de fourberie, qui la rend inimaginable. Ce qui me passe encore plus est que tout cela paroît se faire de l'aveu de la nation entière; que non seulement mes prétendus amis, mais d'honnêtes gens réellement estimables, y paroissent acquiescer; et que M. de Saint-Germain lui-même ne m'en paroît pas encore assez scandalisé. Cependant, fussé-je coupable, fussé-je en effet tout ce qu'on m'accuse d'être, tant qu'on ne m'aura pas convaincu, cette conduite envers moi seroit encore injuste, fausse, inexcusable. Que doit-elle me paroître à moi qui me sens innocent ?

Soyons équitables toujours. Je ne crois pas que M. de Choiseul soit l'auteur de l'imposture; mais je ne doute point qu'il n'ait très-bien vu que c'en étoit une, et que ce ne soit pour cela qu'il prend tant de mesures pour m'empêcher d'en être instruit : car autrement, avec la haine envenimée que tout décèle en lui contre moi, jamais il ne se refuseroit le plaisir de me convaincre et de me confondre, dût-il s'ôter par là celui de me voir souffrir plus long-temps.

Quoique ma pénétration, naturellement très-mousse, mais aiguisée à force de s'exercer dans les ténèbres, me fasse deviner assez juste des multitudes de choses qu'on s'applique à me cacher, ce noir mystère est encore enveloppé pour moi d'un voile impénétrable; mais à force d'indices combinés, comparés; à force de demi-mots échappés, et saisis à la volée; à force de souvenirs effacés, qui par hasard me reviennent, je présume Grimm et Diderot les premiers auteurs de toute la trame. Je leur ai vu commencer, il y a plus de dix-huit ans, des menées auxquelles je ne comprenois rien, mais que je voyois certainement couvrir quelque mystère dont je ne m'inquiétois pas beaucoup, parce que, les aimant de tout mon cœur, je comptois qu'ils m'aimoient de même. A quoi ont abouti ces menées? autre énigme non moins obscure. Tout ce que je puis supposer le plus raisonnablement est qu'ils auront fabriqué quelques écrits abominables qu'ils m'auront attribués. Cependant, comme il est peu naturel qu'on les en ait crus sur leur parole, il aura fallu qu'ils aient accumulé des vraisemblances, sans oublier d'imiter le style et la main. Quant au style, un homme qui possède supérieurement le talent ¹ d'écrire imite aisément jusqu'à certain point le style d'un autre, quoique bien marqué : c'est ainsi que Boileau imita le style de Voiture et celui de Balzac à s'y tromper; et cette imitation du mien peut être surtout facile à Diderot, dont j'étudiois particulièrement la diction quand je commençai d'écrire, et qui même a mis dans mes premiers ouvrages plusieurs morceaux qui ne tranchent point avec le reste, et qu'on ne sauroit distinguer, du moins quant au style ². Il est certain que sa tournure et la mienne, surtout dans mes premiers ouvrages, dont la diction est, comme la sienne, un peu sautante et sentencieuse, sont, parmi celles de nos contemporains, les deux qui se ressemblent le plus. D'ailleurs, il y a si peu de juges en état de prononcer sur la différence ou l'identité des styles, et ceux même qui le sont peuvent si aisément s'y tromper, que chacun peut décider là-dessus comme il lui plaît, sans craindre d'être convaincu d'erreur.

¹ Variante : l'art d'écrire.

² Quant aux pensées, celles qu'il a eu la bonté de me prêter, et que j'ai eu la bêtise d'adopter, sont bien faciles à distinguer des miennes, comme on peut voir dans celle du philosophe qui s'argumente en enfonçant son bonnet sur ses oreilles (*Discours sur l'inégalité*); car ce morceau est de lui tout entier. Il est certain que M. Diderot abusa toujours de ma confiance et de ma facilité pour donner à mes écrits un ton dur et un air noir, qu'ils n'eurent plus sitôt qu'il cessa de me diriger et que je fus livré tout-à-fait à moi-même.

La main est plus difficile à contrefaire ; je crois même cela presque impossible dans un ouvrage de longue haleine : c'est pourquoi je présume qu'on aura préféré des lettres, qui n'ont pas la même difficulté, et qui remplissent le même objet. Quant à l'écrivain chargé de cette contrefaction, il aura été plus facile à trouver à Diderot qu'à tout autre, parce que, étant chargé de la partie des arts dans l'*Encyclopédie*, il avoit de grandes relations avec les artistes dans tous les genres. Au reste, quand la puissance s'en mêle, beaucoup de difficultés s'aplanissent ; et quand il s'agiroit, par exemple, de décider si une écriture est ou n'est pas contrefaite, je ne crois pas qu'on eût beaucoup de peine à trouver des experts prêts à être de l'avis qu'il plairoit à M. de Choiseul.

Si ce n'est pas cela, ou de faux témoins, je n'imagine rien. Je pencherois même un peu pour cette dernière opinion, parce que assurément le bénin Thévenin, quoi qu'on en dise, ne fut pas aposté pour rien ; et je ne puis imaginer d'autre objet à la fable de ce manant, et à l'adroite façon dont ceux qui l'avoient aposté l'ont accréditée [1], que de vouloir tâter d'avance comme je soutiendrois la confrontation d'un faux témoin.

---

[1] Enfin, tant ont opéré les gens qui disposent de moi, qu'il reste clair comme le jour, à Grenoble et ailleurs, que le galérien Thevenin m'a prêté neuf francs aux Verrières, tandis que j'étois à Montmorency ; qu'il me les a prêtés par les mains du cabaretier Jeannet,

Les holbachiens, qui croyoient m'avoir déjà coulé à fond, furieux de me voir bien au château de Montmorency et chez M. le prince de Conti, firent jouer leurs machines par d'Alembert, et, profitant des piques secrètes dont j'ai parlé, firent passer, par le Temple, leur complot à l'hôtel de Luxembourg. Il est aisé d'imaginer comment M. de Choiseul s'associa pour cette affaire particulière avec la ligue, et s'en fit le chef; ce qui rendit dès-lors le succès immanquable, au moyen des manœuvres souterraines dont Grimm avoit probablement fourni le plan. Ce complot a pu se tramer de toute autre manière; mais voilà celle où les indices, dans ce que j'ai vu, se rapportent le mieux. Il falloit, avant de rien tenter du côté du public, m'éloigner au préalable, sans quoi le complot risquoit à chaque instant d'être découvert, et son auteur confondu. L'*Émile* en fournit les moyens, et l'on disposa tout pour m'effrayer par un décret comminatoire, auquel on n'en vouloit cependant venir que quand j'aurois pris le parti de fuir. Mais voyant que, malgré tout le fracas dont on accompagnoit la menace de ce décret, je restois tranquille et ne voulois pas démarrer, on s'avisa d'un expédient tout-puissant sur mon cœur. Madame de

notre commun hôte, chez qui je n'ai jamais logé, et à qui je ne parlai de ma vie; et que je lui donnai, en reconnoissance, des lettres de recommandation pour MM. de Faugnes et Aldiman, que je ne connoissois pas.

Boufflers, avec une grande éloquence, me fit voir l'alternative inévitable de compromettre madame de Luxembourg, si j'étois interrogé, ou de mentir, ce que j'étois bien résolu de ne pas faire. Sur ce motif, auquel je ne pus résister, je partis enfin, et l'on ne lâcha le décret que quand ma résolution fut bien prise et qu'on put le savoir. Il paroît que dès-lors le projet étoit arrangé entre madame de Boufflers et M. Hume pour disposer de moi. Elle n'épargna rien pour m'envoyer en Angleterre. Je tins bon, et voulus passer en Suisse. Ce n'étoit pas là le compte de la ligue, qui, par ses manœuvres, parvint avec peine à m'en chasser. Nouvelles sollicitations plus vives pour l'Angleterre, nouvelle résistance de ma part. Je pars pour aller joindre milord Maréchal à Berlin. La ligue vit l'instant où j'allois lui échapper. Son complot s'en alloit peut-être en fumée, si l'on ne m'eût tendu tant de piéges à Strasbourg, qu'enfin j'y tombai, me laissai livrer à Hume, et partis avec lui pour l'Angleterre, où j'étois attendu depuis si long-temps. Dès ce moment ils m'ont tenu; je ne leur échapperai plus.

Que je regrettai la France ! avec quelle ardeur, avec quelle constance je surmontai tous les obstacles, tous les dangers même qu'on eut soin d'opposer à mon retour, et cela, pour venir essuyer dans ce pays si désiré des traitements qui m'ont fait regretter l'Angleterre ! Cependant les seize mois que j'y passai ne furent pas perdus pour la ligue :

à mon retour, je trouvai la France et l'Europe totalement changées à mon égard ; et ma prévention, ma stupidité, furent telles, que, trop frappé des manœuvres de David Hume et de ses associés, je m'obstinois à chercher à Londres la cause des indignités que j'essuyois à Trye. Me voilà bien désabusé depuis que je n'y suis plus, et je rends aux Anglois la justice qu'ils me refusent. Néanmoins, s'ils étoient ce qu'on les suppose, ils auroient dit : N'imitons pas la légèreté française ; défions-nous des preuves d'accusation qu'on cache si soigneusement à l'accusé, et gardons-nous de juger sans l'entendre un homme qu'on cajole avec tant de fausseté, et qu'on charge avec tant d'animosité.

Enfin ce complot, conduit avec tant d'art et de mystère, est en pleine exécution. Que dis-je ? il est déja consommé : me voilà devenu le mépris, la dérision, l'horreur de cette même nation dont j'avois, il y a dix ans, l'estime, la bienveillance, j'oserois dire la considération ; et ce changement prodigieux, quoique opéré sur un homme du peuple, sera pourtant la plus grande œuvre du ministère de M. de Choiseul, celle qu'il a eue le plus à cœur, celle à laquelle il a consacré le plus de temps et de soin. Elle prouvera, par un exemple flétrissant pour l'espèce humaine, combien est forte l'union des méchants pour malfaire, tandis que celle des bons, quand elle existe, est si lâche, si foible, et toujours si facile à rompre.

Rien n'a été omis pour l'exécution de cette noble entreprise : toute la puissance d'un grand royaume, tous les talents d'un ministre intrigant, toutes les ruses de ses satellites, toute la vigilance de ses espions, la plume des auteurs, la langue des clabaudeurs, la séduction de mes amis, l'encouragement de mes ennemis, les malignes recherches sur ma vie pour la souiller, sur mes propos pour les empoisonner, sur mes écrits pour les falsifier; l'art de dénaturer, si facile à la puissance, celui de me rendre odieux à tous les ordres, de me diffamer dans tous les pays. Les détails de tous ces faits seroient presque incroyables, s'il m'étoit possible d'exposer ici seulement ceux qui me sont connus. On m'a lâché des espions de toutes les espèces, aventuriers, gens de lettres, abbés, militaires, courtisans; on a envoyé des émissaires en divers pays pour m'y peindre sous les traits qu'on leur a marqués. J'avois en Savoie un témoin de ma jeunesse, un ami que j'estimois, et sur lequel je comptois ; je vais le voir ; je vois qu'il me trompe; je le trouve en correspondance avec M. de Choiseul. J'avois à Paris un vieux compatriote, un ami, très-bon homme; on le met à la Bastille, j'ignore pourquoi, c'est-à-dire sous quel prétexte. Le long temps qu'il y a resté lui fait honneur ; on l'aura trouvé moins docile qu'on n'avoit cru ; je veux espérer qu'on n'aura pas lassé sa patience, et qu'au bout de seize mois il sera sorti de la Bastille aussi honnête homme qu'il y est entré. Je désire la même chose du libraire Guy, qu'on y a mis de même, et détenu presque aussi long-temps. On disoit avoir trouvé dans les papiers du premier un projet de moi pour l'établissement d'une pure démocratie à Genève; et j'ai toujours blâmé la pure démocratie à Genève et partout ailleurs : on disoit y avoir trouvé des lettres par lesquelles j'excitois les brouilleries de Genève; et non seulement j'ai toujours blâmé les brouilleries de Genève, mais je n'ai rien épargné pour porter les représentants à la paix. Mais qu'importe qu'on en impose et qu'on mente ? Un mensonge dit en l'air fait toujours son effet, surtout quand il vient des bureaux d'un ministre, et quand il tire sur moi.

En songeant au libraire de Paris, avec lequel j'eus si peu d'affaires; M. de Choiseul, qui n'oublia rien, a-t-il oublié mon libraire de Hollande? Je ne sais; mais dans un livre que celui-ci s'est obstiné à vouloir me dédier, quoique j'y sois maltraité, et dont il n'a pas voulu me communiquer d'avance l'épître dédicatoire, j'ai trouvé la tournure de cette épître si singulière et si peu naturelle, qu'il est difficile de n'y pas supposer un but caché qui tient à quelque fil de la grande trame.

Enfin nulle attention n'a été omise pour m'y défigurer de tout point, jusqu'à celle qu'on n'imagineroit pas, de faire disparoître les portraits de moi qui me ressemblent, et d'en répandre un à très-grand bruit qui me donne un air farouche et une mine de cyclope. A ce gracieux portrait on a mis pour pendant celui de David Hume [1], qui réellement a la tête d'un cyclope, et à qui l'on donne un air charmant. Comme ils peignent nos figures, ainsi peignent-ils nos âmes avec la même fidélité. En un mot, les détails qu'embrasse l'exécution du plan qui me regarde sont immenses, inconcevables. Oh! si je savois tous ceux que j'ignore, si je voyois mieux ceux que je ne faisois que conjecturer, si je pouvois embrasser d'un coup d'œil tous ceux dont je suis l'objet depuis dix années, ils pourroient me donner quelque orgueil, si mon cœur en étoit moins déchiré. Si M. de Choiseul eût employé à bien gouverner l'état la moitié du temps, des talents, de l'argent et des soins qu'il a mis à satisfaire sa haine, il eût été l'un des plus grands ministres qu'ait eus la France.

Ajoutez à tout cela l'expédition de la Corse, cette inique et ridicule expédition, qui choque toute justice, toute humanité, toute politique, toute raison; expédition que son succès rend encore plus ignominieuse, en ce que, n'ayant pu conquérir ce peuple infortuné par le fer, il l'a fallu conquérir par l'or. La France peut bien dire de

---

[1] Quand il s'avisa de me faire peindre à Londres, je ne pus imaginer quel étoit son but; car j'entrevoyois déjà de reste que ce n'étoit pas par amitié pour moi. Je vois maintenant très-bien ce but, mais je ne me pardonnerois pas de l'avoir deviné.

cette inutile et coûteuse conquête ce que disoit Pyrrhus de ses victoires : Encore une, et nous sommes perdus. Mais, hélas ! l'Europe n'offrira plus à M. de Choiseul d'autre peuple naissant à détruire, ni d'aussi grand homme à noircir que son illustre et vertueux chef.

C'est ainsi que l'homme le plus fin se décèle en écoutant trop son animosité. M. de Choiseul connoissoit bien la plaie la plus cruelle par laquelle il pût déchirer mon cœur, et il ne me l'a pas épargnée : mais il n'a pas vu combien cette barbare vengeance le démasquoit et devoit éventer son complot. Je le défie de pallier jamais cette expédition d'aucune raison ni d'aucun prétexte qui puisse contenter un homme sensé. On saura que je sus voir le premier un peuple disciplinable et libre où toute l'Europe ne voyoit encore qu'un tas de rebelles et de bandits ; que je vis germer les palmes de cette nation naissante ; qu'elle me choisit pour les arroser ; que ce choix fit son infortune et la mienne ; que ses premiers combats furent des victoires ; que, n'ayant pu la vaincre, il fallut l'acheter. Quant à la conclusion qui me regarde, on présumera quelque jour, je l'espère, malgré tous les artifices de M. de Choiseul, qu'il n'y avoit qu'un homme estimable qu'il pût haïr avec tant de fureur.

Voilà, monsieur, ce qui me fait prendre mon parti avec plus de courage que n'en sembloit annoncer l'accablement où vous m'avez vu ; mais je découvrois alors pour la première fois des horreurs dont je n'avois pas la moindre idée, et auxquelles il n'est pas même permis à un honnête homme d'être préparé. Épouvanté des infernales trames, dont je me sentois enlacé, je donnois trop de pouvoir à l'imposture, j'en prolongeois trop loin l'effet sur l'avenir : je voyois mon nom, qui doit me survivre, couvert par elle d'un opprobre éternel, au lieu de la gloire et des honneurs que je sens dans mon cœur m'être dus ; je frémissois de douleur et d'indignation à cette cruelle image. Aujourd'hui que j'ai eu le temps de m'apprivoiser avec des idées qui m'étoient si nouvelles, de les peser, de les comparer, de mettre par ma raison les iniques œuvres des hommes à la coupelle du temps et de la vérité, je ne crains plus que le vil alliage y résiste : le soufre et le plomb s'en iront en fumée, et l'or pur demeurera tôt ou tard, quand mes ennemis, morts ainsi que moi, ne l'altèreront plus. Il est impossible que, de tant de trames ténébreuses, quelqu'une au moins ne soit pas enfin dévoilée au grand jour ; et c'en est assez pour juger des autres. Les bons ont horreur des méchants et les fuient, mais ils ne brassent pas des complots contre eux. Il est impossible que, revenus de la haine aveugle qu'on leur inspire, mes semblables ne reconnoissent pas un jour dans mes ouvrages un homme qui parla d'après son cœur. Il est impossible qu'en blâmant et plaignant les erreurs où j'ai pu tomber, ils ne louent pas mes intentions, qu'ils ne bénissent pas ma mémoire, qu'ils ne s'attendrissent pas sur mes malheurs. Une seule considération suffit pour me rendre la tranquillité que m'ôtoit l'effroi d'une ignominie éternelle; c'est celle de la route qu'ont prise ceux qui m'oppriment pour égarer à leur suite la génération présente, mais qui n'égarera sûrement pas la postérité sur laquelle ils n'auront plus l'ascendant dont ils abusent. Ses ennemis, dira-t-on, se sont attachés, comme de vils corbeaux, sur son cadavre; mais jamais, de son vivant, aucun d'eux l'osa-t-il attaquer en face? Ils le prirent en traîtres: ils s'enfoncèrent dans des souterrains pour creuser des gouffres sous ses pas, tandis qu'il marchoit à la lumière du soleil, et qu'il défioit le reproche du crime de soutenir ses regards. Quoi! la justice et la vérité rampent-elles ainsi dans les ténèbres? les hommes droits et vertueux se font-ils ainsi fourbes et traîtres, tandis que le coupable appelle à grands cris ses accusateurs? Si cette considération leur fait reprendre le même examen avec plus d'impartialité, je n'en veux pas davantage. Tranquillisé pour l'avenir sur la terre, j'aspire au séjour du repos, où les œuvres de l'iniquité ne pénètrent pas: en attendant, je me dois d'approfondir cet abominable complot, s'il m'est possible; c'est tout ce qui me reste à faire ici-bas, et je n'épargnerai pour cela rien de ce qui est en ma foible puissance. Je sais que mon naturel craintif, honteux, timide, ne me promet ni sang froid, ni présence d'esprit, ni mémoire, quand il faudra payer de ma personne et confondre les imposteurs; j'avoue même que l'indigne rôle auquel je me vois ravalé, et pour lequel la nature m'avoit si peu fait, me donne un frémissement et des serrements de cœur que je ne puis vaincre, et dont j'aurois été moins subjugué dans de plus heureux temps. Il y a dix ans que l'imputation d'un forfait m'eût fait rire, et rien de plus; mais depuis que les cruels m'ont ainsi défiguré, sans me laisser même aucun moyen de me défendre, tout injurieux soupçon que je lis dans les cœurs plonge le mien dans un trouble inexprimable. Les scélérats endurcis au crime ont des fronts d'airain, mais l'innocence rougit et pleure en se voyant couvrir de fange. Une ame noble et fière a beau se roidir et s'élever, un tempérament timide ne peut se refondre. Dans toutes les situations de ma vie le mien me subjugue toujours: soit forcé de parler au milieu d'un cercle, soit tête à tête agacé par une femme railleuse, soit avili dans la confrontation d'un impudent, mon trouble est toujours le même, et le courage que je sens au fond de mon cœur refuse de se montrer sur ma contenance. Je ne sais ni parler ni répondre; je n'ai jamais su trouver qu'après coup la chose que j'avois à dire ou le mot qu'il falloit employer. Urbain Grandier, dans le même cas que moi, avoit l'assurance et la facilité qui me manquent, et il périt : j'aurois tort d'espérer une meilleure destinée. Mais ce n'est pas de cela qu'il s'agit : que je sache à tout prix de quoi je suis coupable; que j'apprenne enfin quel est mon crime; qu'on m'en montre le témoignage et les preuves, ces invincibles preuves qui, bien qu'administrées si secrètement et par des mains si suspectes, n'ont laissé le moindre doute à personne, et sur lesquelles âme vivante n'a même imaginé qu'il fût pourtant bon de savoir si je n'avois rien à dire; enfin qu'on daigne je ne dis pas me convaincre, mais m'accuser moi présent [1], et je meurs content.

Eh! que reste-t-il ici-bas pour me faire aimer à vivre? Déjà vieux; souffrant, sans ami, sans appui, sans consolation, sans ressource, voilà la pauvreté prête à me talonner; et quand on m'auroit laissé même la liberté d'employer mes talents à gagner mon pain, de quoi jouirois-je en le mangeant? Quoi! voir toujours des hommes faux, haineux, malveillants! toujours des masques, toujours des traîtres! et loin de vous, pas un seul visage

---

[1] Je suis persuadé qu'il y a sous tout cela quelque équivoque, quelque malentendu, quelque adroit mensonge, sur lequel un mot peut-être seroit un trait de lumière qui frapperoit tout le monde, et démasqueroit les imposteurs. Ils le sentent et le craignent sans doute; aussi paroît-il qu'ils ont mis toute l'adresse, toute la ruse, toute la sagacité de leur esprit à chercher des raisons plausibles et spécieuses pour prévenir toute explication. Cependant comment ont-ils pu couvrir l'iniquité de cette conduite jusqu'à tromper les gens de bon sens? Voilà ce qui me passe.

d'homme ! plus d'épanchements dans le sein d'un ami, plus de ces doux sentiments qu'une longue habitude rend délicieux ! Ah ! la vie à ce prix m'est insupportable ; et, quand sa fin ne seroit que celle de mes peines, je désirerois d'en sortir : mais elle sera le commencement de cette félicité pour laquelle je me sentois né, et que je cherchai vainement sur la terre. Que j'aspire à cette heureuse époque, et que j'aimerai quiconque m'y fera parvenir ! J'étois homme, et j'ai péché ; j'ai fait de grandes fautes que j'ai bien expiées, mais le crime jamais n'approcha de mon cœur. Je me sens juste, bon, vertueux, autant qu'homme qui soit sur la terre : voilà le motif de mon espérance et de ma sécurité. Quoique je paroisse absolument oublié de la Providence, je n'en désespérerai jamais. Que ses récompenses pour les bons doivent êtres belles, puisqu'elle les néglige à ce point ici-bas ! J'avoue pourtant qu'en la voyant dormir si long-temps, il me prend des moments d'abattement : ils sont rares, ils ne durent guère, et ne changent rien à ma disposition. J'espère que la mort ne viendra pas dans un de ces tristes moments ; mais quand elle y viendroit, elle me seroit moins consolante, sans m'être plus redoutable. Je me dirois : Je ne serai rien, ou je serai bien ; cela vaut toujours mieux pour moi que cette vie.

La mort est douce aux malheureux ; la souffrance est toujours cruelle : par là je reste ici-bas à la merci des méchants. Mais enfin que me peuvent-ils faire ? Ils ne me feront pas plus souffrir que ne fit la néphrétique ; et j'ai fait là-dessus l'essai de mes forces. Si mes maux sont longs, ils exerceront mon ame à la patience, à la constance, au courage ; ils lui feront mériter le prix destiné à la vertu ; et au jour de ma mort, qu'il faudra bien enfin qui vienne, mes persécuteurs m'auront rendu service en dépit d'eux. Pour quiconque en est là, les hommes ne sont plus guère à craindre. Aussi M. de Choiseul peut jouer de son reste avec toute sa puissance. Tant qu'il ne changera pas la nature des choses, tant qu'il n'ôtera pas de ma poitrine le cœur de Jean-Jacques Rousseau pour y mettre celui d'un malhonnête homme, je le mets au pis.

Monsieur, j'ai vécu : je ne vois plus rien, même dans l'ordre des possibles, qui pût me donner encore sur la terre un moment de vrai plaisir. On m'offriroit ici-bas le choix de ce que j'y veux être, que je répondrois, mort. Rien de ce qui flattoit mon cœur ne peut plus exister pour moi. S'il me reste un intervalle encore jusqu'à ce moment si lent à venir, je le dois à l'honneur de ma mémoire. Je veux tâcher que la fin de ma vie honore son cours et y réponde. Jusqu'ici j'ai supporté le malheur ; il me reste à savoir supporter la captivité, la douleur, la mort : ce n'est pas le plus difficile ; mais la dérision, le mépris, l'opprobre, apanage ordinaire de la vertu parmi les méchants, dans tous les points par où l'on pourra me les faire sentir. J'espère qu'un jour on jugera de ce que je fus par ce que j'ai su souffrir. Tout ce que vous m'avez dit pour me détourner, quoique plein de sens, de vérité, d'éloquence, n'a fait qu'enflammer mon courage : c'est un effet qu'il est naturel d'éprouver près de vous ; et je n'ai pas peur que d'autres m'ébranlent quand vous ne m'avez pas ébranlé. Non, je ne trouve rien de si grand, de si beau, que de souffrir pour la vérité. J'envie la gloire des martyrs. Si je n'ai pas en tout la même foi qu'eux, j'ai la même innocence et le même zèle, et mon cœur se sent digne du même prix.

Adieu, monsieur. Ce n'est pas sans un vrai regret que je me vois à la veille de m'éloigner de vous. Avant de vous quitter j'ai voulu du moins goûter la douceur d'épancher mon cœur dans celui d'un homme vertueux. C'est, selon toute apparence, un avantage que je ne retrouverai de longtemps.

ROUSSEAU.

Note oubliée dans ma lettre à M. de Saint-Germain.

Je me souviens d'avoir, étant jeune, employé le vers suivant dans une comédie :

> C'est en le trahissant qu'il faut punir un traître.

Mais, outre que c'étoit dans un cas très-excusable, et où il ne s'agissoit point d'une véritable trahison, ce vers échappé dans la rapidité de la composition, dans une pièce non publiée et non corrigée, ne prouve point que l'auteur pense ce qu'il fait dire à une femme jalouse, et ne fait autorité pour personne. S'il est permis de trahir les traîtres, ce n'est qu'aux gens qui leur ressemblent ; mais jamais les armes des méchants ne souillèrent les mains d'un honnête homme. Comme il n'est pas permis de mentir à un menteur, il est encore moins permis de trahir un traître : sans cela toute la morale seroit subvertie, et la vertu ne seroit plus qu'un vain nom ; car le nombre des malhonnêtes gens étant malheureusement le plus grand sur la terre, si l'on se permettoit d'adopter vis-à-vis d'eux leurs propres maximes, on seroit le plus souvent malhonnête homme soi-même, et l'on en viendroit bientôt à supposer toujours que l'on a affaire à des coquins, afin de s'autoriser à l'être.

OBSERVATION.—Cette longue lettre dans laquelle Rousseau donne des détails sur sa conduite antérieure, sur ses goûts et ses ouvrages, est un complément des Confessions. Il en parut quelques fragments, en 1798, dans le *Conservateur* ou *Bibliothèque choisie de littérature*. On supprime les noms et l'on dénature plusieurs passages. Comme les personnages dont parle Jean-Jacques étoient tous morts à cette époque, on ne devine pas le motif de cette discrétion ou de cette infidélité.

LETTRE CMXIII.

A M. L'ABBÉ M.

Monquin, 17 $\frac{28}{7}$ 70.

Pauvres aveugles que nous sommes ! etc.

Votre précédente lettre, monsieur, m'en promettoit si bien une seconde, et j'étois si sûr qu'elle viendroit, que, quoique je me crusse obligé de vous tirer de l'erreur où je vous voyois, j'aimai mieux tarder de remplir ce devoir que de vous ôter ce plaisir si doux aux cœurs honnêtes de réparer leur tort de leur propre mouvement[1].

La bizarre manière de dater qui vous a scandalisé est une formule générale dont depuis quelque temps j'use indifféremment avec tout le monde, qui n'a ni ne peut avoir aucun trait aux personnes à qui j'écris, puisque ceux qu'elle regarde ne sont pas faits pour être honorés de mes lettres, et ne le seront sûrement jamais. Comment m'avez-vous pu

---

[1] Pour l'intelligence de cette phrase et de celles qui la suivent, il faut savoir que la personne à qui cette seconde lettre étoit adressée avoit mis en tête de sa réponse à la première un quatrain qui sembloit annoncer qu'elle avoit pris en mauvaise part celui de M. Rousseau, ce qui cependant n'étoit pas. (*Note des éditeurs de Genève.*)

croire assez brutal, assez féroce, pour vouloir insulter ainsi de gaieté de cœur quelqu'un que je ne connoissois que par une lettre pleine de témoignages d'estime pour moi, et si propre à m'en inspirer pour lui? Cette erreur est là-dessus tout ce dont je peux me plaindre; car, si ce n'en eût pas été une, votre ressentiment devenoit très-légitime, et votre quatrain très-mérité : si même j'avois quelque autre reproche à vous faire, ce seroit sur le ton de votre lettre qui cadroit si mal avec celui de votre quatrain. Quoique dans votre opinion je vous en eusse donné l'exemple, deviez-vous jamais l'imiter? ne deviez-vous pas, au contraire, être encore plus indigné de l'ironie et de la fausseté détestable que cette contradiction mettoit dans ma lettre? et la vertu doit-elle jamais souiller ses mains innocentes avec les armes des méchants, même pour repousser leurs atteintes? Je vous avoue franchement que je vous ai bien plus aisément pardonné le quatrain que le corps de la lettre; je passe les injures dans la colère, mais j'ai peine à passer les cajoleries. Pardon, monsieur, à mon tour : j'use peut-être un peu durement des droits de mon âge, mais je vous dois la vérité depuis que vous m'avez inspiré de l'estime; c'est un bien dont je fais trop de cas pour laisser passer en silence rien de ce qui peut l'altérer. A présent oublions pour jamais ce petit démêlé, je vous en prie, et ne nous souvenons que de ce qui peut nous rendre plus intéressants l'un à l'autre par la manière dont il a fini.

Revenons à votre emploi. S'il est vrai que vous ayez adopté le plan que j'ai tâché de tracer dans l'*Émile*, j'admire votre courage; car vous avez trop de lumières pour ne pas voir que, dans un pareil système, il faut tout ou rien, et qu'il vaudroit cent fois mieux reprendre le train des éducations ordinaires, et faire un petit talon rouge, que de suivre à demi celle-là pour ne faire qu'un homme manqué. Ce que j'appelle tout n'est pas de suivre servilement mes idées; au contraire, c'est souvent de les corriger, mais de s'attacher aux principes, et d'en suivre exactement les conséquences avec les modifications qu'exige nécessairement toute application particulière. Vous ne pouvez ignorer quelle tâche immense vous vous donnez : vous voilà pendant dix ans au moins nul pour vous-même, et livré tout entier avec toutes vos facultés à votre élève; vigilance, patience, fermeté, voilà surtout trois qualités sur lesquelles vous ne sauriez vous relâcher un seul instant sans risquer de tout perdre ; oui, de tout perdre, entièrement tout : un moment d'impatience, de négligence ou d'oubli, peut vous ôter le fruit de six ans de travaux, sans qu'il vous reste rien du tout, pas même la possibilité de le recouvrer par le travail de dix autres. Certainement s'il y a quelque chose qui mérite le nom d'héroïque et de grand parmi les hommes, c'est le succès des entreprises pareilles à la vôtre ; car le succès est toujours proportionné à la dépense de talents et de vertus dont on l'a acheté : mais aussi quel don vous aurez fait à vos semblables, et quel prix pour vous-même de vos grands et pénibles travaux ! Vous vous serez fait un ami, car c'est là le terme nécessaire du respect, de l'estime et de la reconnoissance dont vous l'aurez pénétré. Voyez, monsieur... dix ans de travaux immenses, et toutes les plus douces jouissances de la vie pour le reste de vos jours et au-delà : voilà les avances que vous avez faites, et voilà le prix qui doit les payer. Si vous avez besoin d'encouragement dans cette entreprise, vous me trouverez toujours prêt ; si vous avez besoin de conseils, ils sont désormais au-dessus de mes forces. Je ne puis vous promettre que la bonne volonté ; mais vous la trouverez toujours pleine et sincère : soit dit une fois pour toutes, et lorsque vous me croirez bon à quelque chose, ne craignez pas de m'importuner. Je vous salue de tout mon cœur.

LETTRE CMXIV.

A M. DE SAINT-GERMAIN.

Monquin, le 17 $\frac{18}{7}$ 70.

Pauvres aveugles que nous sommes! etc.

Votre lettre, monsieur, m'attendrit et me touche; je croyois n'être plus susceptible de plaisir, et vous venez de m'en donner un moment bien pur. Il n'est troublé que par le regret de ne pas pouvoir me rendre à vos généreuses et obligeantes sollicitations; mais mon parti est pris. Je connois trop les gens à qui j'ai affaire pour croire qu'ils me laisseront exécuter mon projet; je m'attends d'avance à ce qui doit m'arriver : je ne me dois pas le succès, il est dans les mains de la Providence; mais je me dois la tentative et l'emploi de mes forces : rien ne m'empêchera de remplir ce devoir.

Je ne suis point encore dans la situation que vos offres généreuses vous font prévenir, ni même près d'y tomber; je prévois seulement que si j'avançois dans la vieillesse, elle me deviendroit dure à plus d'un égard, et c'est moins là pour moi un sujet d'alarme qu'une consolation de n'y pas parvenir. Je crois si bien connoître votre ame noble, que, dans la situation supposée, je vous aurois de moi-même prouvé la vérité de mes sentiments pour vous en vous mettant dans le cas d'exercer les vôtres.

Si la crainte de contrister votre bon cœur m'empêche, monsieur, de suivre les mouvements du mien dans les adieux que je désirois vous aller faire, je sens ce que me coûtera cette déférence; mais je sens aussi, dans la résolution que j'ai prise, le danger de l'exposer à des attaques d'autant plus redoutables, que mon penchant ne seconderoit que trop bien vos efforts. Adieu donc, homme respectable; je partirai sans vous voir, puisqu'il le faut, mais vous laissant la meilleure partie de moi-même dans les sentiments d'un cœur toujours plein de vous.

LETTRE CMXV.

A M. DU PEYROU.

A Monquin, le 17 $\frac{28}{2}$ 70.

Pauvres aveugles que nous sommes! etc.

Vous me marquez, mon cher hôte, que votre rôle est passif vis-à-vis de moi, que l'habitude a dû vous le rendre familier, et que ma réponse vous prouve cette vérité affligeante pour l'humanité, que les battus paient encore l'amende ; ce qui veut dire que c'est vous qui êtes le battu, et que c'est vous qui payez l'amende.

Qu'entre nous votre rôle soit passif et le mien actif, voilà, je vous avoue, ce qui me passe. Je ne vous propose jamais rien, je ne vous demande jamais rien, je ne fais jamais que vous répondre, je ne me mêle en aucune sorte de vos affaires, je n'ai avec personne aucune relation, ni secrète ni publique, qui vous regarde, je ne dispose de rien qui vous appartienne; enfin, excepté un sentiment d'affection qui ne peut s'éteindre, je suis pour vous comme n'existant pas. En quel sens donc puis-je être actif vis-à-vis de vous? Je le fus une fois, et bien vous en prit. Depuis lors je résolus de ne plus l'être. Je crois avoir tenu jusqu'ici cette résolution, et ne la tiendrai pas moins dans la suite. Expliquez-moi donc, je vous prie, comment vous êtes passif vis-à-vis de moi; car cela me paroît curieux à savoir.

Dans votre précédente lettre, vous m'exhortez à un épanchement de cœur, en me disant de vous traiter tout-à-fait en ami ou tout-à-fait en étranger. Votre devise sur le cachet de cette même lettre m'avertissoit que vous vous faisiez gloire de n'avoir vous-même aucun de ces épanchements de cœur auxquels vous m'exhortiez. Or il me paroissoit injuste d'exiger dans l'amitié des conditions qu'on n'y veut pas mettre soi-même ; et me dire que c'est traiter un homme en étranger que de ne pas s'ouvrir avec lui, c'étoit me dire assez clairement, ce me semble, en quel rang j'étois auprès de vous. Votre exemple a fait la règle de ma réponse. Si vous êtes le battu dans cette affaire, convenez au moins que je n'ai fait que vous rendre les coups que vous m'aviez donnés le premier.

Je n'avois pas besoin, mon cher hôte, de la note que vous m'avez envoyée pour être convaincu de votre exactitude dans les comptes. Cette note me fait plaisir, en ce que j'y vois approcher le temps où nous serons tout-à-fait quittes, et vous me faites désirer de vivre au moins jusque-là.. Il n'est pas temps encore de parler des arrangements ultérieurs, et tant de prévoyance n'entre pas dans mon tour d'esprit. Mais, en attendant, je suis sensible à vos offres, et il entre bien dans mon cœur, je vous assure, d'en être reconnoissant.

Comme je me propose de déloger d'ici dans peu, mon dessein n'est pas d'y laisser après moi mon herbier et mes livres de botanique ; je compte prendre une charrette pour faire conduire le tout à Lyon, chez madame Boy de La Tour, où tout cela sera plus à portée de vous parvenir sans embarras. En emballant lesdits livres, j'en ferai le catalogue, et vous l'enverrai. Que ne puis-je les suivre auprès de vous! Je vous jure qu'il n'y a point de jour où l'idée d'aller être l'intendant de votre jardin de plantes et l'hôte de mon hôtesse, ne vienne encore chatouiller mon cœur. Mais je suis pourtant un peu scandalisé de ne point voir venir de petits hôtes qui lui aident un jour à me faire ses honneurs. Adieu, mon cher hôte, ma femme et moi vous saluons et embrassons l'un et l'autre. Elle est presque percluse de rhumatismes. Notre demeure est ouverte à tous les vents, nous sommes presque ensevelis dans la neige, et nous ne savons plus comment ni quand cela finira. Adieu derechef.

Je signe, afin que vous sachiez désormais sous quel nom vous avez à m'écrire. Je n'ai pas besoin de vous avertir que le quatrain joint à la date est une formule générale qui n'a nul trait aux personnes à qui j'écris.

LETTRE CMXVI.

A M. DE BELLOY.

Monquin, le $17\frac{15}{3}70$.

Pauvres aveugles que nous sommes ! etc.

Il faut, monsieur, vous résoudre à bien de l'ennui, car j'ai grand'peur de vous écrire une longue lettre.

Que vous m'avez rafraîchi le sang; et que j'aime

votre colère! J'y vois bien le sceau de la vérité dans une ame fière, que le patelinage des gens qui m'entourent marque encore plus fortement à mes yeux. Vous avez daigné me faire sentir mon tort; c'est une indulgence dont je sens le prix, et que je n'aurois peut-être pas eue à votre place : il ne m'en reste que le désir de vous le faire oublier. Je fus quarante ans le plus confiant des hommes, sans que durant tout ce temps jamais une seule fois cette confiance ait été trompée. Sitôt que j'eus pris la plume, je me trouvai dans un autre univers, parmi de tout autres êtres, auxquels je continuai de donner la même confiance, et qui m'en ont si terriblement corrigé qu'ils m'ont jeté dans l'autre extrémité. Rien ne m'épouvanta jamais au grand jour, mais tout m'effarouche dans les ténèbres qui m'environnent, et je ne vois que du noir dans l'obscurité. Jamais l'objet le plus hideux ne me fit peur dans mon enfance, mais une figure cachée sous un drap blanc me donnoit des convulsions : sur ce point, comme sur beaucoup d'autres, je resterai enfant jusqu'à la mort. Ma défiance est d'autant plus déplorable que, presque toujours fondée (et je n'ajoute *presque* qu'à cause de vous), elle est toujours sans bornes, parce que tout ce qui est hors de la nature n'en connoît plus. Voilà, monsieur, non l'excuse, mais la cause de ma faute, que d'autres circonstances ont amenée, et même aggravée, et qu'il faut bien que je vous déclare pour ne pas vous tromper. Persuadé qu'un homme puissant vous avoit fait entrer dans ses vues à mon égard, je répondis selon cette idée à quelqu'un qui m'avoit parlé de vous, je répondis avec tant d'imprudence que je nommai même l'homme en question. Né avec un caractère bouillant dont rien n'a pu calmer l'effervescence, mes premiers mouvements sont toujours marqués par une étourderie audacieuse, que je prends alors pour de l'intrépidité, et que j'ai tout le temps de pleurer dans la suite, surtout quand elle est injuste, comme dans cette occasion. Fiez-vous à mes ennemis du soin de m'en punir. Mon repentir anticipa même sur leurs soins à la réception de votre lettre; un jour plus tôt elle m'eût épargné beaucoup de sottises; mais puisqu'elles sont faites, il ne me reste qu'à les expier et à tâcher d'en obtenir le pardon, que je vous demande par la commisération due à mon état.

Ce que vous me dites des imputations dont vous m'avez entendu charger, et du peu d'effet qu'elles ont fait sur vous, ne m'étonne que par l'imbécillité de ceux qui pensoient vous surprendre par cette voie. Ce n'est pas sur des hommes tels que vous que des discours en l'air ont quelque prise, mais les frivoles clameurs de la calomnie, qui n'excitent guère d'attention, sont bien différentes dans leurs effets, des complots tramés et concertés durant longues années dans un profond silence, et

dont les développements successifs se font lentement, sourdement, et avec méthode. Vous parlez d'évidence : quand vous la verrez contre moi, jugez-moi, c'est votre droit ; mais n'oubliez pas de juger aussi mes accusateurs ; examinez quel motif leur inspire tant de zèle. J'ai toujours vu que les méchants inspiroient de l'horreur, mais point d'animosité. On les punit, ou on les fuit : mais on ne se tourmente pas d'eux sans cesse ; on ne s'occupe pas sans cesse à les circonvenir, à les tromper, à les trahir ; ce n'est point à eux que l'on fait ces choses-là, ce sont eux qui les font aux autres. Dites donc à ces honnêtes gens si zélés, si vertueux, si fiers surtout d'être des traîtres, et qui se masquent avec tant de soin pour me démasquer : « Messieurs,
« j'admire votre zèle, et vos preuves me paroissent
« sans réplique ; mais pourquoi donc craindre si
« fort que l'accusé ne les sache et n'y réponde ?
« Permettez que je l'en instruise et que je vous
« nomme. Il n'est pas généreux, il n'est pas même
« juste de diffamer un homme, quel qu'il soit, en
« se cachant de lui. C'est, dites-vous, par ménage-
« ment pour lui que vous ne voulez pas le con-
« fondre ; mais il seroit moins cruel, ce me semble,
« de le confondre que de le diffamer, et de lui ôter
« la vie que de la lui rendre insupportable. Tout
« hypocrite de vertu doit être publiquement con-
« fondu ; c'est là son vrai châtiment ; et l'évidence
« elle-même est suspecte quand elle élude la con-

« viction de l'accusé. » En leur parlant de la sorte examinez leur contenance, pesez leur réponse; suivez, en la jugeant, les mouvements de votre cœur et les lumières de votre raison : voilà, monsieur, tout ce que je vous demande, et je me tiens alors pour bien jugé.

Vous me tancez, avec grande raison, sur la manière dont je vous parois juger votre nation : ce n'est pas ainsi que je la juge de sang froid, et je suis bien éloigné, je vous jure, de lui rendre l'injustice dont elle use envers moi. Ce jugement trop dur étoit l'ouvrage d'un moment de dépit et de colère, qui même ne se rapportoit pas à moi, mais au grand homme qu'on vient de chasser de sa naissante patrie, qu'il illustroit déjà dans son berceau, et dont on ose encore souiller les vertus avec tant d'artifice et d'injustice. S'il restoit, me disois-je, de ces François célébrés par de Belloy, pourquoi leur indignation ne réclameroit-elle point contre ces manœuvres si peu dignes d'eux ?

C'est à cette occasion que Bayard me revint en mémoire, bien sûr de ce qu'il diroit ou feroit s'il vivoit aujourd'hui. Je ne sentois pas assez que tous les hommes, même vertueux, ne sont pas des Bayards; qu'on peut être timide sans cesser d'être juste; et qu'en pensant à ceux qui machinent et crient, j'avois tort d'oublier ceux qui gémissent et se taisent. J'ai toujours aimé votre nation; elle est même celle de l'Europe que j'honore le plus; non que j'y croie apercevoir plus de vertus que dans les autres; mais par un précieux reste de leur amour qui s'y est conservé, et que vous réveillez quand il étoit prêt à s'éteindre. Il ne faut jamais désespérer d'un peuple qui aime encore ce qui est juste et honnête, quoiqu'il ne le pratique plus. Les François auront beau applaudir aux traits héroïques que vous leur présentez, je doute qu'ils les imitent; mais ils s'en transporteront dans vos pièces, et les aimeront dans les autres hommes, quand on ne les empêchera pas de les y voir. On est encore forcé de les tromper pour les rendre injustes; précaution dont je n'ai pas vu qu'on eût grand besoin pour d'autres peuples. Voilà, monsieur, comment je pense constamment à l'égard des François, quoique je n'attende plus de leur part qu'injustice, outrages, et persécution; mais ce n'est pas à la nation que je les impute, et tout cela n'empêche pas que plusieurs de ses membres n'aient toute mon estime et ne la méritent, même dans l'erreur où on les tient. D'ailleurs, mon cœur s'enflamme bien plus aux injustices dont je suis témoin qu'à celles dont je suis la victime: il lui manque, pour ces dernières, l'énergie et la vigueur d'un généreux désintéressement. Il me semble que ce n'est pas la peine de m'échauffer pour une cause qui n'intéresse que moi. Je regarde mes malheurs comme liés à mon état d'homme et d'ami de la vérité. Je vois le méchant qui me persécute et me diffame comme je verrois un rocher se détacher d'une montagne et venir m'écraser; je le repousserois, si j'en avois la force, mais sans colère, et puis je le laisserois là sans y plus songer. J'avoue pourtant que ces mêmes malheurs m'ont d'abord pris au dépourvu, parce qu'il en est auxquels il n'est pas même permis à un honnête homme d'être préparé: j'en ai été cependant plus abattu qu'irrité; et, maintenant que me voilà prêt, j'espère me laisser un peu moins accabler, mais pas plus émouvoir de ceux qui m'attendent. A mon âge et dans mon état ce n'est plus la peine de s'en tourmenter, et j'en vois le terme de trop près pour m'inquiéter beaucoup de l'espace qui reste. Mais je n'entends rien à ce que vous me dites de ceux que vous avez essuyés : assurément je suis fait pour les plaindre; mais que peuvent-ils avoir de commun avec les miens! Ma situation est unique, elle est inouïe depuis que le monde existe, et je ne puis présumer qu'il s'en retrouve jamais de pareille. Je ne comprends donc point quel rapport il peut y avoir dans nos destinées, et j'aime à croire que vous vous abusez sur ce point. Adieu, monsieur, vivez heureux, jouissez en paix de votre gloire, et souvenez-vous quelquefois d'un homme qui vous honorera toujours.

LETTRE CMXVII.

A M. L'ABBÉ M.

Monquin, le 17 $\frac{14}{3}$ 70.

Pauvres aveugles que nous sommes! etc.

Je voudrois, monsieur, pour l'amour de vous, que l'application qu'il vous plaît de faire de votre quatrain fût assez naturelle pour être croyable : mais puisque vous aimez mieux vous excuser que vous accuser d'une promptitude que j'aurois pu moi-même avoir à votre place, soit; je n'épiloguerai pas là-dessus.

Depuis l'impression de l'*Émile* je ne l'ai relu qu'une fois, il y a six ans, pour corriger un exemplaire; et le trouble continuel où l'on aime à me faire vivre a tellement gagné ma pauvre tête, que j'ai perdu le peu de mémoire qui me restoit, et que je garde à peine une idée générale du contenu de mes écrits. Je me rappelle pourtant fort bien qu'il doit y avoir dans l'*Émile* un passage relatif à celui que vous me citez; mais je suis parfaitement sûr qu'il n'est pas le même, parce qu'il présente, ainsi défiguré, un sens trop différent de celui dont j'étois plein en l'écrivant [1]. J'ai bien pu ne pas songer à éviter dans ce passage le sens qu'on eût pu

---

[1] Voyez *Émile*, livre IV.

lui donner s'il eût été écrit par Cartouche ou par Raffia; mais je n'ai jamais pu m'exprimer aussi incorrectement dans le sens que je lui donnois moi-même. Vous serez peut-être bien aise d'apprendre l'anecdote qui me conduisit à cette idée.

Le feu roi de Prusse, déjà grand amateur de la discipline militaire, passant en revue un de ses régiments, fut si mécontent de la manœuvre, qu'au lieu d'imiter le noble usage que Louis XIV en colère avoit fait de sa canne, il s'oublia jusqu'à frapper de la sienne le major qui commandoit. L'officier outragé recule deux pas, porte la main à l'un de ses pistolets, le tire aux pieds du cheval du roi, et de l'autre se casse la tête. Ce trait, auquel je ne pense jamais sans tressaillir d'admiration, me revint fortement en écrivant l'*Émile*, et j'en fis l'application de moi-même au cas d'un particulier qui en déshonore un autre, mais en modifiant l'acte par la différence des personnages. Vous sentez, monsieur, qu'autant le major bâtonné est grand et sublime quand, prêt à s'ôter la vie, maître par conséquent de celle de l'offenseur, et le lui prouvant, il la respecte pourtant en sujet vertueux, s'élève par là même au-dessus de son souverain, et meurt en lui faisant grâce, autant la même clémence vis-à-vis un brutal obscur seroit inepte: le major employant son premier coup de pistolet n'eût été qu'un forcené; le particulier perdant le sien ne seroit qu'un sot.

Mais un homme vertueux, un croyant, peut avoir le scrupule de disposer de sa propre vie sans cependant pouvoir se résoudre à survivre à son déshonneur, dont la perte, même injuste, entraîne des malheurs civils pires cent fois que la mort. Sur ce chapitre de l'honneur l'insuffisance des lois nous laisse toujours dans l'état de nature : je crois cela prouvé dans ma *Lettre à M. d'Alembert sur les Spectacles*. L'honneur d'un homme ne peut avoir de vrai défenseur ni de vrai vengeur que lui-même. Loin qu'ici la clémence, qu'en tout autre cas prescrit la vertu, soit permise, elle est défendue ; et laisser impuni son déshonneur, c'est y consentir : on lui doit sa vengeance, on se la doit à soi-même ; on la doit même à la société et aux autres gens d'honneur qui la composent : et c'est ici l'une des fortes raisons qui rendent le duel extravagant, moins parce qu'il expose l'innocent à périr, que parce qu'il l'expose à périr sans vengeance et à laisser le coupable triomphant. Et vous remarquerez que ce qui rend le trait du major vraiment héroïque est moins la mort qu'il se donne que la fière et noble vengeance qu'il sait tirer de son roi. C'est son premier coup de pistolet qui fait valoir le second : quel sujet il lui ôte, et quels remords il lui laisse ! Encore une fois, le cas entre particuliers est tout différent. Cependant si l'honneur prescrit la vengeance, il la prescrit courageuse : celui qui se venge en lâche, au lieu d'effacer son infamie, y met le comble ; mais celui qui se venge et meurt est bien réhabilité. Si donc un homme indignement, injustement flétri par un autre, va le chercher un pistolet à la main dans l'amphithéâtre de l'Opéra, lui casse la tête devant tout le monde ; et puis se laissant tranquillement mener devant les juges, leur dit : « Je viens de « faire un acte de justice que je me devois, et qui « n'appartenoit qu'à moi ; faites-moi pendre, si « vous l'osez, » il se pourra bien qu'ils le fassent pendre en effet, parce qu'enfin quiconque a donné la mort la mérite, qu'il a dû même y compter ; mais je réponds qu'il ira au supplice avec l'estime de tout homme équitable et sensé, comme avec la mienne ; et si cet exemple intimide un peu les tâteurs d'hommes, et fait marcher les gens d'honneur, qui ne ferraillent pas, la tête un peu plus levée, je dis que la mort de cet homme de courage ne sera pas inutile à la société. La conclusion tant de ce détail que de ce que j'ai dit à ce sujet dans l'*Émile*, et que je répétai souvent, quand ce livre parut, à ceux qui me parlèrent de cet article, est *qu'on ne déshonore point un homme qui sait mourir*. Je ne dirai point ici si j'ai tort ; cela pourra se discuter à loisir dans la suite : mais, tort ou non, si cette doctrine me trompe, vous permettrez néanmoins, n'en déplaise à votre illustre prôneur d'oracles, que je ne me tienne pas pour déshonoré.

Je viens, monsieur, à la question que vous me

proposez sur votre élève. Mon sentiment est qu'on ne doit forcer un enfant à manger de rien. Il y a des répugnances qui ont leur cause dans la constitution particulière de l'individu, et celles-là sont invincibles; les autres, qui ne sont que des fantaisies, ne sont pas durables, à moins qu'on ne les rende telles à force d'y faire attention. Il pourroit y avoir quelque chose de vrai dans le cas de prévoyance qu'on vous allègue, si (chose presque inouïe) il s'agissoit d'aliments de première nécessité, comme le pain, le lait, les fruits. Il faudroit du moins tâcher de vaincre cette répugnance sans que l'enfant s'en aperçût et sans le contrarier, ce qui, par exemple, pourroit se faire en l'exposant à avoir grand'faim, et à ne trouver comme par hasard que l'aliment auquel il répugne. Mais si cet essai ne réussit pas, je ne serois pas d'avis de s'y obstiner. Que s'il s'agit de mets composés tels qu'on en sert sur les tables des grands, la précaution paroît d'abord assez superflue; car il est peu apparent que le petit bonhomme se trouve un jour réduit, dans les bois ou ailleurs, à des ragoûts de truffes ou à des profiteroles au chocolat pour toute nourriture. Mais peut-être a-t-on un autre objet qu'on ne vous dit pas, et qui n'est pas sans fondement. Votre élève est fait pour avoir un jour place aux petits soupers des rois et des princes; il doit aimer tout ce qu'ils aimeront; il doit préférer tout ce qu'ils préféreront; il doit en toute chose avoir les goûts qu'ils auront ; et il n'est pas d'un bon courtisan d'en avoir d'exclusifs. Vous devez comprendre par là et par beaucoup d'autres choses que ce n'est pas un Émile que vous avez à élever : ainsi gardez-vous bien d'être un Jean-Jacques : car, comme vous voyez, cela ne réussit pas pour le bonheur de cette vie.

Prêt à quitter cette demeure, je n'ai plus d'adresse assez fixe à vous donner pour y recevoir de vos lettres. Adieu, monsieur.

OBSERVATION. — Dans cette lettre Rousseau donne une explication importante sur un passage d'Émile, relatif au point d'honneur, la vengeance. Il appuie son opinion sur l'exemple du major de Frédéric. Voyez, dans la présente édition, tome IV, page 96, livre IV d'Émile, et le passage en question, et les deux notes qui y ont rapport.

LETTRE CMXVIII.

A MADAME B.

Monquin, le 16 mars 1770.

Rose, je vous crois, et je vous croirois avec plus de plaisir encore si vous eussiez moins insisté. La vérité ne s'exprime pas toujours avec simplicité, mais quand cela lui arrive, elle brille alors de tout son éclat. Je vais quitter cette habitation : je sais ce que je veux et dois faire ; j'ignore encore ce que je ferai : je suis entre les mains des hommes ;

ces hommes ont leurs raisons pour craindre la vérité, et ils n'ignorent pas que je me dois de la mettre en évidence, ou du moins de faire tous mes efforts pour cela. Seul et à leur merci, je ne puis rien, ils peuvent tout, hors de changer la nature des choses et de faire que la poitrine de J. J. Rousseau vivant cesse de renfermer le cœur d'un homme de bien. Ignorant dans cette situation en quel lieu je trouverai soit une pierre pour y poser ma tête, soit une terre pour y poser mon corps, je ne puis vous donner aucune adresse assurée : mais si jamais je retrouve un moment tranquille, c'est un soin que je n'oublierai pas. Rose, ne m'oubliez pas non plus. Vous m'avez accordé de l'estime sur mes écrits; vous m'en accorderiez encore plus sur ma vie si elle vous étoit connue; et davantage encore sur mon cœur, s'il étoit ouvert à vos yeux : il n'en fut jamais un plus tendre, un meilleur, un plus juste; la méchanceté ni la haine n'en approchèrent jamais. J'ai de grands vices, sans doute, mais qui n'ont jamais fait de mal qu'à moi; et tous mes malheurs ne me viennent que de mes vertus. Je n'ai pu, malgré tous mes efforts, percer le mystère affreux des trames dont je suis enlacé; elles sont si ténébreuses, on me les cache avec tant de soin, que je n'en aperçois que la noirceur. Mais les maximes communes que vous m'alléguez sur la calomnie et l'imposture ne sauroient convenir à celle-là; et les frivoles clameurs de la calomnie sont bien différentes, dans leurs effets, des complots tramés et concertés durant longues années dans un profond silence, et dont les développements successifs, dirigés par la ruse, opérés par la puissance, se font lentement, sourdement, et avec méthode. Ma situation est unique; mon cas est inouï depuis que le monde existe. Selon toutes les règles de la prévoyance humaine, je dois succomber; et toutes les mesures sont tellement prises, qu'il n'y a qu'un miracle de la Providence qui puisse confondre les imposteurs. Pourtant une certaine confiance soutient encore mon courage. Jeune femme, écoutez-moi : quoi qu'il arrive, et quelque sort qu'on me prépare, quand on vous aura fait l'énumération de mes crimes, quand on vous en aura montré les frappants témoignages, les preuves sans réplique, la démonstration, l'évidence, souvenez-vous des trois mots par lesquels ont fini mes adieux : JE SUIS INNOCENT.

ROUSSEAU.

Vous approchez d'un terme intéressant pour mon cœur : je désire d'en savoir l'heureux événement aussitôt qu'il sera possible. Pour cela, si vous n'avez pas avant ce temps-là de mes nouvelles, préparez d'avance un petit billet, que vous ferez mettre à la poste aussitôt que vous serez délivrée, sous une enveloppe à l'adresse suivante :

A madame Boy de La Tour, née Roguin, à Lyon.

LETTRE CMXIX.

A M. MOULTOU.

Mouquin, le 28 mars 1770.

Je tardois, cher Moultou, pour répondre à votre dernière lettre, de pouvoir vous donner quelque avis certain de ma marche; mais les neiges qui sont revenues m'assiéger rendent les chemins de cette montagne tellement impraticables, que je ne sais plus quand j'en pourrai partir. Ce sera, dans mon projet, pour me rendre à Lyon, d'où je sais bien ce que je veux faire, mais j'ignore ce que je ferai.

J'avois eu le projet que vous me suggérez d'aller m'établir en Savoie; je demandai et obtins, durant mon séjour à Bourgoin, un passeport pour cela, dont, sur des lumières qui me vinrent en même temps, je ne voulus point faire usage : j'ai résolu d'achever mes jours dans ce royaume, et d'y laisser à ceux qui disposent de moi le plaisir d'assouvir leur fantaisie jusqu'à mon dernier soupir.

Je ne suis point dans le cas d'avoir besoin de la bourse d'autrui, du moins pour le présent, et dans la position où je suis je ne dépense guère moins en place qu'en voyage; mais je suis fâché que l'offre de votre bourse m'ait ôté la ressource d'y recourir au besoin : ma maxime la plus chérie est de ne jamais rien demander à ceux qui m'offrent ; je les punis de m'avoir ôté un plaisir en les privant d'un autre ; et quand je me ferai des amis à mon goût, je ne les irai pas choisir au Monomotapa, quoi qu'en dise La Fontaine. Cela tient à mon tour d'esprit particulier, dont je n'excuse pas la bizarrerie, mais que je dois consulter quand il s'agit d'être obligé. Car autant je suis touché de tout ce qu'on m'accorde, autant je le suis peu de ce qu'on me fait accepter : aussi je n'accepte jamais rien qu'en rechignant et vaincu par la tyrannie des importunités ; mais l'ami qui veut bien m'obliger à ma mode, et non pas à la sienne, sera toujours content de mon cœur. J'avoue pourtant que l'à-propos de votre offre mérite une exception ; et je la fais en tâchant de l'oublier, afin de ne pas ôter à notre amitié l'un des droits que l'inégalité de fortune y doit mettre.

Il faut assurément que vous soyez peu difficile en ressemblance pour trouver la mienne dans cette figure de cyclope qu'on débite à si grand bruit sous mon nom. Quand il plut à l'honnête M. Hume de me faire peindre en Angleterre, je ne pus jamais deviner son motif, quoique dès-lors je visse assez que ce n'étoit pas l'amitié. Je ne l'ai compris qu'en voyant l'estampe, et surtout en apprenant qu'on lui en donnoit pour pendant une autre représentant ledit M. Hume, qui réellement a la figure d'un cyclope, et à qui on donne un air charmant. Comme ils peignent nos visages, ainsi peignent-ils nos ames avec la même fidélité. Je comprends que les bruyants éloges qu'on vous a faits de ce portrait vous ont subjugué; mais regardez-y mieux, et ôtez-moi de votre chambre cette mine farouche qui n'est pas la mienne assurément. Les gravures faites sur le portrait peint par La Tour me font plus jeune, à la vérité, mais beaucoup plus ressemblant : remarquez qu'on les a fait disparoître ou contrefaire hideusement. Comment ne sentez-vous pas d'où tout cela vient, et ce que tout cela signifie?

Voici deux actes d'honnêteté, de justice et d'amitié à faire : c'est à vous que j'en donne la commission.

1º Rey vient de faire une édition de mes écrits, à laquelle, et à d'autres marques, j'ai reconnu que mon homme étoit enrôlé. J'aurois dû prévoir et que des gens si attentifs ne l'oublieroient pas, et qu'il ne seroit pas à l'épreuve. Entre autres remarques que j'ai faites sur cette édition, j'y ai trouvé, avec autant d'indignation que de surprise, trois ou quatre lettres de M. le comte de Tressan, avec les réponses qui furent écrites il y a une quinzaine d'années au sujet d'une tracasserie de Palissot. Je n'ai jamais communiqué ces lettres qu'au seul Vernes, auquel j'avois alors, et bien malheureusement, la même confiance que celle que j'ai maintenant en vous : depuis lors je ne les ai montrées à qui que ce soit, et ne me rappelle pas même en avoir parlé; voilà pourtant Rey qui les imprime; d'où les a-t-il eues? ce n'est certainement pas de moi; et il ne m'a pas dit un mot de ces lettres en me parlant de cette édition. Je comprends aisément qu'il n'a pas mieux rempli le devoir d'obtenir l'agrément de M. de Tressan, qui probablement ne l'auroit pas donné non plus que moi. Du cercueil où l'on me tient enfermé tout vivant, je ne puis pas écrire à M. de Tressan, dont je ne sais pas l'adresse, et à qui ma lettre ne parviendroit certainement pas. Je vous prie de remplir ce devoir pour moi. Dites-lui que ce ne seroit pas envers lui, que j'honore, que j'aurois enfreint un devoir dont j'ai porté l'observation jusqu'à un scrupule peut-être inouï envers Voltaire, que j'ai laissé falsifier et défigurer mes lettres et taire les siennes, sans que j'aie voulu jusqu'ici montrer ni les unes ni les autres à personne. Ce n'est sûrement pas pour me faire honneur que ces lettres ont été imprimées; c'est uniquement pour m'attirer l'inimitié de M. de Tressan.

2° J'ai fait, il y a quelques mois, à madame la duchesse douairière de Portland un envoi de plantes que j'avois été herboriser pour elle au mont Pila, et que j'avois préparées avec beaucoup de soin, de même qu'un assortiment de graines que j'y avois joint. Je n'ai aucune nouvelle de madame de

Portland ni de cet envoi, quoique j'aie écrit et à elle et à son commissionnaire : mes lettres sont restées sans réponse ; et je comprends qu'elles ont été supprimées, ainsi que l'envoi, par des motifs qui ne vous seront pas difficiles à pénétrer. Les manœuvres qu'on emploie sont très-assorties à l'objet qu'on se propose. Ayez, cher Moultou, la complaisance d'écrire à madame de Portland ce que j'ai fait, et combien j'ai de regret qu'on ne me laisse pas remplir les fonctions du titre qu'elle m'avoit permis de prendre auprès d'elle, et que je me faisois un honneur de mériter. Vous sentez que je ne peux pas entretenir des correspondances malgré ceux qui les interceptent. Ainsi là-dessus, comme sur toute chose où la nécessité commande, je me soumets. Je voudrois seulement que mes anciens correspondants sussent qu'il n'y a pas de ma faute, et que je ne les ai pas négligés. La même chose m'est arrivée avec M. Guan, de Montpellier, à qui j'ai fait un envoi sous l'adresse de M. de Saint-Priest. La même chose m'arrivera peut-être avec vous. Accusez-moi du moins, je vous prie, la réception de cette lettre, si elle vous parvient encore : la vôtre, si vous l'écrivez à la réception de la mienne, pourra me parvenir encore ici. Le papier me manque. Mes respects et ceux de ma femme à madame Moultou. Nous vous embrassons conjointement de tout notre cœur. Adieu, cher Moultou.

LETTRE CMXX.

A M. LALIAUD.

Monquin, le 4 avril 1770.

C'est par oubli, monsieur, que je n'avois pas répondu à votre précédente lettre; car, quoique je ne promette de l'exactitude à personne, je me ferois un plaisir d'en avoir avec vous. La description de votre vie tranquille et champêtre me fait grand plaisir, ainsi que celle du climat que vous habitez, aux vents près qui ne sont point de mon goût. Cette douce vie, pour laquelle j'étois né, eût été celle dans laquelle j'aurois achevé mes jours, si on m'avoit laissé faire; mais quand l'honneur, le devoir et la nécessité commandent, il faut obéir. Ne m'écrivez plus ici, monsieur; votre lettre ne m'y trouveroit vraisemblablement plus, et je ne puis vous donner d'adresse assurée, parce que, quoique je sache très-bien ce que je veux faire, j'ignore absolument ce que je ferai. Je suis fâché de quitter ce pays sans vous envoyer des rosiers; mais la nature, tardive en ces cantons, n'est pas encore éveillée; à peine avons-nous déjà quelques violettes, et je ne dois plus espérer de recueillir des roses. Adieu, mon cher monsieur Laliaud; souvenez-vous de moi quelquefois : je vous salue et vous embrasse de tout mon cœur.

LETTRE CMXXI.

A M. MOULTOU.

Monquin, le 17 6/4 70.

Pauvres aveugles que nous sommes ! etc.

Votre lettre, cher Moultou, m'afflige sur votre santé. Vous m'aviez parlé dans la précédente de votre mal de gorge comme d'une chose passée, et je le regardois comme un de ceux auxquels j'ai moi-même été si sujet, qui sont vifs, courts, et ne laissent aucune trace ; mais si c'est une humeur de goutte, il sera difficile que vous ne vous en ressentiez pas de temps en temps : mais surtout n'allez pas vous mettre dans la tête d'en vouloir guérir ; car ce seroit vouloir guérir de la vie, mal que les bons doivent supporter tant qu'il leur reste quelque bien à faire. Du Peyrou, pour avoir voulu droguer la sienne, l'effaroucha, la fit remonter, et ce ne fut pas sans beaucoup de peines que nous parvînmes à la rappeler aux extrémités. Vous savez sans doute ce qu'il faut faire pour cela : j'ai vu l'effet grand et prompt de la moutarde à la plante des pieds ; je vous la recommande en pareille occurrence, dont veuille le ciel vous préserver. Si jeune, déjà la goutte ! que je vous plains ! Si vous eussiez toujours suivi le régime que je vous faisois faire à Motiers, surtout quant à l'exercice, vous ne seriez point atteint de cette cruelle maladie. Point de soupers, peu de cabinet, et beaucoup de marche dans vos relâches; voilà ce qu'il me reste à vous recommander.

Ce que vous m'apprenez qui s'est passé dernièrement dans votre ville me fâche encore, mais ne me surprend plus. Comment! votre Conseil souverain se met à rendre des jugements criminels! Les rois, plus sages que lui, n'en rendent point. Voilà ces pauvres gens prenant à grands pas le train des Athéniens, et courant chercher la même destinée, qu'ils trouveront, hélas! assez tôt sans tant courir. Mais,

« Quos vult perdere Jupiter dementat. »

Je ne doute point que les natifs ne missent à leurs prétentions l'insolence de gens qui se sentent soufflés et qui se croient soutenus; mais je doute encore moins que, si ces pauvres citoyens ne se laissoient aveugler par la prospérité, et séduire par un vil intérêt, ils n'eussent été les premiers à leur offrir le partage, dans le fond très-juste, très-raisonnable, et très-avantageux à tous, que les autres leur demandoient. Les voilà aussi durs aristocrates avec les habitants que les magistrats furent jadis avec eux. De ces deux aristocraties j'aimerois encore mieux la première.

Je suis sensible à la bonté que vous avez de vouloir bien écrire à madame de Portland et à M. de Tressan : l'équité, l'amitié, dicteront vos lettres; je ne suis pas en peine de ce que vous direz. Ce que vous me dites de l'antérieure impression des lettres du dernier disculpe absolument Rey sur cet article, mais n'infirme point, au reste, les fortes raisons que j'ai de le tenir tout au moins pour suspect; et je connois trop bien les gens à qui j'ai affaire pour pouvoir croire que, songeant à tant de monde et à tant de choses, ils aient oublié cet homme-là. Ce que vous a dit M. Garcin du bruit qu'il fait de son amitié pour moi n'est pas propre à m'y donner plus de confiance. Cette affectation est singulièrement dans le plan de ceux qui disposent de moi. Coindet y brilloit par excellence, et jamais il ne parloit de moi sans verser des larmes de tendresse. Ceux qui m'aiment véritablement se gardent bien, dans les circonstances présentes, de se mettre en avant avec tant d'emphase; ils gémissent tout bas, au contraire, observent, et se taisent jusqu'à ce que le temps soit venu de parler.

Voilà, cher Moultou, ce que je vous prie et vous conseille de faire. Vous compromettre ne seroit pas me servir. Il y a quinze ans qu'on travaille sous terre; les mains qui se prêtent à cette œuvre de ténèbres la rendent trop redoutable pour qu'il soit permis à nul honnête homme d'en approcher pour l'examiner. Il faut, pour monter sur la mine, attendre qu'elle ait fait son explosion ; et ce n'est plus ma personne qu'il faut songer à défendre, c'est ma mémoire. Voilà, cher Moultou, ce que j'ai toujours attendu de vous. Ne croyez pas que j'ignore vos liaisons ; ma confiance n'est pas celle d'un sot, mais celle, au contraire, de quelqu'un qui se connoît en hommes, en diversité d'étoffes d'ames, qui n'attend rien des Coindet, qui attend tout des Moultou. Je ne puis douter qu'on n'ait voulu vous séduire ; je suis persuadé qu'on n'a fait tout au plus que vous tromper ; mais, avec votre pénétration, vous avez vu trop de choses, et vous en verrez trop encore pour pouvoir être trompé long-temps. Quand vous verrez la vérité, il ne sera pas pour cela temps de la dire ; il faut attendre les révolutions qui lui seront favorables, et qui viendront tôt ou tard. C'est alors que le nom de mon ami, dont il faut maintenant se cacher, honorera ceux qui l'auront porté, et qui rempliront les devoirs qu'il leur impose. Voilà ta tâche, ô Moultou ! elle est grande, elle est belle, elle est digne de toi, et depuis bien des années mon cœur t'a choisi pour la remplir.

Voici peut-être la dernière fois que je vous écrirai. Vous devez comprendre combien il me seroit intéressant de vous voir : mais ne parlons plus de Chambéry ; ce n'est pas là où je suis appelé. L'honneur et le devoir crient ; je n'entends plus que leur voix [1]. Adieu : recevez l'embrassement que mon cœur vous envoie. Toutes mes lettres sont ouvertes ; ce n'est pas là ce qui me fâche, mais plusieurs ne parviennent pas. Faites en sorte que je sache si celle-ci aura été plus heureuse. Vous n'ignorerez pas où je serai, mais je dois vous prévenir qu'après avoir été ouvertes à la poste, mes lettres le seront encore dans la maison où je vais loger. Adieu derechef. Nous vous embrassons l'un et l'autre avec toute la tendresse de notre cœur. Nos hommages et respects les plus tendres à madame.

Il est vrai que j'ai cherché à me défaire de mes livres de botanique, et même de mon herbier. Cependant, comme l'herbier est un présent, quoique non tout-à-fait gratuit, je ne m'en déferai qu'à la dernière extrémité, et mon intention est de le laisser, si je puis, à celui qui me l'a donné, augmenté de plus de trois cents plantes que j'y ai ajoutées.

---

[1] Comme il se rendit peu de temps après à Paris, il est présumable qu'il croyoit de son devoir d'aller dans cette capitale, et qu'il y croyoit son honneur intéressé : supposition qui en amène une autre : c'est que, las d'errer et de se cacher, il vouloit paroître au grand jour et lire ses *Confessions*, afin que ceux qu'il accusoit pussent répondre ou se justifier.

LETTRE CMXXII.

A M. DE SAINT-GERMAIN.

A Lyon, 19 avril 1770.

J'ai reçu, monsieur, avec la lettre dont vous m'avez honoré le 16 du mois dernier, celle que vous avez eu la bonté de me faire parvenir d'envoi de M. de T....., à qui, selon vos intentions, j'en accuse la réception. C'est une réponse de madame de Portland, qui me donne avis de la réception des plantes que je lui ai envoyées il y a près de six mois. Après un voyage assez désagréable, je suis arrivé ici en assez bonne santé de même que ma femme, qui, pénétrée de vos bontés, me charge de vous en marquer sa très-humble reconnoissance. Je vous prie aussi, monsieur, de vouloir témoigner la mienne à madame de Saint-Germain, en lui faisant agréer mon respect. Vous connoissez, monsieur, toute ma confiance en votre bienveillance, et je me flatte que vous connoissez aussi combien j'y suis sensible et disposé à m'en prévaloir en toute occasion, sans crainte de vous déplaire. Des inconvénients, que j'aurois dû prévoir, retardent ma marche, sans rien changer à mes résolutions. Je prends la liberté de me recommander à votre souvenir, et de vous assurer que rien n'affoiblira jamais les sentiments immortels que vous m'avez inspirés.

LETTRE CMXXIII.

A M. DE CESARGES.

Monquin, fin d'avril 1770.

Je vous avoue, monsieur, que, vous connoissant pour un gentilhomme plein d'honneur et de probité, je n'apprends pas sans surprise la tranquillité avec laquelle vous avez souffert en mon absence les outrages atroces que ma femme a reçus du bandit en cotillon auquel madame de Cesarges a jugé à propos de nous livrer, après nous avoir ôté les gens qu'elle nous avoit tant vantés elle-même, et avec qui nous vivions en paix.

Je sais bien, monsieur, qu'on vous taxe d'avoir peu d'autorité chez vous, et que le capitaine Vertier vous a subjugué, dit-on, comme les autres; mais je ne vous aurois jamais cru dénué de crédit dans votre propre maison, au point de n'y pouvoir procurer la sûreté aux hôtes que vous y avez placés vous-même. Puisqu'en cela toutefois je me suis trompé, puisque vous ne pouvez vous délivrer des mains des susdits bandits en cotillon, et puisque madame de Cesarges elle-même ne voit d'autre remède aux mauvais traitements que je puis recevoir des gens qui dépendent d'elle que d'en être désolée, ne trouvez pas mauvais, jusqu'à ce que je puisse me procurer une autre demeure, que, réduit à moi seul pour toute ressource, je tâche de me faire la justice que je ne puis obtenir, en pourvoyant de mon mieux à ma propre défense et à la protection que je dois à ma femme. Que s'il en arrive du scandale dans votre maison, je vous prends vous-même à témoin qu'il n'y aura pas de ma faute, puisque, ne pouvant, sans manquer à moi-même et à ma femme, éviter d'en venir là, je ne l'ai fait [1] cependant qu'à la dernière extrémité, et après vous en avoir prévenu.

LETTRE CMXXIV.

A M. DE SAINT-GERMAIN.

Quoique je me sois résigné, monsieur, à la privation que vous m'avez imposée pour épargner à votre bon cœur l'émotion d'un dernier adieu, je sens pourtant que si vous fussiez resté quelques jours de plus, je n'aurois pu résister au désir de vous revoir encore une fois, et de vous com-

[1] *Je ne l'ai fait.* Texte conforme à celui de l'édition originale (recueil de du Peyrou, 1790).

muniquer beaucoup de nouvelles idées qui m'étoient venues à force de rêver au triste sujet dont vous m'avez permis de vous parler, et qui toutes confirment mes conjectures sur les causes de mes malheurs. Puisque la consolation de vous revoir ne m'est pas donnée, je ne vous ennuierai pas de nouveau de mes longues écritures, et je me flatte que ce qui vous en est déjà connu suffira pour mettre un jour, avec votre généreuse assistance, les amis de la justice sur la voie de la vérité.

Mon libraire de Hollande vient de faire une édition générale de tous mes écrits imprimés, dont il m'a envoyé deux exemplaires, qui malheureusement sont encore en feuilles : j'ai pris la liberté de faire porter le paquet chez vous. L'un de ces exemplaires vous est destiné, et je me flatte, monsieur, que vous ne dédaignerez pas cet hommage de mon attachement et de ma reconnoissance. L'autre est pour moi, et mon intention est de ne vous offrir le vôtre qu'après les avoir fait relier tous les deux. Comme les embarras où je me trouve ne me permettent pas, quant à présent, de m'occuper de ce soin, je vous prie, en attendant que je le remplisse, de vouloir bien permettre que le paquet reste chez vous en dépôt. Si les événements m'empêchent, dans la suite, d'exécuter là-dessus mes intentions, je vous prie d'y suppléer en disposant des deux exemplaires, de façon que le mien serve à payer la reliure du vôtre [1].

J'ai eu la curiosité de chercher dans les feuilles de ce paquet un barbouillage dont M. Fréron a été le premier éditeur, et qui m'a été volé parmi mes papiers; je ne sais comment, ni par qui, et d'où. Sur cette édition furtive, Rey a jugé à propos d'augmenter la sienne. C'est un discours sur un sujet proposé par M. de Cursay, dans le temps qu'il pacifioit la Corse, et qu'il y faisoit refleurir les lettres. Le dépositaire de mes papiers, qui ne m'avoit rien dit de ce larcin, voyant que j'en étois instruit, m'apprit que ce discours avoit été mutilé à l'impression, et qu'on en avoit retranché un article tout entier, supposant que c'étoit une omission d'inadvertance par la hâte où le voleur avoit transcrit le discours; mais il ne voulut point me dire quel étoit cet article oublié ou retranché. J'ai donc vérifié la chose dans l'édition de Rey, et j'ai trouvé que cet article omis étoit un très-bel éloge du peuple de Corse, et un éloge encore plus beau des troupes françoises et de leur général. Il ne m'en a pas fallu davantage pour comprendre tout le reste. Si jamais vous prenez la peine de parcourir ce recueil, vous connoîtrez à plus d'une enseigne en quelles mains l'auteur est tombé.

En ce moment, monsieur, il me revient sur les

[1] Le lecteur doit bien croire que M. de Saint-Germain, dans sa réponse, en acceptant un exemplaire, n'a pas adhéré à une telle proposition.

matières dont j'ai eu l'honneur de vous entretenir un petit fait bien minutieux en apparence, mais que je ne puis m'empêcher de vous dire à cause de ses conséquences et de la facilité que vous avez de le vérifier. Depuis notre dernière entrevue, je parlai par hasard une fois de l'*Émile* avec un officier de notre connoissance. Il me dit que, causant un jour avec M. Diderot, lorsqu'on parloit de ce livre long-temps avant sa publication, M. Diderot lui avoit dit qu'il le connoissoit, que je le lui avois montré, que c'étoit un projet pour élever chaque homme pour l'état dans lequel il devoit vivre. « Par exemple, ajoutoit-il, s'il devoit vivre dans « une monarchie, on lui apprendra de bonne « heure à être un fripon, etc..... » Pourquoi M. Diderot mentoit-il avec tant d'impudence ? Je ne lui avois certainement pas montré ce livre, puisqu'il n'étoit pas encore commencé quand je rompis avec lui, et que le plan qu'il me prêtoit est exactement contraire au mien, comme il est aisé de le voir dans l'ouvrage.

Je suis, monsieur, dans un cas embarrassant vis-à-vis de M. de Tonnerre. Je voudrois, et de tout mon cœur, lui témoigner combien je suis pénétré des bontés dont il m'a comblé durant mon séjour dans cette province, mais c'est ce que je ne saurois faire sans laisser parler en même temps mon indignation de l'astuce avec laquelle on l'a fait agir, sans qu'il s'en aperçût lui-même, dans la ridicule affaire du galérien Thevenin, digne instrument des gens qui l'ont employé. Je connois et j'honore la droiture de M. de Tonnerre; j'ai autant de respect pour sa personne que pour son illustre naissance : je le plains d'être quelquefois surpris par des fourbes; mais quand cette surprise tombe sur moi, je me manquerois à moi-même en la passant sous silence, et je trouve trop difficile, en lui écrivant, de me faire entendre sans l'offenser; ce qu'assurément je serois au désespoir de faire. S'il n'y avoit pas trop d'indiscrétion, monsieur, à vous supplier de vouloir être auprès de lui l'organe de mes sentiments, vous les feriez si bien valoir, et vous me tireriez d'un si grand embarras, que ce seroit une œuvre digne de votre bienfaisance. Je ne compte partir que dans quelques jours; ainsi je puis recevoir encore ici de vos nouvelles, si vous voulez bien m'en donner. Je ne désire qu'un mot. Adieu, monsieur, je ne vous parlerai plus de mes sentiments pour vous; vous les voyez dans ma confiance qui en est le fruit, mais je finirai ce dernier adieu par un mot que je vous prie de graver dans votre ame vertueuse : Je suis innocent.

OBSERVATION. — Cette lettre, écrite peu de jours avant son départ du Dauphiné, doit être de la fin de mai 1770. On voit dans la correspondance de Grimm que celui-ci tenoit sur *Émile* le même langage que Diderot. Tous deux, et particulièrement Grimm, ont tourné cet ouvrage en ridicule; mais il a triomphé de leurs efforts.

LETTRE CMXXV.

A M. DE LA TOURETTE.

Lyon, le 2 juin 1770.

J'apprends, monsieur, qu'on a formé le projet d'élever une statue à M. de Voltaire, et qu'on permet à tous ceux qui sont connus par quelque ouvrage imprimé de concourir à cette entreprise. J'ai payé assez cher le droit d'être admis à cet honneur pour oser y prétendre, et je vous supplie de vouloir bien interposer vos bons offices pour me faire inscrire au nombre des souscrivants. J'espère, monsieur, que les bontés dont vous m'honorez, et l'occasion pour laquelle je m'en prévaux ici, vous feront aisément pardonner la liberté que je prends. Je vous salue, monsieur, très-humblement et de tout mon cœur.

LETTRE CMXXVI.

A M. DE SAINT-GERMAIN.

A Lyon, 17 3/6 70.

Pauvres aveugles que nous sommes! etc.

Après avoir prolongé mon séjour dans Lyon plus que je ne m'y étois attendu, je n'en veux point partir sans vous réitérer mes adieux et me recommander à votre souvenir. Je prends aussi la liberté de vous envoyer une lettre et un vieux mémoire que m'a envoyé par la poste M. Granger, de Monquin, par lequel il prétend que je suis parti de là sans lui payer les dernières fournitures que sa femme m'a faites en œufs, beurre et fromages: comme je ne me sens pas le bras assez bon pour lui payer ce mémoire dans la monnoie qu'il mérite, je veux au moins que vous connoissiez la manière dont on a dressé et stylé cet homme par rapport à moi; et, pour cet effet, j'ai joint à ce mémoire une feuille contenant des observations sur chaque article, par lesquelles vous pourrez juger de sa bonne foi et de ceux qui le mettent en œuvre. Vous êtes à portée, monsieur, de vérifier tous ces faits. J'ai cru, sur votre amour pour l'équité, que vous ne dédaigneriez pas d'en prendre la peine. Je

comprends qu'on a voulu renouveler la scène de....
Mais il n'est plus temps, et j'ai trop bien pris mon
parti sur tout le reste pour m'affecter encore de
ces choses-là. Ainsi je mets désormais au pis les
fourbes, les fripons, les méchants, et tous les gens
qui, pour me décrier, les emploient. J'espère,
avant de partir d'ici, y recevoir encore des nouvelles de votre santé et de celle de madame de
Saint-Germain, à qui je vous supplie de faire
agréer mon respect. Ma femme vous prie, monsieur,
d'agréer le sien, et nous emportons l'un et l'autre le
plus tendre et le plus durable souvenir des bontés
dont vous nous avez honorés.

LETTRE CMXXVII.

AU MÊME.

A Lyon, 19 avril 1770.

J'ai reçu, monsieur, avec la lettre dont vous
m'avez honoré le 16 du mois dernier, celle que
vous avez eu la bonté de me faire parvenir d'envoi
de M. de T....., à qui, selon vos intentions, j'en
accuse la réception. C'est une réponse de madame
de Portland, qui me donne avis de la réception
des plantes que je lui ai envoyées il y a près de six
mois. Après un voyage assez désagréable, je suis

arrivé ici en assez bonne santé, de même que ma femme, qui, pénétrée de vos bontés, me charge de vous en marquer sa très-humble reconnoissance. Je vous prie aussi, monsieur, de vouloir témoigner la mienne à madame de Saint-Germain, en lui faisant agréer mon respect. Vous connoissez, monsieur, toute ma confiance en votre bienveillance, et je me flatte que vous connoissez aussi combien j'y suis sensible et disposé à m'en prévaloir en toute occasion, sans crainte de vous déplaire. Des inconvénients que j'aurois dû prévoir retardent ma marche, sans rien changer à mes résolutions. Je prends la liberté de me recommander à votre souvenir, et de vous assurer que rien n'affoiblira jamais les sentiments immortels que vous m'avez inspirés.

OBSERVATION.—Il y a probablement erreur de date. Au lieu du 19 avril, cette lettre doit être du 19 juin. Au mois d'avril Rousseau n'avoit point fait de voyage ; il passa ce mois tout entier à Monquin. En la supposant du 19 juin, les circonstances dont il parle se trouvent expliquées.

LETTRE CMXXVIII.

A MADAME B.

Paris, le 7 juillet 1770.

Deux raisons, madame, outre le tracas d'un débarquement, m'ont empêché d'aller vous voir à mon arrivée : la première, que vous m'avez écrit vous-même que, quand même nous serions rapprochés, nous ne pourrions pas nous voir; l'autre, que je suis déterminé à n'avoir aucune relation avec quiconque en a avec madame de ***. C'est à vous, madame, à m'instruire si ces deux obstacles existent ou non : s'ils n'existent pas, j'irai avec le plus vif empressement contenter le besoin de vous voir que me donna la première lettre que vous me fîtes l'honneur de m'écrire, et qu'ont augmenté toutes les autres. Un rendez-vous au spectacle ne sauroit me convenir, parce que, bien éloigné de vouloir me cacher, je ne veux pas non plus me donner en spectacle moi-même; mais s'il arrivoit que le hasard nous y conduisît en même jour, et que je le susse, ne doutez pas que je ne profitasse avec transport du plaisir de vous y voir, et même que je ne me présentasse à votre loge, si j'étois sûr que cela ne vous déplût pas. Je suis affligé d'apprendre votre prochain départ. Est-ce pour augmenter mon regret que vous me proposez de vous suivre en Nivernois? Bonjour, madame, donnez-moi de vos nouvelles et vos ordres durant le séjour qui vous reste à faire à Paris; donnez-moi votre adresse en province, et souvenez-vous de moi quelquefois.

Pas un mot du prétendu opéra qu'on dit que je vais donner. J'espère que de sa vie J. J. Rousseau n'aura plus rien à démêler avec le public. Quand quelque bruit court de moi, croyez toujours exactement le contraire, vous vous tromperez rarement.

LETTRE CMXXIX.

A LA MÊME.

Paris, le 13 juillet 1770.

Je ne puis, madame, vous aller voir que la semaine prochaine, puisque nous sommes à la fin de celle-ci : je tâcherai que ce soit mardi, mais je ne m'y engage pas, encore moins pour le dîner; il faut que tout cela se prenne impromptu : car tous les engagements pris d'avance m'ôtent tout le plaisir de les remplir. Je déjeûne toujours en me levant; mais cela ne m'empêchera pas, si vous prenez du café ou du chocolat, d'en prendre encore avec vous. Ne m'envoyez point de voiture, j'aime mieux aller à pied; et si je ne suis pas chez vous à dix heures, ne m'attendez plus.

Je vous sais gré de me reprocher mon air gauche et embarrassé; mais si vous voulez que je m'en défasse, il faut que ce soit votre ouvrage. Avec une ame assez peu craintive, un naturel d'une insupportable timidité, surtout auprès des femmes, me rend toujours d'autant plus maussade que je voudrois me rendre plus agréable : de plus, je n'ai jamais su parler, surtout quand j'aurois voulu bien dire; et si vous avez la préférence de tous mes embarras, vous n'avez pas trop à vous en plaindre. Bonjour, madame : voilà votre laquais; à mardi, s'il fait beau, mais sans promesse. Je sens qu'ayant à vous perdre si vite, il ne faut pas me faire un besoin de vous voir.

LETTRE CMXXX.

A M. DE SAINT-GERMAIN.

$17\frac{14}{8}70$.

Me voici à Paris, monsieur. Depuis trois semaines j'y ai repris mon ancienne habitation, j'y revois mes anciennes connoissances, j'y suis mon ancienne manière de vivre, j'y exerce mon ancien métier de copiste, et jusqu'à présent je m'y retrouve à peu près dans la même situation où j'étois avant de partir. Si on m'y laisse tranquille, j'y resterai; si l'on m'y tracasse, je l'endurerai : ma volonté n'est soumise qu'à la loi du devoir, mais ma personne l'est au joug de la nécessité, que j'ai appris à porter sans murmure. Les hommes peuvent sur ce point se satisfaire, je les mets bien à la portée de s'en donner le plaisir. Je n'ai pu, monsieur, vous écrire à mon arrivée, quelque désir que j'en eusse, à cause de l'affluence des oisifs et des embarras du débarquement. J'ai eu plusieurs fois ce plaisir à Lyon, d'où l'on me mande qu'il m'est venu plusieurs lettres depuis mon départ. J'espère trouver dans quelqu'une de ces lettres des marques de votre souvenir, et de bonnes nouvelles de votre santé et de celle de madame de Saint-Germain.

J'ai eu le plaisir de parler ici de vous avec des personnes de votre connoissance et qui partagent les sentiments que vous m'avez inspirés. Je mets à leur tête M. l'archevêque...... avec lequel j'ai eu l'honneur de dîner il y a deux jours. Nous parlâmes aussi, mais différemment, d'une personne dont vous savez les procédés à mon égard et qu'il connoît bien. Vous avez fait la conquête de trois voyageurs très-aimables qui vous demandèrent de mes nouvelles à Bourgoin et qui m'ont ici beaucoup demandé des vôtres. Je me propose, aussitôt qu'on me laissera respirer, d'aller rappeler à M. D.... une connoissance faite sous vos auspices, et lui demander de vos nouvelles, en attendant le plaisir d'en recevoir directement. Donnez-m'en, monsieur, aussi promptement qu'il se pourra, je les recevrai avec la joie que me donnent toujours tous les témoignages de vos bontés pour moi. Je vous supplie de faire agréer mon respect à madame de Saint-Germain : ma femme vous prie d'agréer les siens.

LETTRE CMXXXI.

À MADAME LATOUR.

Paris, 17 $\frac{4}{9}$ 70.

Je n'accepte point, madame, l'honneur que vous voulez me faire. Je ne suis pas logé de manière à pouvoir recevoir des visites de dames, et les vôtres ne pourroient manquer d'être aussi gênantes pour ma femme et pour moi, qu'ennuyeuses pour vous.

L'inconvénient que vous trouvez vous-même à recevoir les miennes suffiroit pour m'engager à m'en abstenir, et tout autre détail seroit superflu. Agréez, madame, je vous supplie, mes salutations et mon respect.

LETTRE CMXXXII.

A M. DE SAINT-GERMAIN.

Paris, le 17 12/9 70.

J'ai bien reçu, monsieur, et votre dernière lettre du 5 septembre, et la précédente réponse dont vous m'avez honoré, de même depuis quelque temps celle que vous aviez eu la bonté de m'écrire à Lyon au sujet du fermier de Monquin, et où j'ai vu avec bien de la reconnoissance les soins que vous avez bien voulu prendre pour confondre ce misérable : je suis pénétré, monsieur, je vous assure, de retrouver toujours en vous les mêmes bontés; et l'assurance qu'elles sont à l'épreuve du temps et de l'éloignement et de l'astuce des hommes, me rendra toujours cher le séjour de Bourgoin qui m'a valu un bonheur dont je sens bien le prix, et que je cultiverai autant qu'il dépendra de moi. Il est vrai, monsieur, que je tâche insensiblement de reprendre la vie retirée et solitaire qui convient à mon humeur. Mais je n'ai pas été jusqu'ici assez heureux pour pouvoir souvent satisfaire au jardin du roi l'ardeur qui ne s'est jamais attiédie en moi d'en connoître les richesses : je n'ai pu encore y aller que deux fois, tant à cause du grand éloignement, que de mes occupations.

qui me retiennent chez moi les matinées, à quoi se joint depuis quelque temps une fluxion assez douloureuse qui m'empêche absolument de sortir : ma femme en a eu dans le même temps une toute semblable, et nous nous sommes gardés mutuellement. Elle est mieux à présent, et nous réunissons nos actions de grâces pour l'obligeant souvenir de madame de Saint-Germain, à qui nous vous supplions l'un et l'autre de faire agréer nos respects.

Vous connoissez, monsieur, les sentiments que nous vous avons voués ; ils sont inaltérables comme vos vertus, et je voudrois bien que vous me prouvassiez combien vous y comptez, en me donnant ici quelque commission par laquelle je pusse vous prouver à mon tour mon zèle à vous obéir et vous complaire.

LETTRE CMXXXIII.

À MADAME DE CRÉQUI.

Ce dimanche matin (septembre 1770)[2].

Vous m'affligez, madame, en désirant de moi une chose qui m'est devenue impossible. Elle peut un jour cesser de l'être. Tous les obscurs com-

[1] J. J. Rousseau parlant dans cette lettre de complots, appe-

plots des hommes, leurs longs succès, leurs ténébreux triomphes, ne me feront jamais désespérer de la Providence; et, si son œuvre se fait de mon vivant, je n'oublierai pas votre demande, ni le plaisir que j'aurai d'y acquiescer. Jusque-là, permettez, madame, que je vous conjure de ne m'en plus reparler.

Ma femme est comblée de l'honneur que vous lui faites de penser à elle, et de votre obligeante invitation. Si elle étoit un peu plus allante, elle en profiteroit bien vite, moins pour voir le jardin que pour faire sa révérence à la maîtresse; mais elle est d'une paresse incroyable à sortir de sa chambre, et j'ai toutes les peines du monde à obtenir cinq ou six fois l'année qu'elle veuille bien venir promener avec moi : au reste, elle partage tous mes sentiments, madame, et surtout ceux de respect et d'attachement dont mon cœur est et sera pénétré pour vous jusqu'à mon dernier soupir.

Je me proposois de vous porter ma réponse moi-même, mais des contrariétés me font prendre le parti d'envoyer toujours ce mot devant.

laut Thérèse sa femme, nom qu'il ne lui donne qu'en 1768; enfin n'étant de retour à Paris qu'en 1770, cette lettre doit être de ce temps, et non de 1766, date qu'on lui a donnée jusqu'à présent, oubliant qu'il passe cette année en Angleterre.

LETTRE CMXXXIV.

A LA MÊME.

Paris, 1770 [1].

Je reçois votre lettre, madame, en arrivant d'une course, et j'y réponds à la hâte en repartant pour une autre. L'air malsain pour moi de mon habitation, et l'importunité des désœuvrés de tous les coins du monde, me forcent à chercher le soulagement et la solitude dans des pélerinages continuels.

LETTRE CMXXXV.

A LA MÊME.

Ce vendredi matin (Paris, 1770).

Vous ne m'imposez pas, madame, une tâche aisée en m'ordonnant de vous montrer Émile dans

---

[1] Ces lettres étoient dans la plupart des éditions datées du Temple, le 3 janvier 1766. Or il partoit ce jour même pour l'Angleterre avec David Hume. Une autre circonstance démontre l'erreur de la date. Il parle de l'insalubrité de son habitation, tandis qu'il étoit logé par le prince de Conti à l'hôtel Saint-Simon, dans l'enclos du Temple, et meublé somptueusement.

cette île où l'on est vertueux sans témoins, et courageux sans ostentation. Tout ce que j'ai pu savoir de cette île étrangère est qu'avant d'y aborder on n'y voit jamais personne ; qu'en y arrivant on est encore fort sujet à s'y trouver seul; mais qu'alors on se console aussi sans peine du petit malheur de n'y être vu de qui que ce soit. En vérité, madame, je crois que, pour voir les habitantes de cette île il faut les chercher soi-même, et ne s'en rapporter jamais qu'à soi. Je vous ai montré mon Émile en chemin pour y arriver ; le reste de la route vous sera bien moins difficile à faire seule qu'à moi de vous y guider.

Je vous remercie, madame, de la chanson que vous avez eu la bonté de m'envoyer, et je vous demande pardon de ne l'avoir pas trouvée, à ma propre lecture, aussi jolie que quand vous nous la lisiez : la versification m'en paroît contrainte ; je n'y trouve ni douceur ni chaleur ; le pénultième couplet est le seul où je trouve du naturel et du sentiment ; dans le premier couplet, le premier vers est gâté par le second ; les deux premiers vers du quatrième couplet sont tout-à-fait louches ; il falloit dire : *Si l'on ne parle d'elle à tout moment, on parle une langue qui m'est étrangère.* S'il faut être clair quand on parle, il faut être lumineux quand on chante. La lenteur du chant efface les liaisons du sens, à moins qu'elles ne soient très-marquées. Je ne renonce pourtant pas à faire l'air que vous désirez; mais, madame, je voudrois que vous eussiez la bonté de faire faire quelques corrections aux paroles, car pour moi cela m'est impossible; et même, si vous ne trouvez pas mes observations justes, je les abandonne, et ferai l'air sur la chanson telle qu'elle est. Ordonnez, j'obéirai.

LETTRE CMXXXVI.

A M. DUSAULX.

Paris (*Post tenebras lux*), 17$\frac{7}{11}$70.

Toutes vos bontés pour moi, monsieur, me trouveront toujours sensible et reconnoissant, parce que je suis sûr de leur principe. Quelque tentant que fût pour moi à bien des égards l'appartement auquel vous avez bien voulu songer, je ne prévois pas qu'il puisse me convenir, parce qu'il me faut chambre garnie, et même d'un prix modique, et que personne ne prendra le bon marché dans sa poche dans une affaire qui me regardera, et dont voudra bien se mêler M. Dusaulx : d'ailleurs je suis en quelque sorte arrangé ici pour cet hiver, et il n'est pas agréable de déloger dans cette saison. J'irois avec empressement manger votre soupe et ce que vous appelez votre *rogaton*, si je n'allois dîner chez madame de Chenonceaux, qui est malade et qui m'a *errhé* depuis deux jours[1]. Le mauvais temps m'empêcha hier de sortir et d'aller rendre mes devoirs à madame Dusaulx, comme je l'avois résolu. Mille très-humbles salutations.

LETTRE CMXXXVII.

A M. DUTENS.

Paris, le 8 novembre 1770.

Post tenebras lux.

Je suis aussi touché, monsieur, de vos soins obligeants que surpris du singulier procédé de M. le colonel Roguin. Comme il m'avoit mis plusieurs fois sur le chapitre de la pension dont m'honora le roi d'Angleterre, je lui racontai historiquement les raisons qui m'avoient fait renoncer à cette pension. Il me parut disposé à agir pour faire cesser ces raisons, je m'y opposai; il insista, je le refusai plus fortement, et je lui déclarai que s'il faisoit là-dessus la moindre démarche, soit en mon nom, soit au sien, il pouvoit être sûr d'être désavoué, comme le sera toujours quiconque vou-

[1] On dit *arrher*, et non *errher*. Dusaulx, qui le premier a publié cette lettre, a souligné, comme nous le faisons ici, le mot *errhé*, que Rousseau n'a pu employer que par inadvertance.

dra se mêler d'une affaire sur laquelle j'ai depuis long-temps pris mon parti. Soyez persuadé, monsieur, qu'il a pris sous son bonnet la prière qu'il vous a faite d'engager le comte de Rochford à me faire réponse, de même que celle de prendre des mesures pour le paiement de la pension. Je me soucie fort peu, je vous assure, que le comte de Rochford me réponde ou non; et quant à la pension, j'y ai renoncé, je vous proteste, avec autant d'indifférence que je l'avois acceptée avec reconnoissance. Je trouve très-bizarre qu'on s'inquiète si fort de ma situation, dont je ne me plains point, et que je trouverois très-heureuse si l'on ne se mêloit pas plus de mes affaires que je ne me mêle de celles d'autrui. Je suis, monsieur, très-sensible aux soins que vous voulez bien prendre en ma faveur, et à la bienveillance dont ils sont le gage; et je m'en prévaudrois avec confiance en toute autre occasion, mais dans celle-ci je ne puis les accepter; je vous prie de ne vous en donner aucuns pour cette affaire, et de faire en sorte que ce que vous avez déjà fait soit comme non avenu. Agréez, je vous supplie, mes actions de grâces, et soyez persuadé, monsieur, de toute ma reconnoissance et de tout mon attachement.

LETTRE CMXXXVIII.

A M. DU PEYROU.

Paris (*Post tenebras lux*), $17\frac{15}{11}70$.

Vous avez raison, mon cher hôte, j'ai été bien négligent; mais je n'imaginois pas, je l'avoue, que vous ignorassiez si parfaitement mon séjour et mon adresse, qu'il vous fallût un voyage de Lyon pour vous en informer. Je ne savois pas non plus que vous fussiez malade; je voyois ici des gens de ma connoissance et de vos amis, qui me donnoient assez souvent de vos nouvelles, et m'assuroient toujours que vous vous portiez bien. Il n'y a qu'un guignon pareil au mien qui, tenant toujours sur ma piste mes ennemis, les inconnus et tout le public, laisse mes amis seuls dans une si profonde ignorance sur cet article. Enfin, grâce à votre voyage et à vos perquisitions, vous êtes instruit et vous me donnez signe de vie; je vous en remercie, et je m'en réjouis, ainsi que de votre rétablissement.

J'ai apporté mes livres et mon herbier par votre conseil même, et parce qu'en effet ils m'ont fait tant de bien dans mes malheurs que j'ai résolu de ne m'en détacher qu'à la dernière extrémité; votre intention, en les achetant, étoit de m'en laisser l'usage; c'est un procédé très-noble, mais dont il n'étoit pas dans mon tour d'esprit de me prévaloir. Du reste, leur destination n'est point changée; et, puisque vous m'avez demandé la préférence, selon toute apparence, ils ne tarderont pas beaucoup à vous revenir.

Si vous vous plaignez de mon peu d'exactiude, j'ai à me plaindre de l'excès de la vôtre. Pourquoi voulez-vous prendre des arrangements positifs sur des suppositions, et m'envoyer un mandat sur vos banquiers sans savoir si je suis équitablement dans le cas de m'en prévaloir? Attendez du moins que, de retour chez vous, vous puissiez vérifier par vous-même l'état des choses, et ne m'exposiez pas à recevoir des paiements avant l'échéance, à redevenir votre débiteur sans en rien savoir. Il me semble aussi qu'il y auroit une sorte de bienséance à énoncer dans l'ordre à vos banquiers d'où me vient la rente dont il m'assigne le paiement, et qu'il ne suffit pas qu'on sache de moi quel est le donateur, si l'on ne le sait aussi de vous-même. J'espère, mon cher hôte, que vous ne verrez dans mes objections rien que de raisonnable, et que vous ne m'accuserez pas de chercher de mauvaises difficultés en vous renvoyant votre billet. Ainsi je le joins ici sans scrupule.

Je suis plus fâché que vous de n'être pas à portée de profiter de la bienveillance et des bontés de ma chère hôtesse; mon éloignement de vos contrées n'est pas, comme vous le savez, une affaire de choix, mais de nécessité; et je ne la crois pas assez injuste pour me faire, ainsi que vous, un crime de mon malheur. Mais vous qui parlez, pourquoi, venant à Lyon, ne l'y avez-vous pas amenée? Vous me mettez loin de mon compte, moi qu'on flattoit de vous voir tous deux cet hiver à Paris. Avec quel plaisir j'aurois renouvelé ma connoissance avec elle, et peut-être mon amitié avec vous! car, quoi que vous en disiez, elle n'est point si bien éteinte qu'elle n'eût pu renaître encore, et votre Henriette, sage et bonne, comme je me la représente, eût été bien digne d'être le *medium junctionis*. Ma femme vous remercie, vous salue et vous embrasse. Comme votre souvenir la rend contente d'elle, et que je suis dans le même cas, nous ne cesserons jamais l'un et l'autre de penser à vous avec plaisir.

LETTRE CMXXXIX.

A M. L. D. M.

Paris, le 23 novembre 1770.

..... Oui, le cruel moment où cette lettre fut écrite fut celui où, pour la première et l'unique fois, je crus percer le sombre voile du complot inouï dont je suis enveloppé ; complot dont, malgré mes efforts pour en pénétrer le mystère, il ne m'étoit venu jusqu'alors la moindre idée, et dont la trace s'effaça bientôt dans mon esprit au milieu des absurdités sans nombre dont je le vis environné. La violence de mes idées, et le trouble où elles me plongèrent à cette découverte, m'ont plutôt laissé le souvenir de leur impression que celui de leur tissu. Pour en bien juger, il faudroit avoir présents à l'esprit tous les détails de la situation où j'étois pour lors et toutes les circonstances qui la rendoient accablante : seul, sans appui, sans conseil, sans guide, à la merci des gens chargés de disposer de moi, livré par leur soin à la haine publique que je voyois, que je sentois en frémissant, sans qu'il me fût possible d'en apercevoir, d'en conjecturer au moins la cause, pas même, ce qui paroît incroyable, de savoir les nouvelles publiques et de lire les gazettes; environné des plus noires ténèbres à travers lesquelles je n'apercevois que de sinistres objets; confiné pour tout asile, aux approches de l'hiver, dans un méchant cabaret; et d'autant plus effrayé de ce qui venoit de m'arriver à Trye, que j'en voyois la suite et l'effet à Grenoble.

L'aventure de Thevenin, que j'attribuois aux intrigues des Anglois et des gens de lettres, m'apprit que ces intrigues venoient de plus près et de plus haut. J'avois cru ce Thevenin aposté seule-

ment par le sieur Bovier; j'appris par hasard que
Bovier n'agissoit dans cette affaire que par l'ordre
de M. l'intendant; ce qui ne me donna pas peu à
penser. M. de Tonnerre, après m'avoir hautement
promis toute la protection dont j'avois besoin pour
approfondir cette affaire, me pressa de la suivre,
et me proposa le voyage de Grenoble pour m'aboucher avec ledit Thevenin. La proposition me
parut bizarre après les preuves péremptoires que
j'avois données. J'y consentis néanmoins. Quand
j'eus fait ce voyage, et que, malgré mon ineptie,
son imposture fut parvenue au plus haut degré
d'évidence, M. de Tonnerre, oubliant l'assurance
qu'il m'avoit donnée, m'offrit de punir ce malheureux par quelques jours de prison, ajoutant qu'il
ne pouvoit rien de plus. Je n'acceptai point cette
offre, et l'affaire en demeura là. Mais il resta clair,
par l'expérience, qu'un imposteur adroit pourroit
m'embarrasser, et que je manquois souvent du sang
froid et de la présence d'esprit nécessaires pour
me démêler de ses ruses. Je crus aussi m'apercevoir
que c'étoit là ce qu'on avoit voulu savoir, et que
cette connoissance influoit sur les intrigues dont
j'étois l'objet. Cette idée m'en rappela d'autres auxquelles jusqu'alors j'avois fait peu d'attention, et
des multitudes d'observations que j'avois rejetées
comme les vaines inquiétudes d'une imagination
effarouchée par mes malheurs.

Pour remonter à un événement qui n'est pas

sans mystère, l'époque du décret contre ma personne me parut avoir été celle d'une sourde trame contre ma réputation, qui, d'année en année, étendit doucement ses menées; jusqu'à ce que mon départ pour l'Angleterre, les manœuvres de M. Hume, et la lettre de M. Walpole, les mirent plus à découvert; jusqu'à ce qu'ayant écarté de moi tout le monde, hors les fauteurs du complot, on put me traîner dans la fange ouvertement et impunément.

C'est ainsi que peu à peu tout changeoit autour de moi. Le langage même de mes connoissances changeoit très-sensiblement : il régnoit jusque dans leurs éloges une affectation de réserve, d'équivoque et d'obscurité, qu'ils n'avoient jamais eue auparavant; et M. de Mirabeau m'ayant écrit à Wootton pour m'offrir un asile en France, prit un ton si bizarre, et se servoit de tournures si singulières, qu'il me falloit toute la sécurité de l'innocence et toute ma confiance en ses avances d'amitié pour n'être pas choqué d'un pareil langage. J'y fis pour lors si peu d'attention que je n'en vins pas moins en France à son invitation; mais j'y trouvai un tel changement par rapport à moi, et une telle impossibilité d'en découvrir la cause, que ma tête, déjà altérée par l'air sombre de l'Angleterre, s'affectoit davantage de plus en plus. Je m'aperçus qu'on cherchoit à m'ôter la connoissance de tout ce qui se passoit autour de moi. Il n'y avoit pas là de quoi me tranquilliser; encore moins dans les traitements dont, à l'insu de M. le prince de Conti (du moins je le croyois ainsi), l'on m'accabloit au château de Trye. Le bruit en étant parvenu jusqu'à S. A. S., elle n'épargna rien pour y mettre ordre, quoique toujours sans succès, sans doute parce que l'impulsion secrète en venoit à la fois du dedans et du dehors. Enfin, poussé à bout, je pris le parti de m'adresser à madame de Luxembourg, qui, pour toute assistance, me fit faire de bouche une réponse assez sèche, très-peu consolante, et qui ne répondoit guère aux bontés dont ce prince paroissoit m'accabler.

Depuis très-long-temps, et long-temps même avant le décret, j'avois remarqué dans cette dame un grand changement de ton et de manières envers moi. J'en attribuois la cause à un refroidissement assez naturel de la part d'une grande dame, qui, d'abord s'étant trop engouée de moi sur mes écrits, s'en étoit ensuite ennuyée par ma bêtise dans la conversation, et par ma gaucherie dans la société. Mais il y avoit plus, et j'avois trop d'indices de sa secrète haine pour pouvoir raisonnablement en douter. Je jugeois même que cette haine étoit fondée sur des balourdises de ma part, bien innocentes assurément dans mon cœur, bien involontaires, mais que jamais les femmes ne pardonnent, quoiqu'on n'ait eu nulle intention de les offenser. Je flottois pourtant toujours dans cette opinion, ne pouvant me persuader qu'une femme de ce rang, qui m'avoit si bien connu, qui m'avoit marqué tant de bienveillance et même d'empressement, la veuve d'un seigneur qui m'honoroit d'une amitié particulière, pût jamais se résoudre à me haïr assez cruellement pour vouloir travailler à ma perte. Une seule chose m'avoit paru toujours inexplicable. En partant de Montmorency, j'avois laissé à M. de Luxembourg tous mes papiers les uns déjà triés, les autres qu'il se chargea de trier lui-même pour me les envoyer avec les premiers, et brûler ce qui m'étoit inutile. En recevant cet envoi, je trouvai qu'il manquoit dans le triage plusieurs manuscrits que j'y avois mis, et nombre de lettres, indifférentes en elles-mêmes, mais qui faisoient lacune dans la suite que j'avois voulu conserver, ayant déjà formé le projet d'écrire un jour mes mémoires. Cette infidélité me frappa. Je ne pouvois l'attribuer à M. le maréchal, dont je connoissois la droiture invariable et la vérité de son amitié pour moi : je n'osois non plus en soupçonner madame la maréchale, sachant surtout qu'on ne pouvoit tirer de ces papiers aucun usage qui pût me nuire, à moins de les falsifier. Je présumai que M. d'Alembert, qui depuis quelque temps s'étoit introduit auprès d'elle, avoit trouvé le moyen de fureter ces papiers et d'en enlever ce qu'il lui avoit plu, soit pour tirer de ces papiers ce qui lui pouvoit convenir, soit pour tâcher de me

susciter quelque tracasserie. Comme j'étois déjà
déterminé à quitter tout-à-fait la littérature, je
m'inquiétai peu de ces larcins, qui n'étoient pas
les premiers de la même main que j'avois endurés
sans m'en plaindre [1].

Par trait de temps, et malgré quelques démonstrations affectées et toujours plus rares, les sentiments secrets de madame de Luxembourg se manifestoient davantage de jour en jour : cependant, craignant toujours d'être injuste, je ne cessai point de me confier à elle dans mes malheurs, quoique toujours sans réponse et sans succès. Enfin, en dernier lieu, ayant écrit à M. de Choiseul pour lui demander, dans l'extrémité où j'étois, un passeport pour sortir du royaume, et n'ayant point de réponse, j'écrivis encore à madame de Luxembourg, qui ne me fit aucune réponse non plus. Ce silence, dans la circonstance, me parut décisif, et j'en conclus que si cette dame n'entroit pas directement dans le complot, du moins elle en étoit instruite, et ne vouloit m'aider ni à le connoître ni à m'en tirer. Je reçus le passeport lorsque j'avois cessé de l'attendre. M. de Choiseul l'accompagna d'une lettre d'un style obscur, ambigu, choquant même,

---

[1] Sans parler ici de ses *Éléments de Musique*, je venois de parcourir un *Dictionnaire des Beaux-Arts* portant le nom d'un M. Lacombe, dans lequel je trouvai beaucoup d'articles tout entiers de ceux que j'avois faits en 1749 pour l'*Encyclopédie*, et qui depuis nombre d'années étoient dans les mains de M. d'Alembert.

et assez semblable à celui des lettres de M. de
Mirabeau. Je jugeai qu'on ne m'avoit fait attendre
ainsi le passeport que pour se donner le temps de
machiner à son aise dans les lieux où l'on savoit
que j'avois dessein d'aller. Cette idée me fit changer
sur-le-champ toutes mes résolutions, et prendre
celle de retourner en Angleterre, où, pour le coup,
j'avois tout lieu de croire que je n'étois pas attendu.
J'écrivis à l'ambassadeur, j'écrivis à M. Davenport;
mais, tandis que j'attendois mes réponses, j'aperçus
autour de moi une agitation si marquée, j'entendis
rebattre à mes oreilles des propos si mystérieux;
Bovier m'écrivoit de Grenoble des lettres si inquiétantes, qu'il fût clair qu'on cherchoit à m'alarmer et me troubler tout-à-fait; et l'on réussit.
Ma tête s'affecta de tant d'effrayants mystères, dont
on s'efferçoit d'augmenter l'horreur par l'obscurité.
Précisément dans le même temps, on arrêta, dit-
on, sur la frontière du Dauphiné, un homme qu'on
disoit complice d'un attentat exécrable : on m'assura que cet homme passoit par Bourgoin [1]. La rumeur fut grande, les propos mystérieux allèrent
leur train, avec l'affectation la plus marquée. Enfin, quand on auroit formé le projet d'achever de
me rendre tout-à-fait frénétique, on n'auroit pas
pu mieux s'y prendre ; et si la plus noire fureur ne

---

[1] Comme on n'a plus entendu parler, que je sache, de ce prétendu prisonnier, je ne doute point que tout cela ne fût un jeu barbare et digne de mes persécuteurs.

s'empara pas alors de mon ame, c'est que les mouvements de cette espèce ne sont pas dans sa nature. Vous sentez du moins que, dans l'émotion successive qu'on m'avoit donnée, il n'y avoit pas là de quoi me tranquilliser, et que tant de noires idées, qu'on avoit soin de renouveler et d'entretenir sans cesse, n'étoient pas propres à rendre aux miennes leur sérénité. Continuant cependant à me disposer au prochain départ pour l'Angleterre, je visitois à loisir les papiers qui m'étoient restés, et que j'avois dessein de brûler, comme un embarras inutile que je traînois après moi. Je commençois cette opération sur un recueil transcrit de lettres, que j'avois discontinué depuis long-temps, et j'en feuilletois machinalement le premier volume, quand je tombai par hasard sur la lacune dont j'ai parlé, et qui m'avoit toujours paru difficile à comprendre. Que devins-je en remarquant que cette lacune tomboit précisément sur le temps de l'époque dont le prisonnier qui venoit de passer m'avoit rappelé l'idée, et à laquelle, sans cet événement, je n'aurois pas plus songé qu'auparavant ! Cette découverte me bouleversa ; j'y trouvai la clef de tous les mystères qui m'environnoient. Je compris que cet enlèvement de lettres avoit certainement rapport au temps où elles avoient été écrites, et que quelque innocentes que fussent ces lettres, ce n'étoit pas pour rien qu'on s'en étoit emparé. Je conclus de là que depuis plus de six ans ma perte étoit jurée, et que ces lettres, inutiles à tout autre usage, servoient à fournir les points fixes des temps et des lieux pour bâtir le système d'impostures dont on vouloit me rendre la victime.

Dès l'instant même je renonçai au projet d'aller en Angleterre, et, sans balancer un moment, je résolus de m'exposer, armé de ma seule innocence, à tous les complots que la puissance, la ruse et l'injustice pouvoient tramer contre elle [1]. La nuit même où je fis cette affreuse découverte, je songeois, sachant bien que toutes mes lettres étoient ouvertes à la poste, à profiter du retour de M. Pepin de Belleisle [2], qui, m'étant venu voir la veille, m'accabloit des plus pressantes offres de service; et je lui remis le matin une lettre pour madame de Brionne, qui en contenoit une autre pour M. le prince de Conti, l'une et l'autre écrites si à la hâte, qu'ayant été contraint d'en transcrire une, j'envoyai le brouillon au lieu de la copie.

Tels sont, autant que je puis me le rappeler, le sujet et l'occasion desdites lettres : car, encore une fois, l'agitation où j'étois en les écrivant ne m'a pas permis de garder un souvenir bien distinct de tout ce qui s'y rapporte.

[1] Ce fut par une suite de cette même résolution que je conservai mon recueil de lettres, dont heureusement je n'avois encore déchiré et brûlé que quelques feuillets.

[2] Il venoit d'accompagner en Piémont madame la princesse de Carignan.

OBSERVATION. — Rousseau donne dans cette lettre des détails importants sur les motifs qu'il a de se croire l'objet d'un complot général. Cette idée lui vint dans le cabaret qu'il habitoit à Bourgoin, à propos de l'enlèvement d'une partie de sa correspondance qui avoit rapport à un événement qu'il ne désigne pas avec assez de précision pour qu'on puisse se permettre des conjectures. La récapitulation qu'il fait et les nouvelles explications qu'il donne aux événements antérieurs font voir que cette lettre est celle d'un homme affecté d'une maladie morale, qui, par le compte qu'il rend de cette maladie, en démontre l'existence; d'un malade qui a le sentiment de son mal : situation d'autant plus pénible que ce sentiment l'aggrave encore, quand son effet devroit être de le faire cesser... On ignore à qui cette lettre fut adressée.

LETTRE CMXL.

A M......

Paris, le 24 novembre 1770.

Soyez content, monsieur, vous et ceux qui vous dirigent. Il vous falloit absolument une lettre de moi : vous m'avez voulu forcer à l'écrire, et vous avez réussi : car on sait bien que quand quelqu'un nous dit qu'il veut se tuer, on est obligé, en conscience, à l'exhorter de n'en rien faire.

Je ne vous connois point, monsieur, et n'ai nul désir de vous connoître ; mais je vous trouve très à plaindre, et bien plus encore que vous ne pensez : néanmoins, dans tout le détail de vos malheurs, je ne vois pas de quoi fonder la terrible résolution que vous m'assurez avoir prise. Je connois l'indigence et son poids aussi bien que vous, tout au moins; mais jamais elle n'a suffi seule pour déterminer un homme de bon sens à s'ôter la vie. Car enfin le pis qu'il puisse arriver est de mourir de faim, et l'on ne gagne pas grand'chose à se tuer pour éviter la mort. Il est pourtant des cas où la misère est terrible, insupportable; mais il en est où elle est moins dure à souffrir : c'est le vôtre. Comment, monsieur, à vingt ans, seul, sans famille, avec de la santé, de l'esprit, des bras et un bon ami, vous ne voyez d'autre asile contre la misère que le tombeau? sûrement vous n'y avez pas bien regardé.

Mais l'opprobre..... La mort est à préférer, j'en conviens; mais encore faut-il commencer par s'assurer que cet opprobre est bien réel. Un homme injuste et dur vous persécute; il menace d'attenter à votre liberté: eh bien! monsieur, je suppose qu'il exécute sa barbare menace, serez-vous déshonoré pour cela? Des fers déshonorent-ils l'innocent qui les porte? Socrate mourut-il dans l'ignominie? Et où est donc, monsieur, cette superbe morale que vous étalez si pompeusement dans vos lettres? et comment avec des maximes si sublimes, se rend-on ainsi l'esclave de l'opinion? Ce n'est pas tout : on diroit, à vous entendre, que vous n'avez d'autre alternative que de mourir ou de vivre en captivité.

Et point du tout, vous avez l'expédient tout simple de sortir de Paris : cela vaut encore mieux que de sortir de la vie. Plus je relis votre lettre, plus j'y trouve de colère et d'animosité. Vous vous complaisez à l'image de votre sang jaillissant sur votre cruel parent, vous vous tuez plutôt par vengeance que par désespoir, et vous songez moins à vous tirer d'affaire qu'à punir votre ennemi. Quand je lis les réprimandes plus que sévères dont il vous plaît d'accabler fièrement le pauvre Saint-Preux, je ne puis m'empêcher de croire que, s'il étoit là pour vous répondre, il pourroit, avec un peu plus de justice, vous en rendre quelques-unes à son tour.

Je conviens pourtant, monsieur, que votre lettre est très-bien faite, et je vous trouve fort disert pour un désespéré. Je voudrois vous pouvoir féliciter sur votre bonne foi comme sur votre éloquence ; mais la manière dont vous narrez notre entrevue ne me le permet pas trop. Il est certain que je me serois, il y a dix ans, jeté à votre tête, que j'aurois pris votre affaire avec chaleur ; et il est probable que, comme dans tant d'affaires semblables dont j'ai eu le malheur de me mêler, la pétulance de mon zèle m'eût plus nui qu'elle ne vous auroit servi. Les plus terribles expériences m'ont rendu plus réservé ; j'ai appris à n'accueillir qu'avec circonspection les nouveaux visages, et dans l'impossibilité de remplir à la fois tous les nombreux devoirs qu'on m'impose, à ne me mêler que des gens que je connois. Je ne vous ai pourtant point refusé le conseil que vous m'avez demandé. Je n'ai point approuvé le ton de votre lettre à M. de M...; je vous ai dit ce que j'y trouvois à reprendre; et la preuve que vous entendîtes bien ce que je vous disois, est que vous y répondîtes plusieurs fois. Cependant vous venez me dire aujourd'hui que le chagrin que je vous montrai ne vous permit pas d'entendre ce que je vous dis, et vous ajoutez qu'après de mûres délibérations il vous sembla d'apercevoir que je vous blâmois de vous être un peu trop abandonné à votre haine : mais vraiment il ne falloit pas de bien mûres délibérations pour apercevoir cela, car je vous l'avois bien articulé, et je m'étois assuré que vous m'entendiez fort bien. Vous m'avez demandé conseil, je ne vous l'ai point refusé, j'ai fait plus : je vous ai offert, je vous offre encore d'alléguer, en ce qui dépend de moi, la dureté de votre situation. Je ne vois pas, je vous l'avoue, en quoi vous pouvez vous plaindre de mon accueil; et si je ne vous ai point accordé de confiance, c'est que vous ne m'en avez point inspiré.

Vous ne voulez point, monsieur, faire part de l'état de votre ame et de votre dernière résolution à votre bienfaiteur, à votre consolateur, dans la crainte que, voulant prendre votre défense, il ne se compromît inutilement avec un ennemi puissant qui ne lui pardonneroit jamais; c'est à moi que vous vous adressez pour cela, sans doute à cause de mon grand crédit et des moyens que j'ai de vous servir, et qu'un ennemi de plus ne vous paroît pas une grande affaire pour quelqu'un dans ma situation. Je vous suis obligé de la préférence, j'en userois si j'étois sûr de pouvoir vous servir; mais, certain que l'intérêt qu'on me verroit prendre à vous ne feroit que vous nuire, je me tiens dans les bornes que vous m'avez demandées.

A l'égard du jugement que je porterai de la résolution que vous me marquez avoir prise, quand j'en apprendrai l'exécution, ce ne sera sûrement pas de penser que *c'étoit là le but, la fin, l'objet moral de la vie;* mais au contraire que *c'étoit le comble de l'égarement, du délire et de la fureur.* S'il étoit quelque cas où l'homme eût le droit de se délivrer de sa propre vie, ce seroit pour des maux intolérables et sans remède, mais non pas pour une situation dure, mais passagère, ni pour des maux qu'une meilleure fortune peut finir dès demain. La misère n'est jamais un état sans ressources, surtout à votre âge; elle laisse toujours l'espoir bien fondé de la voir finir quand on y travaille avec courage, et qu'on a des moyens pour cela. Si vous craignez que votre ennemi n'exécute sa menace, et que vous ne vous sentiez pas la constance de supporter ce malheur, cédez à l'orage et quittez Paris : qui vous en empêche ? Si vous aimez mieux le braver, vous le pouvez, non sans danger, mais sans opprobre. Croyez-vous être le seul qui ait des ennemis puissants, qui soit en péril dans Paris, et qui ne laisse pas d'y vivre tranquille, en mettant les hommes au pis, content de se dire à lui-même : Je reste au pouvoir de mes ennemis dont je connois la ruse et la puissance, mais j'ai fait en sorte qu'ils ne puissent jamais me faire de mal justement? Monsieur, celui qui se parle ainsi peut vivre tranquille au milieu d'eux, et n'est point tenté de se tuer.

OBSERVATION.—Cette lettre, pleine de sens et de raison, est bien différente de la précédente. Elle ne détruit point l'opinion que nous avons énoncée sur la mort de Rousseau, puisqu'il pense qu'il y a des cas où l'homme a le droit de se délivrer de la vie.

LETTRE CMXLI.

A M. DUSAULX.

Paris, 17$\frac{4}{1}$71.

Pauvres aveugles que nous sommes! etc.

Si M. Dusaulx faisoit quelquefois collation sur le bout du banc, pour être au lit à dix heures, je lui proposerois aujourd'hui un petit souper, non d'Apicius, mais d'Épicure, et tel qu'on n'en fait guère à Paris. Ce souper, j'y ai pourvu, seroit animé d'une bouteille de son vin d'Espagne [1], surtout de sa présence et de son entretien. S'il consent, je lui demande un petit *oui*, afin que le plaisir de le voir soit précédé de celui de l'attendre, à moins qu'il n'aime mieux croire que ce soit pour faire d'avance les préparatifs du festin.

Les respects de ma femme et les miens à madame Dusaulx.

LETTRE CMXLII.

AU MÊME.

17 9/1 71.

Pauvres aveugles que nous sommes! etc.

MONSIEUR,

Je suis toujours frappé de l'idée que vous avez eue de me mettre, dans le livre que vous faites, en pendant avec un scélérat abominable qui fait du masque de la vertu l'instrument du crime, et

[1] Il avoit envoyé demander cette bouteille chez Dusaulx; mais au lieu d'une on en apporta douze, générosité au moins fort maladroite, et qui dut paroître à Rousseau d'autant plus offensante, que son procédé étoit franc et aimable. Rousseau donc s'en fâcha, et certainement il avoit raison; cependant la querelle n'eut pas de suite.

qui, selon vous, la rend aussi touchante dans ses discours qu'elle l'est dans mes écrits. J'ai toujours cru, je crois encore qu'il faut sincèrement aimer la vertu pour savoir la rendre aimable aux autres, et que quiconque y croit de bonne foi distingue aisément dans son cœur le langage de l'hypocrisie d'avec celui que le cœur a dicté. Vous me dites pour excuse que vous portiez ce jugement à l'âge de dix-sept ans; mais, monsieur, vous n'aviez pas lu mes écrits : c'est à l'âge où vous êtes, c'est au moment que vous écrivez que vous identifiez l'impression que vous fait leur lecture avec celle des discours du fourbe dont il s'agit. Si c'est là la seule ou la plus honorable mention que vous faites dans votre ouvrage d'un homme à qui vous marquez, entre vous et lui, tant d'estime et d'empressement, le tour, si c'est un éloge, est neuf et bizarre; si c'est un art employé pour appuyer couvertement l'imposture, il est infernal. Vous paroissez disposé à changer dans le passage ce qui peut m'y déplaire : je vous l'ai déjà dit, monsieur, n'y changez rien; s'il a pu vous plaire un moment, il ne me déplaira jamais. Je suis bien aise que tout le monde sache quelle place vous donnez dans vos écrits à un homme qu'en même temps vous recherchez avec tant de zèle, et à qui vous paroissez, du moins en parlant à lui, en donner une si belle dans votre estime et dans votre cœur. Cette remarque m'en rappelle d'autres trop petites pour être citées, mais sur l'effet desquelles je veux vous ouvrir le mien..

Après m'avoir dit si souvent en si beaux termes que vous me connoissiez, m'aimiez, m'estimiez, m'honoriez parfaitement, il est constant, et je le dis, de tout mon cœur, que les prévenances et les honnêtetés dont vous m'avez comblé, adressées, dans votre intention comme dans la vérité, à un homme de bien et d'honneur, ont à ma reconnoissance et à mon attachement un droit que je serai toujours empressé d'acquitter.

Mais, s'il étoit possible, au contraire, que, m'ayant pris pour un hypocrite et un scélérat, vous m'eussiez cependant prodigué tant d'avances, de caresses et de cajoleries de toute espèce, pour capter ma confiance et mon amitié ; soit parce que mon caractère supposé conviendroit au vôtre, soit pour aller par astuce à des fins que vous me cacheriez avec soin ; dans ce cas, il n'en est pas moins sûr qu'en tout état de choses possibles vous ne seriez vous-même qu'un vil fourbe et un malhonnête homme, digne de tout le mépris que vous auriez eu pour moi.

J'aurois bien quelque chose encore à vous dire; mais je m'en tiens là quant à présent. Voilà, monsieur, un doute que j'ai senti naître avec douleur, et qui s'augmente au point d'être intolérable. Je vous le déclare avec ma franchise ordinaire, dont, quelque mal qu'elle m'ait fait et qu'elle me fasse, je ne me départirai jamais. Je vous montre bien mes sentiments : montrez-moi si bien les vôtres que je sache avec certitude ce que vous pensez de moi. Je me souviens de vous avoir dit que si jamais je me défiois de vous, ce seroit votre faute. Vous voilà dans le cas; c'est à vous d'y pourvoir, au moins si vous donnez quelque prix à mon estime. En y pourvoyant, n'en faites pas à deux fois, car je vous avertis qu'à la seconde vous n'y seriez plus à temps.

Je me suis confié à vous, monsieur, et à d'autres que je ne connoissois pas plus que vous. Le témoignage intérieur de l'innocence et de la vérité m'a fait croire qu'il suffisoit d'épancher mon cœur dans des cœurs d'hommes pour y verser le sentiment dont il étoit plein. J'espère ne m'être pas trompé dans mon choix; mais quand cet espoir m'abuseroit, je n'en serois point abattu. La vérité, le temps, triompheront enfin de l'imposture, et de mon vivant même elle n'osera soutenir mes regards. Son plus grand soin, son plus grand art est de s'y dérober; mais cet art même la décèle. Jamais on n'a vu, jamais on ne verra le mensonge marcher fièrement à la face du soleil en interpellant à grands cris la vérité; et celle-ci devenir cauteleuse, craintive et traîtresse, se masquer devant lui, fuir sa présence, n'oser l'accuser qu'en secret, et se cacher dans les ténèbres.

Je vous fais, monsieur, mes très-humbles salutations.

LETTRE CMXLIII.

AU MÊME.

$17\frac{16}{2}71.$

Pauvres aveugles que nous sommes ! etc.

En lisant, monsieur, et relisant votre lettre, je sens qu'il me faut du temps pour y penser. Permettez que j'attende le retour du sang froid. Un homme comme vous mérite bien qu'on délibère quand il s'agit de s'en détacher. Je vous salue très-humblement.

ROUSSEAU.

LETTRE CMXLIV.

AU MÊME.

$17\frac{16}{2}71.$

Pauvres aveugles que nous sommes ! etc.

J'ai voulu, monsieur, mettre un intervalle entre votre dernière lettre et celle-ci pour laisser calmer mes premiers mouvements et agir ma raison seule.

Votre lettre est bien plus employée à me dire ce que je dois penser de vous que ce que vous pensez de moi, quoique je vous eusse prévenu que de ce dernier jugement dépendoit absolument l'autre. Il faut pourtant que je me décide et que je vous juge en ce qui me regarde, quoique j'aie renoncé, comme vous me le conseillez, à juger des hommes, bien convaincu que l'obscur labyrinthe de leurs cœurs m'est impénétrable, à moi dont le cœur transparent comme le cristal ne peut cacher aucun de ses mouvements, et qui, jugeant si long-temps des autres par moi, n'ai cessé depuis vingt ans d'être leur jouet et leur victime.

A force de m'environner de ténèbres, on m'a cependant rendu quelquefois plus clairvoyant, et l'expérience et la nécessité me font apercevoir bien des choses par le soin même qu'on prend pour me les cacher. J'ai vu dans votre conduite avec moi les honnêtetés les plus marquées, les attentions les plus obligeantes, et des fins secrètes à tout cela : j'y ai même démêlé des signes de peu d'estime en bien des points, et surtout dans les fréquents petits cadeaux auxquels vous m'avez apparemment cru très-sensible, au lieu qu'ils me sont indifférents ou suspects : *Timeo Danaos, et dona ferentes.* C'est précisément par le peu de cas que j'en fais que je ne les refuse plus, lassé des tracasseries et des ridicules que m'attirèrent long-temps ces refus, par la malignité des donneurs qui avoient

leurs vues, et bien sûr, en recevant tout et oubliant tout, d'écarter enfin plus sûrement toutes
ces petites amorces. Je cherchois un logement;
vous avez voulu m'avoir pour voisin et presque
pour hôte : cela étoit bon et amical; mais j'ai vu
que vous vouliez trop, et que vous cherchiez à
m'attirer : vous avez fait tout le contraire. Vous
avez cru que j'aimois les dîners; vous avez cru que
j'aimois les louanges. Tout, à travers la pompe de
vos paroles, m'a prouvé que j'étois mal connu de
vous. Les je ne sais quoi, trop longs à dire, mais
frappants à remarquer, m'ont averti qu'il y avoit
quelque mystère caché sous vos caresses, et tout a
confirmé mes premières observations.

L'article que vous m'avez lu a achevé de m'é-
clairer. Plus j'y ai réfléchi, moins je l'ai trouvé naturel, dans ma situation présente, de la part d'un
bienveillant. Vous me faites trop valoir le soin que
vous avez pris de me lire cet article. Vous avez
prévu que je le verrois un jour, et vous sentiez ce
que j'en aurois pu penser et dire, si vous me l'eussiez tu jusqu'à la publication. Vous avez cru me
leurrer par ce mot d'illustre. Ah! vous êtes trop
loin de voir combien la réputation d'homme bon,
juste et vrai, que je gardai quarante ans, et que
je n'ai jamais mérité de perdre, m'est plus chère
que vos glorioles littéraires, dont j'ai si bien senti
le néant. Ne changeons point, monsieur, l'état de
la question. Il ne s'agit pas de savoir comment vous

vous y êtes pris pour faire passer un article aussi captieux, mais comment il vous est venu dans l'esprit de l'écrire, de me mettre gracieusement en parallèle avec un exécrable scélérat, et cela précisément au moment où l'imposture n'épargne aucune ruse pour me noircir. Mes écrits respirent l'amour de la vertu dont le cœur de l'auteur étoit embrasé. Quoi que mes ennemis puissent faire, cela se sent et les désole. Dites-moi si, pour énerver ce sentiment honorable et juste, aucun d'eux s'y prit plus adroitement que vous.

Et maintenant, au lieu de me dire nettement quel jugement vous portez de moi, de mes sentiments, de mes mœurs, de mon caractère, comme vous le deviez dans la circonstance, et comme je vous en avois conjuré, vous me parlez de larmes d'attendrissement et d'un intérêt de commisération; comme si c'étoit assez pour moi d'exciter votre pitié, sans prétendre à des sentiments plus honorables! Je vous estime encore, me dites-vous, mais je vous plains. Moi, je vous réponds : Quiconque ne m'estimera que par grâce trouvera difficilement en moi la même générosité.

Je voudrois, monsieur, entendre un peu plus clairement quel est ce grand intérêt que vous dites prendre en moi. Le premier, le plus grand intérêt d'un homme est son honneur. Vous auriez, dites-vous, donné un bras pour m'en sauver un! C'est beaucoup, et c'est même trop : je n'aurois pas donné mon bras pour sauver le vôtre ; mais je l'aurois donné, je le jure, pour la défense de votre honneur. Entouré de tous ces preneurs d'intérêt qui ne cherchent qu'à me donner, comme faisoit aux passants ce Romain, un écu et un soufflet à chaque rencontre, je ne prends pas le change sur cet intérêt prétendu : je sais qu'ils n'ont d'autre but dans leur fausse bienveillance que d'ajouter à leurs noirceurs, quand je m'en plains, le reproche d'ingratitude.

« Le généreux, le vertueux Jean-Jacques Rous-« seau inquiet et méfiant comme un lâche criminel ! » Monsieur Dusaulx, si, vous sentant poignarder par derrière par des assassins masqués, vous poussiez, en vous retournant, les cris de la douleur et de l'indignation, que diriez-vous de celui qui pour cela vous reprocheroit froidement d'être inquiet et méfiant comme un lâche criminel ?

Il n'y aura jamais que des cœurs capables du crime qui puissent en soupçonner le mien; et quant à la lâcheté, malgré tout l'effroi qu'on a voulu me donner, me voici dans Paris, seul, étranger, sans appui, sans amis, sans parents, sans conseil, armé de ma seule innocence et de mon courage, à la merci des adroits et puissants persécuteurs qui me diffament en se cachant, les provoquant, et leur criant : Parlez haut, me voilà. Ma foi, monsieur, si quelqu'un fait lâchement le plongeon dans cette affaire, il me semble que ce n'est pas moi.

Je veux être juste toujours. S'il n'y a contre moi nulle œuvre de ténèbres, votre reproche est fondé, j'en conviens; mais s'il existe une pareille œuvre, et que vous le sachiez très-bien, convenez aussi que ce même reproche est bien barbare. Je prends là-dessus votre conscience pour juge entre vous et moi.

Vous me trompez, monsieur : j'ignore à quelle fin, mais vous me trompez. C'est assurément tromper un homme à qui l'on marque la plus tendre affection, que de lui cacher les choses qui le regardent et qu'il lui importe le plus de savoir. Encore une fois, j'ignore vos motifs; mais je sais qu'on ne trompe personne pour son bien. Je n'attaque à tout autre égard ni votre droiture, ni vos vertus; je n'explique point cette inconséquence. Je ne sais qu'une seule chose, mais je la sais très-bien, c'est que vous me trompez.

Je veux que tout le monde lise dans mon cœur, et que ceux avec qui je vis sachent comme moi-même ce que je pense d'eux, quoiqu'une malheureuse honte, que je ne puis vaincre, m'empêche de le leur dire en face. C'est afin que vous n'ignoriez pas mes sentiments que je vous écris. Du reste, mon intention n'est de rompre avec vous qu'autant que cela vous conviendra : je vous laisse le choix. Si je connoissois un seul homme à ma portée dont le cœur fût ouvert comme le mien, qui eût autant en horreur la dissimulation, le miensonge; qui dédaignât, qui refusât de hanter ceux auxquels il n'oseroit dire ce qu'il pense d'eux, j'irois à cet homme, et, très-sûr d'en faire mon ami, je renoncerois à tous les autres; il seroit pour moi le genre humain : mais, après dix ans de recherches inutiles, je me lasse, et j'éteins ma lanterne. Environné de gens qui, sous un air d'intérêt grossièrement affecté, me flattent pour me surprendre, je les laisse faire, parce qu'il faut bien vivre avec quelqu'un, et qu'en quittant ceux-là pour d'autres, je ne trouverois pas mieux. Du reste, s'ils ne voient pas ce que je pense d'eux, c'est assurément leur faute. Je suis toujours surpris, je l'avoue, de les voir m'étaler pompeusement et leurs vertus et leur amitié pour moi; je cherche inutilement comment on peut être vertueux et faux tout à la fois, comment on peut se faire un honneur de tromper les gens qu'on aime. Non, je n'aurois jamais cru qu'on pût être aussi fiers d'être des traîtres.

Livré depuis long-temps à ces gens-là, j'aurois tort assurément d'être difficile en liaisons, et bien plus de me refuser à la vôtre, puisque votre société me paroît très-agréable, et que, sans vous confondre avec tous les empressés qui m'entourent, je vous compte parmi ceux *que j'estime le plus.* Ainsi je vous laisse le maître de me voir ou de ne me pas voir, comme il vous conviendra. Pour de l'intimité, je n'en veux plus avec personne, à moins que, contre toute apparence, je ne trouve fortuitement l'homme juste et vrai que j'ai cessé de chercher. Quiconque aspire à ma confiance doit commencer par me donner la sienne; et du reste, malade ou non, pauvre ou riche, je trouverai toujours très-mauvais que, sous prétexte d'un zèle que je n'accepte point, qui que ce soit veuille malgré moi se mêler de mes affaires.

Je viens de vous ouvrir mon cœur sans réserve; c'est à vous maintenant de consulter le vôtre, et de prendre le parti qui vous conviendra [1].

---

[1] Dusaulx fit à cette lettre une réponse à laquelle Rousseau ne répliqua pas. « Je ne sache pas, dit Dusaulx à ce sujet, que depuis « notre éternelle séparation, il soit sorti de sa bouche un seul mot « capable de m'offenser : au contraire, j'ai appris avec reconnois- « sance qu'il s'étoit expliqué sur mon compte d'une manière trop « honorable pour le répéter..... Je ne l'ai depuis rencontré qu'une « fois par hasard aux travaux de l'Étoile voisine des champs ély- « sées. Son premier mouvement et le mien furent réciproquement « de tomber dans les bras l'un de l'autre; mais il s'arrêta au milieu « de son élan. Qui l'a donc retenu? la méfiance dont un accès plus « violent qu'à l'ordinaire le saisit tout à coup. Situé sur le bord d'une « tranchée profonde, et me voyant à ses côtés, il craignit appa- « remment que je ne l'y précipitasse; tout, du moins, m'autori- « soit à le croire. Il trembloit de tous ses membres. Tantôt il éle- « voit des bras suppliants vers le ciel; tantôt, comme s'il eût invoqué « ma pitié, il me montroit l'abîme ouvert sous ses pas. Je ne com- « pris que trop ce langage muet. M'éloignant de lui, je tâchai de « le rassurer par les plus tendres démonstrations; quoiqu'il en « parût touché, il passa son chemin. » *De mes rapports avec J. J. Rousseau*, page 189.

LETTRE CMXLV.

A M. DU PEYROU.

Paris, 17 25/3 71.

Jamais, mon cher hôte, un homme sage et ami de la justice, quelque preuve qu'il croie avoir, ne condamne un autre homme sans l'entendre, ou sans le mettre à portée d'être entendu. Sans cette loi, la première et la plus sacrée de tout le droit naturel, la société, sapée par ses fondements, ne seroit qu'un brigandage affreux, où l'innocence et la vérité sans défense seroient en proie à l'erreur et à l'imposture. Quoiqu'en cette occasion le sujet soit un peu moins grave, j'ai cependant à me plaindre que pour quelqu'un qui dit tant croire à la vertu, vous me jugiez si légèrement à votre ordinaire.

1º Il n'y a que peu de jours que j'ai reçu votre lettre du 15 novembre, avec le billet sur vos banquiers qu'elle contenoit. Par une fraude des facteurs qui s'entendoient avec je ne sais qui, mes lettres ont resté plusieurs mois sans cours à la poste; et ce n'est qu'après un entretien avec un de ces messieurs qui me vint voir, que l'affaire fut éclaircie, que le grief fut redressé, et qu'on me promit que pareille chose n'arriveroit plus à l'avenir. En conséquence de ce redressement, on m'apporta toutes mes lettres, dont, vu l'énormité des ports, je ne retirai que la vôtre seule que je reconnus à l'écriture et au cachet. Il eût été malhonnête de faire usage de votre ordre sur vos banquiers avant de vous en accuser la réception, et mes occupations ne m'ayant pas laissé, depuis huit jours, le temps de vous écrire, avant d'avoir répondu à cette première lettre, j'ai reçu la seconde du 19 mars avec le *duplicata* de votre billet, et cela m'a fait prendre le parti, toute chose cessante, de répondre sur-le-champ à l'une et à l'autre.

2º La lettre que vous marquez m'avoir écrite par madame Boy de La Tour, ni par conséquent l'autre *duplicata* de votre ordre à vos banquiers, ne me sont point parvenus, ni aucune nouvelle de cette dame depuis très-long-temps. J'ignore la raison de ce silence, car elle savoit qu'il ne falloit pas m'écrire par la poste, et les voies sûres ne lui manquoient assurément pas.

3º J'en pensois autant de vous, et je jugeai qu'ayant bien su me faire parvenir une lettre de M. Junet, sans un seul mot de votre part, ni verbal ni par écrit, vous sauriez bien, quand vous le voudriez, employer, comme vous avez fait, la même voie pour vous-même. Voyant que vous n'en faisiez rien, je jugeois que vous n'aviez pas là-dessus beaucoup d'empressement, et un galant homme comme vous sentira bien qu'en cette occasion ce n'étoit pas à moi d'en avoir davantage.

4° Je parlai toutefois de votre silence à M. d'Escherny, et de l'obstacle de la poste qui pouvoit être cause que je ne recevois point de vos lettres. J'ajoutai que la seule voie sûre et simple que vous aviez pour m'écrire étoit d'adresser votre lettre sous enveloppe à quelqu'un résidant à Paris, pour me la faire tenir; mais je ne parlai de lui en aucune manière; et, s'il s'est mis en avant, comme vous le marquez, il a pris le surplus sous son bonnet.

Voilà, mon cher hôte, l'exacte vérité; si vous trouvez en tout cela quelque tort à me reprocher, vous m'obligerez de vouloir bien me l'indiquer. Pour moi, je ne vous en reproché ici d'autre que celui auquel je suis tout accoutumé, savoir, la précipitation de vos jugements avant d'avoir pris les mesures nécessaires pour savoir la vérité. Voilà cependant comme il faut que toutes mes lettres s'emploient en apologies, attendu que toutes les vôtres s'emploient en injustes griefs. C'est l'histoire abrégée de nos liaisons depuis plusieurs années. Je suis le lésé, et vous êtes le plaignant.

Votre compte, que vous m'avez envoyé tant de fois, me paroît très et trop en règle; le mandat sur vos banquiers est aussi fort bien, et j'en ferai usage.

Je vous embrasse cordialement. Vous me proposez l'oubli de ce que vous appelez nos enfantillages. Je ne demande pas mieux, mais ce n'est pas de moi que la chose dépend : le souvenir fut votre ouvrage, il faut que l'oubli le soit aussi ; mais jusqu'ici vous ne vous y êtes assurément pas bien pris pour opérer cet effet.

LETTRE CMXLVI.

A M. DE SAINT-GERMAIN.

A Paris, 17$\frac{2}{4}$71.

C'est avec bien du regret, monsieur, que j'ai demeuré si long-temps privé de vos nouvelles ; une tracasserie qu'on m'avoit faite à la poste m'avoit fait renoncer à recevoir ni écrire aucune lettre par cette voie. Ce n'est que depuis quelques jours qu'une visite d'un de ces messieurs m'a donné l'éclaircissement de ce malentendu ; et, après la promesse qui m'a été faite que rien de pareil n'arriveroit à l'avenir, je reprends la même voie pour donner de mes nouvelles, et en demander aux personnes qui m'intéressent, parmi lesquelles vous savez bien, monsieur, que vous tenez et tiendrez toujours le premier rang. Veuillez, monsieur, m'informer de l'état présent de votre santé et de celle de madame de Saint-Germain, et de toute votre brillante famille. Je vous connois trop invariable dans vos sentiments pour douter que je ne retrouve toujours en vous les bontés et la bienveillance dont vous m'avez honoré ci-devant; comme je ne cesserai jamais non plus d'avoir le cœur plein de l'attachement et de la reconnoissance que je vous ai voués.

Je n'ai rien à vous dire de nouveau sur ma situation ; elle est la même que ci-devant : mes incommodités ordinaires m'ont retenu chez moi une partie de l'hiver, sans pourtant m'avoir trop maltraité. Ma femme a eu des rhumes et des rhumatismes, et le froid qui continue avec beaucoup de rigueur ne nous a pas encore rendu à l'un et l'autre notre santé d'été. Nous avons passé d'agréables soirées au coin de nos tisons à parler des avantages que nous a procurés l'honneur de vous connoître, et des heures si douces que vous nous avez données : nous vous prions de vous rappeler quelquefois d'anciens voisins qui sentiront toute leur vie le regret d'avoir été forcés de s'éloigner de vous.

Veuillez, monsieur, faire agréer nos respects à madame de Saint-Germain, et recevoir avec votre bonté accoutumée nos plus humbles salutations.

LETTRE CMXLVII.

A MADAME DE T.

Le 6 avril 1771.

Un violent rhume, madame, qui me met hors d'état de parler sans fatiguer extrêmement, me fait prendre le parti de vous écrire mon sentiment sur votre enfant, pour ne pas le laisser plus long-temps dans l'état de suspension où je sens bien que vous le tenez avec peine, quoiqu'il n'y ai point, selon moi, d'inconvénient. Je vous avouerai d'abord que plus je pense à l'exposition lumineuse que vous m'avez faite, moins je puis me persuader que cette roideur de caractère qu'il manifeste dans un âge si tendre soit l'ouvrage de la nature. Cette mutinerie, ou, si vous voulez, madame, cette fermeté, n'est pas si rare que vous croyez parmi les enfants élevés comme lui dans l'opulence; et j'en sais dans ce moment même à Paris un autre exemple tout semblable dont la conformité m'a beaucoup frappé, tandis que parmi les autres enfants élevés avec moins de sollicitude apparente, et à qui l'on a moins fait sentir par là leur importance, je n'ai vu de ma vie un exemple pareil. Mais laissons, quant à présent, cette observation qui nous mèneroit trop loin, et, quoi qu'il en soit de la cause du mal, parlons du remède.

Vous voilà, madame, à mon avis, dans une circonstance favorable d'où vous pouvez tirer grand parti : l'enfant commence à s'impatienter dans sa pension, il désire ardemment de revenir; mais sa fierté, qui ne lui permet jamais de s'abaisser aux prières, l'empêche de vous manifester pleinement son désir. Suivez cette indication pour prendre sur lui un ascendant dont il ne lui soit pas aisé dans la suite d'éluder l'effet. S'il n'y avoit pas un peu de cruauté d'augmenter ses larmes, je voudrois qu'on commençât par lui faire la peur tout entière, et que, sans que personne lui dît précisément qu'il restera, ni qu'il reviendra, il vît quelque espèce de préparatifs, comme pour lui faire quitter tout-à-fait la maison paternelle, et qu'on évitât de s'expliquer avec lui sur ces préparatifs. Quant vous l'en verriez le plus inquiet, vous prendriez alors votre moment pour lui parler, et cela d'un air si sérieux et si ferme qu'il fût bien persuadé que c'est tout de bon.

« Mon fils, il m'en coûte tant de vous tenir éloigné de moi, que, si je n'écoutois que mon penchant, je vous retiendrois ici dès ce moment; mais c'est ma trop grande tendresse pour vous qui m'empêche de m'y livrer; tandis que vous avez été ici j'ai vu avec la plus vive douleur qu'au lieu de répondre à l'attachement de votre mère et de lui rendre en toute chose la complaisance qu'elle aimoit avoir pour vous, vous ne vous appliquiez qu'à lui faire éprouver des contradictions qui la déchirent trop de votre part pour qu'elle les puisse endurer davantage, etc.

« J'ai donc pris la résolution de vous placer loin de moi pour m'épargner l'affliction d'être à tout moment l'objet et le témoin de votre désobéissance. Puisque vous ne voulez pas répondre aux tendres soins que j'ai voulu prendre de votre éducation, j'aime mieux que vous alliez devenir un mauvais sujet loin de mes yeux que de voir mon fils chéri manquer à chaque instant à ce qu'il doit à sa mère; et d'ailleurs je ne désespère pas que des gens fermes et sensés, qui n'auront pas pour vous le même foible que moi, ne viennent à bout de dompter vos mutineries par des traitements nécessaires que votre mère n'auroit jamais le courage de vous faire endurer, etc.

« Voilà, mon fils, les raisons du parti que j'ai pris à votre égard, et le seul que vous me laissiez à prendre pour ne pas vous livrer à tous vos défauts et me rendre tout-à-fait malheureuse. Je ne vous laisse point à Paris, pour ne pas avoir à combattre sans cesse, en vous voyant trop souvent, le désir de vous rapprocher de moi; mais je ne vous tiendrai pas non plus si éloigné que, si l'on est content de vous, je ne puisse vous faire venir ici quelquefois, etc. »

Je suis fort trompé, madame, si toute sa hauteur tient à ce coup inattendu, dont il sentira toute la conséquence, vu surtout le tendre attachement que vous lui connoissez pour vous, et qui, dans ce moment, fera taire tout autre penchant. Il pleurera, il gémira, il poussera des cris auxquels vous ne serez ni ne paroîtrez insensible; mais, lui parlant toujours de son départ comme d'une chose arrangée, vous lui montrerez du regret qu'il ait laissé venir cet arrangement au point de ne pouvoir plus être révoqué. Voilà, selon moi, la route par laquelle vous l'amènerez sans peine à une capitulation qu'il acceptera avec des transports de joie, et dont vous réglerez tous les articles sans qu'il regimbe contre aucun : encore avec tout cela ne paroîtrez-vous pas compter extrêmement sur la solidité de ce traité; vous le recevrez plutôt dans votre maison comme par essai que par une réunion constante, et son voyage paroîtra plutôt différé que rompu, l'assurant cependant que, s'il tient réellement ses engagements, il fera le bonheur de votre vie en vous dispensant de l'éloigner de vous.

Il me semble que voilà le moyen de faire avec lui l'accord le plus solide qu'il soit possible de faire avec un enfant; et il aura des raisons de tenir cet accord si puissantes et tellement à sa portée, que, selon toute apparence, il reviendra souple et docile pour long-temps.

Voilà, madame, ce qui m'a paru le mieux à faire dans la circonstance. Il y a une continuité de régime à observer qu'on ne peut détailler dans une lettre, et qui ne peut se déterminer que par l'examen du sujet; et d'ailleurs ce n'est pas une mère aussi tendre que vous, ce n'est pas un esprit aussi clairvoyant que le vôtre qu'il faut guider dans tous ces détails. Je vous l'ai dit, madame, je m'en suis pénétré dans notre unique conversation; vous n'avez besoin des conseils de personne dans la grande et respectable tâche dont vous êtes chargée, et que vous remplissez si bien. J'ai dû cependant m'acquitter de celle que votre modestie m'a imposée; je l'ai fait par obéissance et par devoir, mais bien persuadé que pour savoir ce qu'il y a de mieux à faire, il suffisoit d'observer ce que vous ferez.

LETTRE CMXLVIII.

A MADAME DE CRÉQUI.

Ce mardi 7. (1771.)

Rousseau peut assurer madame la marquise de Créqui que tant qu'il croira trouver chez elle les sentiments qu'il y porte, et dont le retour lui est dû, loin de compter et regretter ses pas pour avoir l'honneur de la voir, il se croira bien dédommagé de cent courses inutiles par le succès d'une seule. Mais en tout autre cas, il déclare qu'il regarderoit un seul pas comme indignement perdu, et ses visites reçues comme une fraude et un vol, puisque l'estime réciproque est la condition sacrée et indispensable sans laquelle, hors la nécessité des affaires, il est bien déterminé à n'en jamais honorer volontairement qui que ce soit.

Je reçois chez moi, j'en conviens, des gens pour qui je n'ai nulle estime ; mais je les reçois par force : je ne leur cache point mon dédain ; et comme ils sont accommodants, ils le supportent pour aller à leurs fins. Pour moi, qui ne veux tromper ni trahir personne, quand je fais tant que d'aller chez quelqu'un, c'est pour l'honorer et en être honoré. Je lui témoigne mon estime en y allant ; il me témoigne la sienne en me recevant : s'il a le malheur de me la refuser, et qu'il ait de la droiture, il sera bientôt désabusé, ou bientôt délivré de moi. Voilà mes sentiments : s'ils s'accordent avec ceux de madame la marquise de Créqui, j'en serai comblé de joie ; s'ils en diffèrent, j'espère qu'elle voudra bien me dire en quoi. Si elle aime mieux ne me rien dire, ce sera me parler très-clairement. Je la supplie d'agréer ici mes sentiments et mon respect.

ROUSSEAU.

N. B. Ce billet fut écrit à la réception de celui

que madame la marquise de Créqui m'a fait écrire ; mais ne voulant pas le confier à la petite poste, j'ai attendu que je fusse en état de le porter moi-même.

LETTRE CMXLIX.

A MADAME LATOUR.

A Paris, 17 $\frac{24}{4}$ 71.

Je n'ai eu l'honneur de vous voir, madame, qu'une seule fois en ma vie, j'ai eu souvent celui de vous répondre ; et, sans prévoir que mes lettres seroient un jour exposées à être imprimées, je me suis livré pleinement aux diverses impressions que me faisoient les vôtres. Vous avez pris ma défense contre les trames de mes persécuteurs durant mon séjour en Angleterre : cette générosité m'a transporté ; vous avez dû voir combien j'y étois sensible. Depuis lors, ma situation se dévoilant davantage à mes yeux, j'ai trouvé qu'avec autant de franchise et même d'étourderie, il ne me convenoit de rester en commerce avec personne dont je ne connusse bien le caractère et les liaisons ; j'ai vu que l'ostentation des services qu'on s'empressoit de me rendre n'étoit souvent qu'un piége plus ou moins adroit pour me circonvenir, ou pour m'exposer au blâme si je l'évitois. De toutes mes correspondances vous étiez en même temps la plus exigeante, celle que je connoissois le moins, et celle qui m'éclairoit le moins sur les choses qu'il m'importoit de savoir et que *vous n'ignoriez pas*. Cela m'a déterminé à cesser un commerce qui me devenoit onéreux, et dont le vrai motif de votre part pouvoit m'échapper. J'ai toujours cru que rien n'étoit plus libre que les liaisons d'amitié, surtout des liaisons purement épistolaires, et qu'il étoit toujours permis de les rompre, quand elles cessoient de nous convenir, pourvu que cela se fît franchement, sans tracasserie, sans malice, et sans éclat, tant que cet éclat n'étoit pas indispensable. J'ai voulu, madame, user avec vous de ce droit, avec tous ces ménagements. Vous m'en avez fait un crime exécrable, et, dans votre dernière lettre, vous appelez cela *enfoncer d'une main sûre un fer empoisonné dans le sein de l'amitié*. Sans vous dire, madame, ce que je pense de cette phrase, je vous dirai seulement que je suis déterminé à n'avoir de mes jours de liaison d'aucune espèce avec quiconque a pu l'employer en pareille occasion.

OBSERVATION. — Madame Latour faisoit dans sa lettre l'énumération de celles qu'ils s'étoient écrites; il y en avoit quatre-vingt-quatorze d'elle et cinquante-cinq de Rousseau. « De ces cinquante-cinq, il y en a trente-quatre, lui dit-elle, « où vous êtes à mes pieds; six où vous me mettez sous les « vôtres; neuf où vous me traitez en simple connoissance, et

« six où vous vous livrez aux épanchements de la plus intime
« amitié. » Ce calcul piquant n'étoit propre qu'à donner de
l'humeur à Jean-Jacques.

LETTRE CML.

A M. DU PEYROU.

A Paris, 2 juillet 1771.

J'ai été hier, mon cher hôte, chez vos banquiers recevoir l'année échue de ma pension de milord Maréchal : ce n'est pourtant pas uniquement pour vous donner cet avis que je vous écris aujourd'hui, mais pour vous dire qu'il y a long-temps que je n'ai reçu directement de vos nouvelles ; heureusement le libraire Rey, qui vous a vu à Neuchâtel, m'en a donné de vous et de madame du Peyrou, d'assez bonnes pour m'ôter toute autre inquiétude que celle de votre oubli. Êtes-vous enfin dans votre maison ? est elle entièrement achevée, et y êtes-vous bien arrangé ? Si, comme je le désire, son habitation vous donne autant d'agrément que son bâtiment vous a causé d'embarras, vous y devez mener une vie bien douce. Je me suis logé aussi l'automne dernier, moins au large et à un cinquième, mais assez agréablement selon mon goût, et en grand et bon air, ce qui n'est pas trop facile dans le cœur de Paris. Si vous me donnez quelque signe de vie, je serois bien aise que vous me donnassiez des nouvelles de M. Roguin, mon bon et ancien ami, dont je sais que les incommodités sont fort augmentées depuis un an ou deux, et dont je n'ai aucunes nouvelles depuis longtemps. Nous vous prions, ma femme et moi, de nous rappeler au souvenir de madame du Peyrou, qui ne perdra jamais la place qu'elle s'est acquise dans le nôtre, ni les sentiments qui en sont inséparables. Le silence qu'en me parlant d'elle Rey a gardé sur sa santé me fait espérer qu'elle est bien raffermie, ainsi que la vôtre. Pour moi, j'ai eu de grands maux de reins qui m'ont fait prendre le parti de travailler debout. Ma femme a eu de très-grands rhumes successifs; aux queues près de tout cela, nous nous portons maintenant assez bien l'un et l'autre, et nous vous saluons, mon cher hôte, de tout notre cœur.

LETTRE CMLI.

A MADAME LATOUR.

Le 7 juillet 1771.

Voici le manuscrit dont madame de L*** a paru en peine, et que je ne tardois à lui renvoyer que parce qu'elle m'avoit écrit de le garder. Je l'ai trouvé digne de sa plume et d'un cœur ami de la justice. J'ai pourtant été plus touché, je l'avoue, de l'écrit qui a été lu de tout le monde que de celui qui n'a été vu que de moi.

Madame, je ne reçois pas votre adieu pour jamais, je n'ai point songé à vous en faire un semblable; les temps peuvent changer, et quoi que fassent les hommes, je ne désespérerai jamais de la Providence. Mais en attendant, je crois porter bien plus de respect à nos anciennes liaisons en les interrompant jusqu'à de plus grandes lumières, que de les entretenir avec une confiance altérée et des réserves indignes de vous et de moi.

LETTRE CMLII.

A M. LE CHEVALIER DE COSSÉ.

Paris, le 25 juillet 1771.

Je suis, monsieur le chevalier, touché de vos bontés et des soins qu'elles vous suggèrent en ma faveur. Très-persuadé que ces soins de votre part sont des fruits de votre bon naturel et de votre bienveillance envers moi, après vous en avoir remercié de tout mon cœur, je prendrai la liberté d'y correspondre par un conseil qui part de la même source, et que la différence de nos âges autorise de ma part; c'est, monsieur, de ne vous mêler d'aucune affaire que vous n'en soyez préalablement bien instruit.

La pension que vous dites m'avoir été retirée, et que vous offrez de me faire rendre, m'a été apportée avec les arrérages, ici, dans ma chambre, il n'y a pas quatre mois, en une lettre de change de six mille francs; qu'on offroit de me payer comptant sur-le-champ : et je vous assure que les plus vives sollicitations ne furent pas épargnées pour me faire recevoir cet argent [1]. En voilà, ce me semble, assez pour vous faire comprendre que ceux qui ont prétendu vous mettre au fait de cette affaire ne vous ont pas fait un rapport fidèle, et que la difficulté n'est pas où vous la croyez voir.

Je vous réitère, monsieur, mes actions de grâces de l'intérêt que vous voulez bien prendre à moi, et qui m'est plus précieux que toutes les pensions du monde; mais comme j'ai pris mon parti sur celle-là, je vous prie de ne m'en reparler jamais. Agréez mes humbles salutations.

[1] M. Corancez raconte ce fait avec quelque détail dans son écrit intitulé *de J. J. Rousseau*, page 8 et suiv. C'étoit lui qui avoit été chargé d'offrir à Rousseau la lettre de change montant à 6,336 liv.

LETTRE CMLIII.

A M. LINNÉ[1].

Paris, le 21 septembre 1771.

Recevez avec bonté, monsieur, l'hommage d'un très-ignare, mais très-zélé disciple de vos disciples, qui doit, en grande partie, à la méditation de vos écrits la tranquillité dont il jouit, au milieu d'une persécution d'autant plus cruelle qu'elle est plus cachée, et qu'elle couvre du masque de la bienveillance et de l'amitié la plus terrible haine que l'enfer excita jamais. Seul avec la nature et vous, je passe dans mes promenades champêtres des heures délicieuses, et je tire un profit plus réel de votre *Philosophie botanique* que de tous les livres de morale. J'apprends avec joie que je ne vous suis pas tout-à-fait inconnu, et que vous voulez bien me destiner quelques-unes de vos productions. Soyez persuadé, monsieur, qu'elles feront ma lecture chérie, et que ce plaisir deviendra plus vif encore par celui de le tenir de vous. J'amuse une vieille enfance à faire une petite collection de fruits.

---

[1] Cette lettre fut communiquée à M. Broussonet par M. Smith, de la Société royale de Londres, qui a acquis la collection et les manuscrits de Linné; il l'a fait imprimer dans le *Journal de Paris*, le 9 mai 1786.

et de graines : si parmi vos trésors en ce genre il se trouvoit quelques rebuts dont vous voulussiez faire un heureux, daignez songer à moi. Je les recevrois même avec reconnoissance, seul retour que je puisse vous offrir, mais que le cœur dont elle part ne rend pas indigne de vous.

Adieu, monsieur; continuez d'ouvrir et d'interpréter aux hommes le livre de la nature. Pour moi, content d'en déchiffrer quelques mots à votre suite, dans le feuillet du règne végétal, je vous lis, je vous étudie, je vous médite, je vous honore, et je vous aime de tout mon cœur.

LETTRE CMLIV.

A M. DE SAINT-GERMAIN.

7 janvier 1772.

Moi, vous oublier, monsieur! pourriez-vous penser ainsi de vous et de moi! non, les sentiments que vous m'avez inspirés ne peuvent non plus s'altérer que vos vertus, et dureront autant que ma vie. Mes occupations, mon goût, ma paresse, m'ont forcé de renoncer à toute correspondance. Je m'étois pourtant proposé de vous faire passer un petit signe de vie par M. le marquis de ***, qui m'a promis de me revenir voir avant son départ, et de vouloir bien s'en charger. Je suis touché que votre bonté m'ait forcé, pour ainsi dire, à prévenir cet arrangement.

Je ne puis, monsieur, vous promettre, en fait de lettres, une exactitude qui passe mes forces; mais je vous promets, avec toute la confiance d'un cœur qui vous est dévoué, un attachement inaltérable et digne de vous. Ainsi, quand je ne vous écrirai point, daignez interpréter mon silence par tous les sentiments que je vous ai fait connoître, et vous ne vous tromperez jamais.

Ma femme, pénétrée des attentions dont vous l'honorez, me charge de vous témoigner combien elle y est sensible, et c'est conjointement que nous réunissons les vœux de nos cœurs pour vous, monsieur, pour madame de Saint-Germain, à qui nous vous prions de faire agréer nos respects, et pour tous vos aimables enfants, dont la brillante espérance annonce de quel prix le ciel veut payer les vertus de ceux qui leur ont donné l'être.

LETTRE CMLV.

A M. DE SARTINE [1].

Paris, le 15 janvier 1772.

Monsieur,

Je sais de quel prix sont vos moments, je sais qu'on doit les respecter; mais je sais aussi que les plus précieux sont ceux que vous consacrez à protéger les opprimés, et si j'ose en réclamer quelques-uns, ce n'est pas sans titre pour cela.

Après tant de vains efforts pour faire percer quelque rayon de lumière à travers les ténèbres dont on m'environne depuis dix ans, j'y renonce. J'ai de grands vices, mais qui n'ont jamais fait de mal qu'à moi; j'ai commis de grandes fautes, mais que je n'ai point tues à mes amis, et ce n'est que par moi qu'elles sont connues, quoiqu'elles aient été publiées par d'autres qui sont quelquefois plus discrets. A cela près, si quelqu'un m'impute quelque sentiment vicieux, quelque discours blâmable, ou quelque acte injuste, qu'il se montre et qu'il parle; je l'attends et ne me cache pas; mais tant qu'il se cachera, lui, de moi, pour me dif-

[1] M. Lenoir ne succéda à M. de Sartine qu'en 1774. C'est donc par erreur qu'on a, dans les éditions précédentes, mis le nom du premier.

famer, il n'aura diffamé que lui-même aux yeux de tout homme équitable et sensé. L'évidence et les ténèbres sont incompatibles : les preuves administrées par de malhonnêtes gens sont toujours suspectes, et celui qui, commençant par fouler aux pieds la plus inviolable loi du droit naturel et de la justice, se déclare par là déjà lâche et méchant, peut bien être encore imposteur et fourbe. Et comment donneroit-il à son témoignage, et, si l'on veut, à ses preuves, la force que l'équité n'accorde même à nulle évidence, de disposer de l'honneur d'un homme, plus précieux que la vie, sans l'avoir mis préalablement en état de se défendre et d'être entendu ? Que celui donc qui s'obstine à me juger ainsi reste dans le stupide aveuglement qu'il aime ; son erreur est de son propre fait ; c'est lui seul qu'elle déshonore : après m'être offert pour l'en tirer, je l'y laisse, puisqu'il le veut, et qu'il m'est impossible de l'en guérir malgré lui. Grâces au ciel tout l'art humain ne changera pas la nature des choses ; il ne fera pas que le mensonge devienne la vérité, ni que de mon vivant la poitrine de Jean-Jacques Rousseau renferme le cœur d'un malhonnête homme : cela me suffit, et je vis en paix, en attendant que mon moment et celui de la vérité vienne ; car il viendra, j'en suis très-sûr, et je l'attends avec un témoignage qui me dédommage de celui d'autrui.

Tranquille donc sur tout ce qu'on me cache avec

tant de soin, et même sur ce qui me parvient par hasard, j'ai laissé débiter, parmi cent autres bruits non moins ineptes, que j'avois cessé de voir madame de Luxembourg après lui avoir emporté trois cents louis, que je ne copiois de la musique que par grimace, que j'avois de quoi vivre fort à mon aise, que j'avois six bonnes mille livres de rente, que la veuve Duchesne faisoit une pension de six cents livres à ma femme, qu'elle m'en faisoit une autre à moi de mille écus pour une édition nouvelle de mes écrits que j'avois dirigée. J'ai laissé débiter tous ces mensonges; je n'ai fait qu'en rire quand ils me sont revenus, et je n'ai pas même été tenté de vous importuner, monsieur, de mes plaintes à ce sujet, quoique je sentisse parfaitement le coup que cette opinion de mon opulence devoit porter aux ressources que mon travail me procure pour suppléer à l'insuffisance de mon revenu. Une petite circonstance de plus a passé la mesure, et m'a causé quelque émotion, parce que l'imposture, marchant toujours sous le masque de la trahison, a pris jusqu'ici grand soin de faire le plongeon devant moi, et ne m'avoit pas encore accoutumé à l'effronterie. Mais en voici une qui m'a, je l'avoue, affecté.

J'avois prié un de ceux qui m'ont averti des bruits dont je viens de parler de tâcher d'apprendre si madame Duchesne et le sieur Guy y avoient quelque part. De chez eux, où il n'a trouvé que des garçons, il est allé chez Simon, qu'on lui disoit avoir imprimé la nouvelle édition qui m'avoit été si bien payée. Simon lui a dit qu'en effet il venoit d'imprimer quelques-uns de mes écrits sous mes yeux, que j'en avois revu les épreuves, et que j'étois même allé chez lui il n'y avoit pas long-temps. Quoique je sois par moi-même le moins important des hommes, je le suis assez devenu par ma singulière position pour être assuré que rien de ce que je fais et de ce que je ne fais pas ne vous échappe : c'est une de mes plus douces consolations; et je vous avoue, monsieur, que l'avantage de vivre sous les yeux d'un magistrat intègre et vigilant, auquel on n'en impose pas aisément, est un des motifs qui m'ont arraché des campagnes, où, livré sans ressource aux manœuvres des gens qui disposent de moi, je me voyois en proie à leurs satellites et à toutes les illusions par lesquelles les gens puissants et intrigants abusent si aisément le public sur le compte d'un étranger isolé à qui l'on est venu à bout de faire un inviolable secret de tout ce qui le regarde, et qui par conséquent n'a pas la moindre défense contre les mensonges les plus extravagants.

J'ai donc peu besoin, monsieur, de vous dire que cette opulence dont on me gratifie si libéralement dans les cercles, que toutes ces pensions si fièrement spécifiées[1], cette édition qu'on me prête,

[1] Celles en particulier de madame Duchesne se réduisent toutes

sont autant de fictions; mais je n'ai pu m'empêcher de mettre sous vos yeux l'impudence incroyable dudit Simon, que je ne vis de mes jours, que je sache, chez qui je n'ai jamais mis le pied, dont je ne sais pas la demeure, et que j'ignorois même, avant ces bruits, avoir imprimé aucun de mes écrits. Comme je n'attends plus aucune justice de la part des hommes, je m'épargne désormais la peine inutile de la demander, et je ne vous demande à vous-même que la patience de me lire, quoique je fasse l'exception qui est due à votre intégrité et à la générosité qui vous intéresse aux infortunés. Mais ne voyant plus rien qui puisse me flatter dans cette vie, les restes m'en sont devenus indifférents. La seule douceur qui peut m'y toucher encore est que l'œil clairvoyant d'un homme juste pénètre au vrai ma situation, qu'il la connoisse, et me plaigne en lui-même, sans se commettre pour ma défense avec mes dangereux

---

à une rente de trois cents francs, stipulée dans le marché de mon *Dictionnaire de Musique*. J'en ai une de six cents francs de milord Maréchal, dont je jouis par l'attention de celui qu'il en a chargé à ma prière, mais sans autre sûreté que son bon plaisir, n'ayant aucun acte valable pour la réclamer de mon chef. J'ai une rente de dix livres sterling, pour mes livres que j'ai vendus en Angleterre, sur la tête de l'acheteur et sur la mienne, en sorte que cette rente doit s'éteindre au premier mourant. Tout cela fait ensemble onze cents francs de viager, dont il n'y a que trois cents de solides. Ajoutez à cela quelque argent comptant, dernier reste du petit capital que j'ai consumé dans mes voyages, et que je m'étois réservé pour avoir quelque avance en faisant ici mon établissement.

ennemis. Je vous aurois choisi pour cela, monsieur, quand vous ne rempliriez point la place où vous êtes; mais j'y vois, je l'avoue, un avantage de plus, puisque, par cette place même, vous avez été à portée de vérifier assez d'impostures pour en présumer beaucoup d'autres que vous pouvez vérifier de même un jour. Peut-être vous écrirai-je quelquefois encore, mais je ne vous demanderai jamais rien; et si ma confiance devient importune à l'homme occupé, je réponds du moins qu'elle ne sera jamais à charge au magistrat. Veuillez ne la pas dédaigner; veuillez, monsieur, vous rappeler qu'elle ne tient pas seulement au respect que vous m'avez inspiré, mais encore aux témoignages de bonté dont vous m'avez honoré quelquefois, et que je veux mériter toute ma vie.

<small>A la suite de cette lettre l'auteur a ajouté, soit comme apostille, soit comme simple observation, l'article qu'on va lire.</small>

Il n'est peut-être pas inutile d'observer que le sieur Guy vient très-fréquemment chez moi sans avoir rien à me dire, et sans que je puisse trouver aucun motif à ses visites, vu que toutes les affaires que nous avons ensemble n'exigent qu'une entrevue de deux minutes par an, et qu'il n'y a point de liaison d'amitié entre lui et moi. Il m'a prié de lui faire un triage de chansons dans les anciens recueils pour en faire un nouveau. Je l'ai prié, de mon côté, de me prêter quelques romans pour amuser ma femme durant les soirées d'hiver. Il est parti de là pour me faire apporter en pompe d'immenses paquets de brochures, qui, avec ses allées et venues, lui donnent l'air d'avoir avec moi beaucoup d'affaires. Tout cela, joint aux bruits dont j'ai parlé, commence à me faire soupçonner que ces fréquentes visites, que je ne prenois que pour un petit espionnage assez commun aux gens qui m'entourent, et très-indifférent pour moi, pourroient bien avoir un objet plus méthodique et dirigé de plus loin. Il y a dans tout cela de petites manœuvres adroites, dont le but me paroîtroit pourtant facile à découvrir dans toute autre position que la mienne, pour peu qu'on y mît de soin.

LETTRE CMLVI.

A MILORD HARCOURT.

Paris, le 16 juin 1772.

J'ai reçu, milord, avec plaisir et reconnoissance, des témoignages de la continuation de votre souvenir et de vos bontés par madame la duchesse de Portland, et je suis encore plus sensible à la peine que vous prenez de m'en donner par vous-même. J'avois espéré que l'ambassade de milord Harcourt pourroit vous attirer dans ce pays, et c'eût été pour moi une véritable douceur de vous y voir. Je me dédommage autant qu'il se peut de cette attente frustrée, en nourrissant dans mon cœur et dans ma mémoire les sentiments que vous m'avez inspirés, et qui sont par leur nature à l'épreuve du temps, de l'éloignement, et de l'interruption du commerce. Je n'entretiens plus de correspondance, je n'écris plus que pour l'absolue nécessité; mais je n'oublie point tout ce qui m'a paru mériter mon estime et mon attachement; et c'est dans cet asile de difficile accès, mais par là plus digne de vous, et où rien n'entre sans le passeport de la vertu, que vous occuperez toujours une place distinguée.

Je suis sensible, milord, à vos offres obligeantes; et si j'étois dans le cas de m'en prévaloir, je le ferois avec confiance, et même avec joie, pour vous montrer combien je compte sur vos bontés: mais, grâces au ciel, je n'ai nulle affaire, et tout sur la terre m'est devenu si indifférent, que je ne me donnerois pas même la peine de former un désir pour cette vie, quand cet acte seul suffiroit pour l'accomplir. Ma femme vous prie d'agréer ses remerciements très-humbles de l'honneur de votre souvenir, et nous vous offrons, milord, de tout notre cœur, l'un et l'autre, nos salutations et nos respects.

LETTRE CMLVII.

A MADAME LATOUR.

Ce mercredi 24 juin 1772.

Voici, madame, votre partition; je vous demande pardon de mon étourderie et du *quiproquo*. N'ayant pas en ce moment le temps d'examiner la *Reine fantasque*, et ne voulant pas abuser de la complaisance que vous avez de me la laisser, je vous la renvoie avec mes remerciements. Je vous en dois de plus grands pour l'offre que vous m'avez bien voulu faire de comparer avec les bonnes éditions les éditions que l'on fait ici de mes écrits, et que je dois croire frauduleuses, puisqu'on me les cache avec tant de soin. Je sens le prix de cette offre, et j'y suis sensible; mais la dépense et la peine que vous coûteroit son exécution ne me permettent pas d'y consentir.

J'ai eu l'honneur, madame, de vous voir hier pour la troisième fois de ma vie; j'ai réfléchi sur l'entretien où vous m'avez engagé et sur les choses que vous m'y avez dites; le résultat de ces réflexions est de me confirmer pleinement dans la résolution dont je vous ai fait part ci-devant, et à laquelle vous vous devez, selon moi, de ne plus porter d'obstacle, à moins que vous n'ayez pour cela des raisons particulières que je ne sais pas, et auxquelles, par cette raison, je suis dispensé de céder.

LETTRE CMLVIII.

A MADAME LA MARQUISE DE MESME.

Paris, le 29 juillet 1772.

Je suis affligé, madame, que vous vous y preniez un peu trop tard, car en vérité, je vous aurois demandé de tout mon cœur l'entrevue que vous avez la bonté de m'offrir; mais je ne vais plus chez personne, ni à la ville ni à la campagne : la résolution en est prise, et il faut bien qu'elle soit sans exception, puisque je ne la fais pas pour vous. J'ai même tant de confiance aux sentiments que j'ai su vous connoître, que je ne réfuserois pas, madame, de discuter avec vous mes raisons, si j'étois à portée, quoique je sache bien que ce seroit me préparer de nouveaux regrets.

Adieu donc, madame; daignez penser quelquefois à un homme dont vous ne seriez jamais oubliée, et qui se consoleroit difficilement d'être si mal connu de ses contemporains, si leurs sentiments sur son compte l'intéressoient autant que feront toujours ceux de madame la marquise de Mesme.

LETTRE CMLIX.

A MADAME....

Paris, le 14 août 1772.

Il est, madame, des situations auxquelles il n'est pas permis à un honnête homme d'être préparé, et celle où je me trouve depuis dix ans est la plus inconcevable et la plus étrange dont on puisse avoir l'idée. J'en ai senti l'horreur sans en pouvoir percer les ténèbres. J'ai provoqué les imposteurs et les traîtres par tous les moyens permis et justes qui pouvoient avoir prise sur des cœurs humains : tout a été inutile; ils ont fait le plongeon; et, continuant leurs manœuvres souterraines, ils se sont cachés de moi avec le plus grand soin. Cela étoit naturel, et j'aurois dû m'y attendre. Mais ce qui l'est moins est qu'ils ont rendu le public entier complice de leurs trames et de leur fausseté; qu'avec un succès qui tient du prodige on m'a ôté toute connoissance des complots dont je suis la victime, en m'en faisant seulement bien sentir l'effet, et que tous ont marqué le même empressement à me faire boire la coupe de l'ignominie, et à me cacher la bénigne main qui prit soin de la préparer. La colère et l'indignation m'ont jeté d'abord dans des transports qui m'ont fait faire beaucoup de sottises sur lesquelles on avoit compté. Comme je trouvois injuste d'envelopper tout mon siècle dans le mépris qu'on doit à quiconque se cache d'un homme pour le diffamer, j'ai cherché quelqu'un qui eût assez de droiture et de justice pour m'éclairer sur ma situation, ou pour se refuser au moins aux intrigues des fourbes : j'ai porté partout ma lanterne inutilement, je n'ai point trouvé d'homme ni d'ame humaine. J'ai vu avec dédain la grossière fausseté de ceux qui vouloient m'abuser par des caresses, si maladroites et si peu dictées par la bienveillance et l'estime qu'elles cachoient même, et assez mal, une secrète animosité. Je pardonne l'erreur, mais non la trahison. A peine, dans ce délire universel, ai-je trouvé dans tout Paris quelqu'un qui ne s'avilît pas à cajoler fadement un homme qu'ils vouloient tromper, comme on cajole un oiseau niais qu'on veut prendre. S'ils m'eussent fui, s'ils m'eussent ouvertement maltraité, j'aurois pu, les plaignant et me plaignant, du moins les estimer encore : ils n'ont pas voulu me laisser cette consolation. Cependant il est parmi eux des personnes d'ailleurs si dignes d'estime, qu'il paroît injuste de les mépriser. Comment expliquer ces contradictions? J'ai fait mille efforts pour y parvenir ; j'ai fait toutes les suppositions possibles ; j'ai supposé l'imposture armée de tous les flambeaux de l'évidence : je me suis dit : Ils sont trompés, leur erreur est invincible. Mais, me suis-je répondu, non seulement ils sont trompés, mais, loin de déplorer leur erreur, ils l'aiment; ils la chérissent. Tout leur plaisir est de me croire vil, hypocrite et coupable; ils craindroient comme un malheur affreux, de me retrouver, innocent et digne d'estime. Coupable ou non, tous leurs soins sont de m'ôter l'exercice de ce droit si naturel, si sacré de la défense de soi-même. Hélas! toute leur peur est d'être forcés de voir leur injustice, tout leur désir est de l'aggraver. Ils sont trompés! hé bien! supposons; mais, trompés, doivent-ils se conduire comme ils font?. d'honnêtes gens peuvent-ils se conduire ainsi? Me conduirois-je ainsi moi-même à leur place? Jamais, jamais: je fuirois le scélérat ou confondrois l'hypocrite; mais le flatter pour le circonvenir seroit me mettre au-dessous de lui. Non, si j'abordois jamais un coquin que je croirois tel, ce ne seroit que pour le confondre et lui cracher au visage.

Après mille vains efforts inutiles pour expliquer ce qui m'arrive dans toutes les suppositions, j'ai donc cessé mes recherches, et je me suis dit: Je vis dans une génération qui m'est inexplicable. La conduite de mes contemporains à mon égard ne permet à ma raison de leur accorder aucune estime. La haine n'entra jamais dans mon cœur. Le mépris est encore un sentiment trop tourmentant. Je ne les estime donc, ni ne les hais, ni ne les méprise; ils sont nuls à mes yeux; ce sont pour moi des habitants de la lune : je n'ai pas la moindre idée de leur être moral; la seule chose que je sais est qu'il n'a point de rapport au mien, et que nous ne sommes pas de la même espèce. J'ai donc renoncé avec eux à cette seule société qui pouvoit m'être douce, et que j'ai si vainement cherchée, savoir, à celle des cœurs. Je ne les cherche ni ne les fuis. A moins d'affaires, je n'irai plus chez personne : mes visites sont un honneur que je ne dois plus à qui que ce soit désormais; un pareil témoignage d'estime seroit trompeur de ma part, et je ne suis pas homme à imiter ceux dont je me détache. A l'égard des gens qui pleuvent chez moi, je ferme autant que je puis ma porte aux quidams et aux brutaux; mais ceux dont au moins le nom m'est connu, et qui peuvent s'abstenir de m'insulter chez moi, je les reçois avec indifférence, mais sans dédain. Comme je n'ai plus ni humeur ni dépit contre les pagodes au milieu desquelles je vis, je ne refuse pas même, quand l'occasion s'en présente, de m'amuser d'elles et avec elles autant que cela leur convient et à moi aussi. Je laisserai aller les choses comme elles s'arrangeront d'elles-mêmes, mais je n'irai pas au-delà; et, à moins que je ne retrouve enfin, contre toute attente, ce que j'ai cessé de chercher, je ne ferai de ma vie plus un seul pas sans nécessité pour rechercher qui que ce soit. J'ai du regret, madame, à ne pouvoir faire exception pour vous, car vous m'avez paru bien aimable; mais cela n'empêche pas que vous ne soyez de votre siècle, et qu'à ce titre je ne puisse vous excepter. Je sens bien ma perte en cette occasion, je sens même aussi la vôtre, du moins si, comme je dois le croire, vous recherchez dans la société des choses d'un plus grand prix que l'élégance des manières et l'agrément de la conversation.

Voilà mes résolutions, madame, et en voilà les motifs. Je vous supplie d'agréer mon respect.

LETTRE CMLX.

A M. DE MALESHERBES.

Paris, 11 novembre 177...

Je serois, monsieur, bien mortifié que vous me privassiez du plaisir dont vous m'aviez flatté de m'occuper d'un soin qui pût vous être agréable, et de préparer les plantes pour compléter vos herbiers. Ne pouvant subsister sans l'aide de mon travail, je n'ai jamais pensé, malgré le plaisir que celui-là pouvoit me faire, à vous offrir gratuitement l'emploi de mon temps. Je vous avoue même que j'aurois fort désiré d'entremêler le travail sédentaire et ennuyeux de ma copie d'une occupation plus de mon goût, et meilleure à ma santé, en travaillant à des herbiers pour tant de cabinets d'histoire naturelle qu'on fait à Paris, et où, selon moi, ce troisième règne, qu'on y compte pour rien, n'est pas moins nécessaire que les autres. Plusieurs herbiers à faire à la fois m'auroient été plus lucratifs, et m'auroient mieux dédommagé des menus frais qu'exigent quelquefois les courses éloignées et l'entrée des jardins curieux. Mais les François, en général, ont de si fausses idées de la botanique et si peu de goût pour l'étude de la nature, qu'il ne faut pas espérer que cette charmante partie leur donne jamais la tentation de faire des collections en ce genre : ainsi je renonce à cette ressource. Pour vous, monsieur, qui joignez aux connoissances de tous les genres la passion de les augmenter sans cesse, ne m'ôtez pas le plaisir de contribuer à vos amusements. Envoyez-moi la note de ce que vous désirez ; j'en rassemblerai tout ce qui me sera possible, et je recevrai, sans aucune difficulté, le paiement de ce que je vous aurai fourni. A l'égard du petit échantillon que je vous ai envoyé, c'est tout autre chose ; c'étoient des plantes qui vous appartenoient. Ce que j'ai substitué à celles qui se sont gâtées n'a point été ramassé pour vous ; je n'ai eu d'autre peine que de le tirer de ce que j'avois rassemblé pour moi-même ; et comme je n'ai point offert d'entrer dans la dépense que vous a coûté l'herborisation que j'ai faite à votre suite, il me semble, monsieur, que vous ne devez pas non plus m'offrir le paiement de ce que nous avons ramassé ensemble, ni du petit arrangement que je me suis amusé à y mettre pour vous l'envoyer.

Malgré le bien que vous m'avez dit de votre santé actuelle, on m'assure qu'elle n'est pas encore parfaitement rétablie ; et malheureusement la saison où nous entrons n'est pas favorable à l'exercice pédestre, que je crois aussi bon pour vous que pour moi. L'hiver a aussi, comme vous savez, monsieur, ses herborisations qui lui sont propres, savoir, les *mousses* et les *lichens*. Il doit y avoir dans vos parcs des choses curieuses en ce genre, et je vous exhorte fort, quand le temps vous le permettra, d'aller examiner cette partie sur les lieux et dans la saison.

Vos résolutions, monsieur, étant telles que vous me le marquez, je ne suis assurément pas homme à les désapprouver ; c'est s'être procuré bien honorablement des loisirs bien agréables. Remplir de grands devoirs dans de grandes places, c'est la tâche des hommes de votre état et doués de vos talents : mais quand, après avoir offert à son pays le tribut de son zèle, on le voit inutile, il est bien permis alors de vivre pour soi-même et de se contenter d'être heureux.

LETTRE CMLXI.

A M. DE SARTINE.

Juin 1774.

Je crois remplir un devoir indispensable en vous envoyant la lettre ci-jointe, qui m'a été adressée vraisemblablement par quiproquo, puisqu'elle répond à une lettre que je n'ai point eu l'honneur de vous écrire ; non que je n'acquiesce aux félicitations que vous recevez, mais parce que ce n'est pas mon usage d'écrire en pareil cas. Je vous supplie, monsieur, d'agréer mon respect.

OBSERVATION. — La lettre que Jean-Jacques renvoyoit étoit une réponse de M. de Sartine à un Rousseau qui le félicitoit de son passage de la police au ministère de la marine. M. de Sartine s'exprime ainsi :

« Je suis sensible à la part que vous prenez à la grâce dont « le roi vient de m'honorer. Recevez, je vous prie, les assu- « rances de ma reconnoissance, et tous les remerciements que « je vous dois. »

La lettre de Jean-Jacques n'a point de date ; mais, à l'aide de l'évènement à l'occasion duquel elle fut écrite, et qui eut lieu en mai 1774, on peut lui en donner une.

LETTRE CMLXII.

A M. LE PRINCE DE BELOSELSKI.

Paris, 27 mai 1775.

Je suis vraiment bien aise, monsieur le prince, d'avoir votre estime et votre confiance. Les cœurs droits se sentent et se répondent ; et j'ai dit en relisant votre lettre de Genève, *peu d'hommes m'en inspireront autant.*

Vous plaignez mes anciens compatriotes de n'avoir pas pris ma défense, quand leurs ministres assassinoient, pour ainsi dire, mon ame. Les lâches ! je leur pardonne les injustices, c'est à la postérité peut-être à m'en venger.

A l'heure qu'il est, je suis plus à plaindre qu'eux : ils ont perdu, dites-vous, un citoyen qui faisoit leur gloire ; mais qu'est-ce que la perte de ce brillant fantôme, en comparaison de celle qu'ils m'ont forcé de faire ? Je pleure quand je pense que je n'ai plus ni parents, ni amis, ni patrie libre et florissante.

O lac sur les bords duquel j'ai passé les douces heures de mon enfance ! Charmant paysage où j'ai vu pour la première fois le majestueux et touchant lever du soleil ; où j'ai senti les premières émotions du cœur, les premiers élans du génie devenu depuis trop impérieux et trop célèbre, hélas ! je ne vous verrai plus ! Ces clochers qui s'élèvent au milieu des chênes et des sapins, ces troupeaux bêlants, ces ateliers, ces fabriques, bizarrement épars sur des torrents, dans des précipices, au haut des rochers ; ces arbres vénérables, ces sources, ces prairies, ces montagnes qui m'ont vu naître, elles ne me reverront plus.

Brûlez cette lettre, je vous supplie : on pourroit encore mal interpréter mes sentiments.

Vous me demandez si je copie encore de la musique. Et pourquoi non ? Seroit-il honteux de gagner sa vie en travaillant ? Vous voulez que j'écrive encore ; non, je ne le ferai plus. J'ai dit des vérités aux hommes ; ils les ont mal prises, je ne dirai plus rien.

Vous voulez rire en me demandant des nouvelles de Paris. Je ne sors que pour me promener, et toujours du même côté. Quelques beaux esprits me font trop d'honneur en m'envoyant leurs livres : je ne lis plus. On m'a apporté ces jours-ci un nouvel opéra-comique : la musique est de Grétry, que vous aimez tant, et les paroles sont assurément d'un homme d'esprit ; mais c'est encore des grands seigneurs qu'on vient de mettre sur la scène lyrique. Je vous demande pardon, monsieur le prince ; mais ces gens-là n'ont pas d'accent, et ce sont de bons paysans qu'il faut.

Ma femme est bien sensible à votre souvenir.

Mes disgrâces ne lui affectent pas moins le cœur qu'à moi, mais ma tête s'affoiblit davantage. Il ne me reste de vie que pour souffrir, et je n'en ai pas même assez pour sentir vos bontés comme je le dois. Ne m'écrivez donc plus, monsieur le prince, il me seroit impossible de vous répondre une seconde fois. Quand vous serez de retour à Paris, venez me voir, et nous parlerons.

Agréez, monsieur le prince, je vous prie, les assurances de mon respect [1].

LETTRE CMLXIII.

A MADAME LA COMTESSE DE SAINT***.

Je suis fâché de ne pouvoir complaire à madame la comtesse; mais je ne fais point les honneurs de l'homme qu'elle est curieuse de voir, et jamais il n'a logé chez moi : le seul moyen d'y être admis de mon aveu, pour quiconque m'est inconnu, c'est une réponse catégorique à ce billet [2].

---

[1] Cette lettre parut pour la première fois en 1789, dans les *Poésies françaises d'un prince étranger*. Rousseau l'écrivit à une époque où il ne correspondoit plus avec personne. Nous ignorons de quel opéra il veut parler. Ceux dont Grétry fit la musique en 1775 sont la *Fausse magie* et *Céphale et Procris*; encore cette dernière pièce avoit-elle été précédemment jouée à Versailles. Toutes deux sont de Marmontel.

[2] Par la lettre à laquelle celle-ci sert de réponse, madame de

LETTRE CMLXIV.

À LA MÊME.

Jeudi, 23 mai 1776.

J'ai eu d'autant plus de tort, madame, d'employer un mot qui vous étoit inconnu, que je vois, par la réponse dont vous m'avez honoré, que, même à l'aide d'un dictionnaire, vous n'avez pas entendu ce mot. Il faut tâcher de m'expliquer.

La phrase du billet à laquelle il s'agit de répondre est celle-ci : « Mais ce que je veux, et ce qui m'est
« dû tout au moins après une condamnation si
« cruelle et si infamante, c'est qu'on m'apprenne
« enfin quels sont mes crimes, et comment et par
« qui j'ai été jugé. »

Tout ce que je désire ici est une réponse à cet article. C'est mal à propos que je la demandois *catégorique*, car telle qu'elle soit, elle le sera toujours pour moi; ma demeure et mon cœur sont ouverts pour le reste de ma vie à quiconque me dévoilera ce mystère abominable. S'il m'impose

---

Saint *** annonçoit à Rousseau qu'elle lui envoyoit de la musique à copier, en lui avouant en même temps que ce n'étoit qu'un prétexte pour le voir. Quant au billet dont Rousseau parle, c'étoit le billet circulaire portant pour adresse ; *A tout François aimant encore la justice et la vérité.*

le secret, je promets, je jure de le lui garder in-
violablement jusqu'à la mort, et je me conduirai
exactement, s'il l'exige, comme s'il ne m'eût rien
appris. Voilà la réponse que j'attends, ou plutôt
que je désire, car depuis long-temps j'ai cessé de
l'espérer.

Celle que j'aurai vraisemblablement sera la feinte
d'ignorer un secret qui, par le plus étonnant prodige, n'en est un que pour moi seul dans l'Europe
entière. Cette réponse sera moins franche assurément, mais non moins claire que la première : enfin le refus même de répondre n'aura pas pour moi
plus d'obscurité. De grâce, madame, ne vous offen-
sez pas de trouver ici quelques traces de défiance :
c'est bien à tort que le public m'en accuse, car la
défiance suppose du doute, et il ne m'en reste plus
à son égard. Vous voyez, par les explications dans
lesquelles j'ose entrer ici, que je procède au vôtre
avec plus de réserve, et cette différence n'est pas
désobligeante pour vous. Cependant vous avez
commencé avec moi comme tout le monde, et les
louanges *hyperboliques*[1] et outrées dont vos deux
lettres sont remplies, semblent être le cachet particulier de mes plus ardents persécuteurs : mais,
loin de sentir en les lisant ces mouvements de mépris et d'indignation que les leurs me causent, je

---

[1] Voici encore un mot pour le dictionnaire. Hélas ! pour parler
de ma destinée, il faudroit un vocabulaire tout nouveau qui n'eût
été composé que pour moi.

n'ai pu me défendre d'un vif désir que vous ne leur ressemblassiez pas; et, malgré tant d'expériences cruelles, un désir aussi vif entraîne toujours un peu d'espérance. Au reste, ce que vous me dites, madame, du prix que je mets au bonheur de me voir, ne me fera pas prendre le change : je serois touché de l'honneur de votre visite, faite avec les sentiments dont je me sens digne ; mais quiconque ne veut voir que le rhinocéros doit aller, s'il veut, à la Foire, et non pas chez moi ; et tout le persiflage dont on assaisonne cette insultante curiosité n'est qu'un outrage de plus qui n'exige pas de ma part une grande déférence. Voulez-vous donc, madame, être distinguée de la foule : c'est à vous de faire ce qu'il faut pour cela.

Il est vrai que je copie de la musique : je ne refuse point de copier la vôtre, si c'est tout de bon que vous le dites; mais cette vieille musique a tout l'air d'un prétexte, et je ne m'y prête pas volontiers là-dessus. Néanmoins votre volonté soit faite. Je vous supplie, madame la comtesse, d'agréer mon respect.

LETTRE CMLXV.

A M. LE COMTE DUPRAT.

Paris, le 31 décembre 1777.

J'accepte, monsieur, avec empressement et reconnoissance l'asile paisible et solitaire que vous avez la bonté de m'offrir, dans la supposition que vous voudrez bien vous prêter aux arrangements que la raison demande, et que peut permettre ma situation qui vous est connue. L'aménité du sol et les agréments du paysage ne sont plus pour moi des objets à mettre en balance avec un séjour tranquille et la bienveillante hospitalité. Je suis touché des soins de M. le commandeur de Menon, sans en être surpris; j'ai le plus grand regret de n'en pouvoir profiter; mais on a pris tant de peine à me rendre le séjour des villes insupportable, qu'on a pleinement réussi. J'étois trop fait pour aimer les hommes pour pouvoir supporter le spectacle de leur haine. Ce douloureux aspect me déchire ici le cœur tous les jours; je ne dois pas aller chercher à Lyon de nouvelles plaies. Ils m'ont réduit à la triste alternative de les fuir ou de les haïr. Je m'en tiens au premier parti pour éviter l'autre. Quand je ne les verrai plus, j'oublierai bientôt leur haine, et cet oubli m'est nécessaire pour vivre et mourir en paix.

Je ne vois qu'un obstacle à l'exécution de votre obligeant projet ; c'est l'infirmité de ma femme et la longueur du voyage, qu'il est douteux qu'elle puisse supporter. Cette idée me fait trembler. Il n'y faut pas songer durant la saison où nous sommes. L'hiver jusqu'ici ne l'a pas affectée autant que je l'aurois craint. Peut-être aux approches d'un temps plus doux sera-t-elle en état de faire cette entreprise sans risque. Hélas ! pourquoi faut-il que j'aille si loin chercher la paix, moi qui ne troublai jamais celle de personne ! Si ma femme pouvoit obtenir ici, du moins à prix d'argent, le service et les soins qu'on ne refuse à personne parmi les humains, et que je suis hors d'état de lui rendre, nous ne songerions point à nous transplanter ; mais dans l'universel abandon où l'on se concerte pour la réduire, il faut bien qu'elle risque sa vie pour tâcher d'en conserver les restes à l'aide des soins secourables que vous avez la charité de lui procurer. Ah ! monsieur le comte, en ne vous rebutant pas de mes misères et n'abandonnant pas notre vieillesse, j'ose vous prédire que vous vous ménagez de loin pour la vôtre des souvenirs dont vous ne prévoyez pas encore toute la douceur.

Je souhaite ardemment que, sans nuire à vos affaires, vous puissiez en voir assez promptement la fin, pour arriver ici avant celle de l'hiver. Si vous aviez pour compagnon de voyage le digne ami qui partage vos bontés pour moi, rien ne manqueroit à ma joie en vous voyant arriver. Ma femme, qui partage ma reconnoissance, est très-sensible à l'honneur de votre souvenir, et nous vous supplions l'un et l'autre, monsieur le comte, d'agréer nos très-humbles salutations.

LETTRE CMLXVI.

A MADAME DE C.

Paris, le 9 janvier 1778.

J'ai lu, madame, dans le numéro 5 des feuilles que vous avez la bonté de m'envoyer, que l'un de messieurs vos correspondants, qui se nomme le *Jardinier d'Auteuil*, avoit élevé des hirondelles. Je désirerois fort de savoir comment il s'y est pris, et quelle contenance ces hirondelles, qu'il a élevées, ont fait chez lui pendant l'hiver. Après des peines infinies j'étois parvenu, à Monquin, à en faire nicher dans ma chambre. J'ai même eu souvent le plaisir de les voir s'y tenir, les fenêtres fermées, assez tranquilles pour gazouiller, jouer et folâtrer ensemble à leur aise, en attendant qu'il me plût de leur ouvrir, bien sûres [1] que cela ne tar-

[1] L'hirondelle est naturellement familière et confiante; mais c'est

deroit pas d'arriver. En effet, je me levois même, pour cela, tous les jours avant quatre heures; mais il ne m'est jamais venu dans l'esprit, je l'avoue, de tenter d'élever aucun de leurs petits, persuadé que la chose étoit non seulement inutile, mais impossible. Je suis charmé d'apprendre qu'elle ne l'est pas, et je serai très-obligé, pour ma part, au jardinier d'Auteuil s'il veut bien communiquer son secret au public. Agréez, madame, je vous supplie, mes remerciements et mon respect.

LETTRE CMLXVII.

A M. LE COMTE DUPRAT.

Paris, le 3 février 1798.

Vous rallumez, monsieur, un lumignon presque éteint; mais il n'y a pas d'huile à la lampe, et le moindre air de vent peut l'éteindre sans retour. Autant que je puis désirer quelque chose encore dans ce monde, je désire d'aller finir mes jours

---

une sottise dont on la punit trop bien pour ne l'en pas corriger. Avec de la patience, on l'accoutume encore à vivre dans des appartements fermés; tant qu'elle n'aperçoit pas l'intention de l'y tenir captive : mais sitôt qu'on abuse de cette confiance (à quoi l'on ne manque jamais), elle la perd pour toujours. Dès-lors elle ne mange plus, elle ne cesse de se débattre et finit par se tuer. (*Note de Jean-Jacques.*)

dans l'asile aimable que vous voulez bien me destiner; tous les vœux de mon cœur sont pour y être; le mal est qu'il faut s'y transporter. En ce moment je suis demi-perclus de rhumatismes; ma femme n'est pas en meilleur état que moi; vieux, infirme, je sens à chaque instant le découragement qui me gagne; tout soin, toute peine à prendre, toute fatigue à soutenir, effarouche mon indolence, il faudroit que toutes les choses dont j'ai besoin se rapprochassent; car je ne me sens plus assez de vigueur pour les aller chercher; et c'est précisément dans cet état d'anéantissement que, privé de tout service et de toute assistance dans tout ce qui m'entoure, je n'ai plus rien à espérer que de moi. Vous, monsieur le comte, le seul qui ne m'ayez pas délaissé dans ma misère, voyez, de grâce, ce que votre générosité pourra faire pour me rendre l'activité dont j'ai besoin. Vous m'offrez quelqu'un de votre choix [1] pour veiller à mes effets et prendre des soins dont je suis incapable; oh! je l'accepte, et il n'en faut pas moins pour m'évertuer un peu; car si, par moi-même, je puis rassembler deux bonnets de nuit et cinq ou six chemises, ce sera beaucoup.

Il n'y a plus que ma femme et mon herbier dans

---

[1] Ce quelqu'un étoit M. de Neuville; et comme il affecte de ne m'en point parler, je crains qu'il n'y ait du froid, de sorte que je suis très-embarrassé qui lui donner à sa place.

(*Note du comte Duprat.*)

le monde qui puissent me rendre un peu d'activité.
Si nous nous embarquons seuls sous notre propre
conduite, au premier embarras, au moindre obstacle, je suis arrêté tout court, je n'arriverai jamais.
J'aime à me bercer, dans mes châteaux en Espagne,
de l'idée que vous seriez ici, monsieur, avec M. le
commandeur; que vous daigneriez aiguillonner un
peu ma paresse; que mes petits arrangements s'en
feroient plus vite et mieux sous vos yeux; que si
vous poussiez l'œuvre de miséricorde jusqu'à permettre ensuite que nous fissions route à la suite de
l'un ou de l'autre, et peut-être de tous les deux;
alors, comme tout seroit aplani! comme tout iroit
bien! Mais c'est un château en Espagne, et de tous
ceux que j'ai faits en ma vie, je n'en vis jamais réaliser aucun. Dieu veuille qu'il n'en soit pas ainsi
de l'espoir d'arriver au vôtre!

Au reste, je n'ai nul éloignement pour les précautions qui vous paroissent convenables pour
éviter trop de sensation. Je n'ai nulle répugnance à
aller à la messe; au contraire, dans quelque religion que ce soit, je me croirai toujours avec mes
frères, parmi ceux qui s'assemblent pour servir
Dieu. Mais ce n'est pas non plus un devoir que je
veuille m'imposer, encore moins de laisser croire
dans le pays que je suis catholique. Je désire assurément fort de ne pas scandaliser les hommes, mais
je désire encore plus de ne jamais les tromper.
Quant au changement de nom, après avoir repris

hautement le mien, malgré tout le monde, pour revenir à Paris, et l'y avoir porté huit ans, je puis bien maintenant le quitter pour en sortir, et je ne m'y refuse pas; mais l'expérience du passé m'apprend que c'est une précaution très-inutile, et même nuisible, par l'air du mystère qui s'y joint; et que le peuple interprète toujours en mal. Vous déciderez de cela, connoissant le pays comme vous faites; là-dessus comme sur tout le reste, je m'en remets à votre prudence et à votre amitié. Agréez, monsieur le comte, mes très-humbles salutations.

LETTRE CMLXVIII.

AU MÊME.

Paris, le 15 mars 1778.

Je vois, monsieur, que malgré toutes vos bontés, qui me sont chères et dont je voudrois profiter, le seul vrai remède à mes maux, qui reste à ma portée, est la patience. L'état de ma femme, empiré depuis quelque temps, et qui rend le mien de jour en jour plus embarrassant et plus triste, m'ôte presque l'espoir d'achever et le courage de tenter le long voyage qu'il faudroit faire pour atteindre l'asile que vous nous avez bien voulu destiner. Ce qu'il y a du moins déjà de bien sûr est qu'il nous est impossible de le faire seuls; ma femme, abattue par son mal, se souvient, pour surcroît, des gîtes où l'on nous a fourrés, et des traitements qu'on nous y a faits dans nos autres voyages, lorsque, plus jeunes et mieux portants, nous avions plus de courage et de force pour supporter la fatigue et les angoisses. Elle aime mieux mourir ici que de s'exposer de nouveau à toutes ces indignités; et nous croyons l'un et l'autre que la présence d'un tiers, ne fût-ce qu'un domestique, nous en sauveroit assez pour que nous pussions, armés de douceur et de résignation, supporter le reste. Cette délibération, monsieur, sur laquelle nous n'avons encore eu que des explications très-vagues, est la première et la plus importante, sans quoi toutes les autres sont inutiles. Je sais que votre généreuse bienveillance prodiguera ses soins pour nous faciliter ce transport; mais il s'agit encore de savoir ce qu'elle pourra faire pour nous le rendre praticable, et cela consiste essentiellement à trouver quelqu'un de connoissance, qui, ayant le même voyage à faire, veuille bien nous souffrir à sa suite, nous procurer des gîtes supportables, et nous garantir, autant que cela se pourra, des obstacles et des outrages qui, sous un faux air d'attentions et de soins, nous attendront dans la route. Si cette occasion ne se trouve pas, comme j'ai lieu de le craindre, le seul parti qui me reste à prendre est d'attendre ici votre arrivée ou celle de M. le commandeur, et de prendre patience, en attendant, comme j'espère faire jusqu'à la fin, à moins qu'il ne se présente quelque ressource imprévue, sur laquelle j'aurois grand tort de compter.

Quant aux soins qui regardent ici les guenilles que j'y puis laisser, c'est un article trop peu important pour que vous daigniez vous en occuper ainsi d'avance; nous ne manquerons pas de gens empressés à recevoir ce petit dépôt. Mon silence au sujet de M. de Neuville me paroissoit une réponse très-claire; mais vous en voulez une expresse, il faut obéir. De l'humeur dont je me connois, il lui faudroit toujours bien moins de peine pour me faire oublier ses dispositions à mon égard, qu'il n'en a pris à me les faire connoître; mais, en attendant, prêt à lui rendre avec le plus vrai zèle tous les services qui pourroient dépendre de moi, je me sens peu porté à lui en demander. Il sembloit, au tour de votre précédente lettre, que vous aviez quelqu'un en vue pour cet effet; et je puis vous assurer à cet égard, d'une confiance entière en quiconque viendra à moi de votre part.

A l'égard de la messe et de l'incognito, vous connoissez là-dessus mes principes et mes sentiments; ils seront toujours les mêmes. L'expérience m'a fait connoître l'inutilité et les inconvénients de ces petits mystères; qui ne sont qu'un jeu mal joué. Vous dites, monsieur, qu'on ne m'interrogera pas; on saura donc qu'il ne faut pas m'interroger : car d'ailleurs c'est un droit qu'avec peu d'égard pour mon âge, s'arrogent avec moi sans façon petits et grands. Je mettrai, je vous le proteste, une grande partie de mon bonheur à vous complaire en toute chose convenable et raisonnable; mais je ne veux point là-dessus contracter d'obligation. Adieu, monsieur; quel que soit le succès des soins que vous daignez prendre pour moi, j'en suis touché comme je dois l'être, et leur souvenir ne s'effacera jamais de mon cœur. Ma femme partage ma reconnoissance, et nous vous supplions l'un et l'autre d'agréer nos très-humbles salutations [1].

[1] Ces choses n'ont pu s'arranger pour qu'il fît le voyage projeté. Bien peu de temps après il s'est décidé en faveur d'Ermenonville, où il est mort dans la même année.

(*Note du comte Duprat.*)

FIN DE LA CORRESPONDANCE.

TABLE ANALYTIQUE

DES LETTRES CONTENUES DANS CE VOLUME.

Lettre DCCCLXIV, à M. Laliaud.—Il lui envoie une lettre pour M. Davenport. Il partage son temps entre le Tasse et son herbier................page 3
Lettre DCCCLXV, à M. Moultou.—Plaintes contre celui qui l'avoit forcé de sortir de Trye............ 4
Lettre DCCCLXVI, à M. du Peyrou.—Sur les différends de Neuchâtel avec la cour de Berlin. Il doit là vie à la botanique...................... 7
Lettre DCCCLXVII, à M. Laliaud.—Regrets sur la mort de Sauttersheim...................... 10
Lettre DCCCLXVIII, à M. Moultou.—Il va aller habiter une maison de campagne près de Bourgoin...... 14
Lettre DCCCLXIX, à madame La Tour.—Mauvais état de sa santé......................... 17
Lettre DCCCLXX, à M. Beauchâteau.—Il ne veut être ni loué ni justifié........................ 18
Lettre DCCCLXXI, à M. du Peyrou.—Sa maladie le force à se servir d'une main étrangère. Thérèse est malade de son côté......................... 19
Lettre DCCCLXXII, à M. Laliaud.—Encore sur sa santé. Il le prie de négocier un effet sur l'Angleterre..... 22
Lettre DCCCLXXIII, à M. du Peyrou.—Il apprend avec chagrin qu'on imprime à son insu un discours de lui. Inquiétudes sur cette infidélité.............. 24
Lettre DCCCLXXIV, à M. Laliaud.—Sur le même sujet.. 25
Lettre DCCCLXXV, à M. Moultou.—Il est à Monquin. Il réfute une doctrine désolante................ 28
Lettre DCCCLXXVI, à M. Laliaud.—Sur de nouvelles offres d'une retraite.................... 32

Lettre DCCCLXXVII, à M. du Peyrou.—Sur le discours qu'on lui a volé. Sur la botanique............ page 34

Lettre DCCCLXXVIII, à M. de ***.—Lettre d'envoi de la suivante... 36

Lettre DCCCLXXIX, à M. de ***.—Réfutation éloquente des doutes sur l'existence de Dieu. Nature de la croyance de Rousseau... 37

Observation sur cette lettre importante................ 60

Lettre DCCCLXXX, à M. Laliaud.—Il accepte son offre de lui faire vendre ses livres, mais seulement ceux qui sont tolérés, ne voulant pas mettre dans le commerce des ouvrages défendus.................................... 61

Lettre DCCCLXXXI, à madame La Tour.—Il lui fait part de sa nouvelle demeure et du rétablissement de sa santé... 62

Lettre DCCCLXXXII, à M. du Peyrou.—Contradiction de du Peyrou. Maximes philosophiques............... 63

Lettre DCCCLXXXIII, à M. Beauchâteau.—Il refuse la médaille qu'il veut faire frapper en son honneur......... 64

Lettre DCCCLXXXIV, à M. du Peyrou.—Il partage ses chagrins. Conseils....................................... 65

Lettre DCCCLXXXV, au même.—Condoléances sur la mort de sa mère... 67

Lettre DCCCXXXVI, à M. le prince de Conti.—Il a des confidences à lui faire................................. 68

Lettre DCCCLXXXVII, à M. du Peyrou.—Compliments sur son mariage.. 70

Lettre DCCCLXXXVIII, à madame Latour.—Il lui rend amitié pour amitié.................................... 71

Lettre DCCCLXXXIX, à la même.—Il est touché de ses inquiétudes sur son compte............................ 72

Lettre DCCCXC, à M. du Peyrou.—Entrevue avec le prince de Conti....................................... 73

Lettre DCCCXCI, au même.—Plaisanteries sur sa goutte. Herborisation... 74

Lettre DCCCXCII, à madame Rousseau.—Détails sur leur

TABLE ANALYTIQUE.

commerce; sur la conduite de Thérèse. Mélanges de reproches et de tendresse. . . . . page. 77
OBSERVATION sur l'importance de cette lettre 84
LETTRE DCCCXCIII, à M. Laliaud.—Particularités sur un voyage de botanique 85
LETTRE DCCCXCIV, à M. Moultou.—Remerciements et conseils 86
LETTRE DCCCXCV, à M. du Peyrou. — Compliments sur son bonheur. Description de sa course au mont Pila . . 87
LETTRE DCCCXCVI, à M. L. C. D. L. — Heureux qui peut élever ses enfants. Herborisations 91
LETTRE DCCCXCVII, à madame B. —Il accepte la correspondance qu'elle lui offre 96
LETTRE DCCCXCVIII, à M. de Saint-Germain.—Il accepte avec empressement un rendez-vous. 97
LETTRE DCCCXCIX, à M. du Peyrou.—Sur le bonheur dont il jouit et qu'il désire de partager. Il veut se défaire de ses livres de botanique 98
LETTRE CM, à M. Laliaud.—Remerciements. 100
LETTRE CMI, à madame B.—Conseils et réflexions . . . 101
LETTRE CMII, à M. du Peyrou.—Réflexions 105
LETTRE CMIII à M. Moultou.—Il le gronde sur un cadeau qu'il lui a fait. 108
LETTRE CMIV, à madame B.—Conseils sur le bonheur : on ne doit pas le chercher au-dehors. Il l'exhorte à nourrir ses enfants. Plaintes et remords sur l'abandon qu'il a fait des siens. 109
LETTRE CMV, à la même.—Il la gronde sur ses réticences. 115
LETTRE CMVI, à M. l'abbé M. — Conseils sur son métier d'instituteur, sur la manière d'élever un enfant. Réflexions sur l'opinion. 117
EXPLICATION sur la nouvelle manière de dater qu'il a adoptée. . . . . Ib.
LETTRE CMVII, à M. Moultou. — Annonce du projet de quitter le pays. 124
LETTRE CMVIII, à madame Gonceru. — Il lui continuera toujours sa pension. 125

Lettre CMIX, au marquis de Condorcet. — Remerciements pour l'envoi de ses *Essais d'analyse*. . . . . page 126
Lettre CMX, à M. de Belloy. — Il le loue d'avoir choisi des sujets patriotiques. 128
Lettre CMXI, à M. de Saint-Germain. — Remerciements; il annonce des détails sur lui. 132
Lettre CMXII, au même. — Détails intéressants sur sa conduite, ses goûts, ses ouvrages : véritable supplément aux confessions. 134
Observation sur cette lettre. 178
Lettre CMXIII, à M. l'abbé M. — Objections sur l'intention qu'il a de suivre le plan tracé dans *Émile*. 179
Lettre CMXIV, à M. de Saint-Germain. — Il est touché de son intérêt. Il est décidé à quitter le pays. 183
Lettre CMXV, à M. du Peyrou. — Explications amicales. 184
Lettre CMXVI, à M. de Belloy. — Il est content de ses explications. Son opinion sur les François, qu'on ne peut rendre injustes qu'en les trompant. 187
Lettre CMXVII, à M. l'abbé M. — Explication importante sur un passage d'Émile relatif à la vengeance. . 194
Observation sur cette lettre intéressante. 199
Lettre CMXVIII, à madame B. — Il lui annonce son prochain départ. Explications. . . . . Ib.
Lettre CMXIX, à M. Moultou. — L'incertitude dans ses projets sur le choix d'une retraite n'a plus lieu. Il veut rester en France. Plainte contre Rey. 202
Lettre CMXX, à M. Laliaud. — Il le prie de ne plus lui écrire jusqu'à ce qu'il lui ait donné son adresse. . . . 207
Lettre CMXXI, à M. Moultou. — Ce n'est plus sa personne qu'il faut défendre, mais sa mémoire. 208
Lettre CMXXII, à M. de Saint-Germain. — Remerciements et expressions de sa reconnoissance. 213
Lettre CMXXIII, à M. de Cesarges. — Plainte sur la conduite de ses gens envers Thérèse. 214
Lettre CMXCIV, à M. de Saint-Germain. — Explications et détails intéressants. 215
Lettre CMXXV, à M. de Latourette. — Il le prie de l'ins-

TABLE ANALYTIQUE.

crire au nombre de ceux qui souscrivent pour faire élever une statue à Voltaire.................... page 220

Lettre CMXXVI, à M. de Saint-Germain. — Il lui réitère ses adieux et lui fait passer le mémoire de Granger de Monquin.. 221

Lettre CMXXVII, au même. — Remerciements et compliments... 222

Observation sur la date de cette lettre................ 223

Lettre CMXXVIII, à madame B. — Désir de la voir : obstacles.. Ib.

Lettre CMXXIX, à la même. — Il l'instruit du jour où il pourra lui faire visite........................... 225

Lettre CMXXX, à M. de Saint-Germain. — Son arrivée à Paris. Détails et compliments.................. 226

Lettre, CMXXXI, à madame Latour. — Il ne peut la recevoir chez lui, comme elle le lui propose............. 228

Lettre CMXXXII, à M. de Saint-Germain. — Compliments et expressions de reconnoissance............... 229

Lettre CMXXXIII, à madame de Créqui. — Protestations d'attachement. Obstacles qui s'opposent à ses visites. 230

Lettre CMXXXIV, à la même. — Même sujet......... 232

Lettre CMXXXV, à la même. — Sur la continuation d'Émile. Critique d'une chanson..................... Ib.

Lettre CMXXXVI, à M. Dusaulx. — Il le remercie de ses soins. Il a pris tous ses arrangements............ 234

Lettre CMXXXVII, à M. Dutens. — Il a renoncé à la pension du roi d'Angleterre, et blâme les démarches qu'on a faites pour qu'elle soit payée....................... 235

Lettre CMXXXVIII, à M. du Peyrou. — Mélanges de reproches et d'amitié............................... 237

Lettre CMXXXIX, à M. L. D. M. — Détails curieux sur les motifs qu'il a de se croire l'objet d'un complot général. 239

Observation sur cette lettre......................... 249

Lettre CMXL, à M..... — Sur le suicide : cas où il le croit permis.. Ib.

Observation sur cette lettre........................ 254

TABLE ANALYTIQUE.

Lettre CMXLI, à M. Dusaulx. — Il lui propose un petit souper, *non d'Apicius mais d'Épicure*. . . . . page 254

Lettre CMXLII, au même. — Il lui demande des explications. 255

Lettre CMXLIII, au même. Il le prie de lui permettre de méditer la réponse qu'il doit lui faire. 259

Lettre CMXLIV, au même. — Il passe en revue tous les rapports qu'ils ont eus ensemble, et lui déclare qu'il ne veut plus d'intimité avec personne. . . . . Ib.

Lettre CMXLV, à M. du Peyrou. — Il lui reproche la précipitation de ses jugements, et lui donne des explications. 267

Lettre CMXLVI, à M. de Saint-Germain. — Sur l'interruption de sa correspondance 270

Lettre CMXLVII, à madame de T. — Ses sages conseils sur la manière dont elle doit s'y prendre pour former le caractère de son fils 272

Lettre CMXLVIII, à madame de Créqui. — Explications. . 276

Lettre CMXLIX, à madame Latour. — Il repasse en revue leurs rapports et leur correspondance 278

Observation sur un calcul piquant de madame Latour. 279

Lettre CML, à M. du Peyrou. — Inquiétudes que lui cause son silence. 280

Lettre CMLI, à madame Latour. — Renvoi d'un manuscrit. 281

Lettre CMLII, à M. le chevalier de Cossé. — Refus et remerciments de ses services 282

Lettre CMLIII, à M. Linné. — Expressions d'admiration et de reconnoissance. 284

Lettre CMLIV, à M. de Saint-Germain. — Il ne l'oubliera jamais, mais il ne peut lui promettre de l'exactitude dans sa correspondance 285

Lettre CMLV, à M. de Sartine. — Il lui rend compte de sa conduite 287

Lettre CMLVI, à milord Harcourt. — Il le remercie de ses offres qu'il n'accepte pas. 293

Lettre CMLVII, à madame Latour. — Il lui renvoie une partition. Remerciements, etc. 295

TABLE ANALYTIQUE.

Lettre CMLVIII, à madame la marquise de Mesme.—Raisons pour lesquelles il ne peut accepter de rendez-vous .... page 296
Lettre CMLIX, à madame...—Explications. 297
Lettre CMLX, à M. de Malesherbes.—Il veut lui compléter son herbier 301
Lettre CMLXI, à M. de Sartine.—Sur un quiproquo de ce ministre ou de ses bureaux. 304
Lettre CMLXII, à M. le prince de Beloselski.—Explications : regrets touchants sur son pays 305
Note sur cette lettre 307
Lettre CMLXIII, à madame la comtesse de Saint-***.—Refus de la recevoir. .... Ib.
Lettre CMLXIV, à madame la comtesse de Saint-***.—Explications bizarres. Cette lettre et la précédente prouvent l'absence de son esprit. 308
Lettre CMLXV, à M. le comte Duprat.—Il est disposé à accepter l'asile qu'il lui offre 311
Lettre CMLXVI, à madame de C.—Recherches sur les mœurs des hirondelles 313
Lettre CMLXVII, à M. le comte Duprat.—Tous ses vœux sont pour aller habiter la retraite qu'il lui donne. Explications et déclarations à ce sujet 314
Lettre CMLXVIII, au même.—Obstacles que mettent à un voyage de long cours sa vieillesse et ses infirmités. 317

FIN DE LA TABLE ANALYTIQUE
DES LETTRES CONTENUES DANS CE VOLUME.

TABLE ALPHABÉTIQUE

DES CORRESPONDANTS DE ROUSSEAU.

A.

ABAUZIT (à M.), t. III, p. 444.
ACADÉMIE DE DIJON, t. I, p. 170.
ALEMBERT (D'), t. I, p. 219, 274. — T. II, p. 32, 185.
ALTUNA (à M.), t. I, p. 158.
AMBERIER (à M. le curé d'), t. III, p. 65, 233.
AMELOT DU CHAILLOU (à M.), voyez DU THEIL.
ARGENSON (D'), t. I, p. 215.
ANONYMES. — A M., t. I, p. 63. — A M., p. 82. — A M., p. 109. — A M., p. 119. — A M., p. 165. — A un Anonyme, par la voie du *Mercure*, p. 270. — A un jeune homme, t. II, p. 10. — A M., p. 132. — A M.***, p. 142. — A madame d'Az***, p. 181. — A madame C***, p. 183. — A M.***, p. 184. — A M. de ***, p. 188. — A M. R., p. 233. — A M. ***, p. 359. — A M. ***, t. III, p. 59. — A M., p. 65. — A M. D. L. C., p. 71. — A M. ***, p. 141. — A M. de ***, p. 150. — A madame de ***, p. 163. — A M. A. A., p. 196. — A M., p. 233. — A M. ***, p. 236. — A M. G., p. 238. — A M. l'abbé de ***, p. 265. — A madame de B., p. 267. — A M. ***, p. 269. — A M., p. 274. — A M., p. 279. — A M. l'abbé de ***, p. 288, 304. — A M. A., p. 324. — A mademoiselle D. M., p. 333. — A M. de P., p. 348. — A M. ***, p. 355. — A M. H. D. P., p. 368. — A madame P., p. 413. — A mademoiselle D. M., p. 417. — A M. D., p. 422. — A M. l'abbé de ***, p. 424. — A M. ***, t. IV, p. 7. — A M. le C. de B., p. 31. — A madame la C. de B., p. 33. — A M. D., p. 52. — A M. de P., p. 83. — A M. de C. P. A. A., p. 84. — A M. ***, p. 297. — A lord ***, p. 306. — A M., p. 309. — A

madame***, t. v, p. 38. — A M., p. 66, 68. — A M. E. J., p. 155. — A une dame de Lyon, p. 315. — A M. de***, t. vi, p. 36, 37. — A M. L. C. D. L, p. 91. — A madame B., p. 96, 102, 109, 115. — A M. l'abbé M., p. 117, 179. — A madame B., p. 199, 223, 225. — A M. L. D. M., p. 239. — A M., p. 249. — A madame de T., p. 272. — A madame***, p. 297. — A madame la C. de Saint ***, p. 307, 308. — A madame de C., p. 313.

B.

BALLIÈRE (à M.), t. iv, p. 37.
BASTIDE (à M.), t. ii, p. 105, 122.
BEAUCHATEAU (à M.), t. iii, p. 139. — T. vi, p. 18, 64.
BEAUTEVILLE (à M.), t. iv, p. 266.
BECKET ET DE HONDT (MM.), t. iv, p. 303.
BELLOY (à M. de), t. vi, p. 128, 187.
BELOSELSKY (à M. de), t. vi, p. 305.
BOISSY (à M. de), t. i, p. 266, 283.
BONDELY (à mademoiselle), t. iii, p. 297.
BOUFFLERS (à madame de), t. ii, p. 138, 346, 373, 384. — T. iii, p. 14, 26, 63, 285, 382. — T. iv, p. 249, 257, 292, 298. — T. v, p. 22, 254, 277.
BOURETTE (à madame), t. ii, p. 191.
BURNAND (à M.), t. iii, p. 162, 167, 173.

C.

CARTIER (à M.), t. ii, p. 93.
CESARGES (à M. de), t. vi, p. 214.
CHAMFORT (à M. de), t. iii, p. 366, 394.
CHAPPUIS (à M. Marc), t. iii, p. 188, 189. — T. iv, p. 43.
CHARMETTES (à M. le comte des), t. i, p. 117.
CHAUVEL (à M.), t. v, p. 71.
CHENONCEAUX (à madame de), t. iv, p. 50.
CHOISEUL (le duc de), t. v, p. 278.
CLAIRAULT (à M.), t. iv, p. 86.
COINDET (à M.), t. ii, p. 18, 274. — T. iv, p. 129, 281.

CONDORCET (le marquis de), t. VI, p. 126.
CONSISTOIRE DE MOTIERS (au), t. IV, p. 105.
CONTI (M. le prince de), t. II, p. 329. — T. V., p. 300. — T. VI, p. 66.
CONWAY (.le général), t. IV, p. 334. — T. V, p. 131, 147.
CONZIÉ (à M. de), t. I, p. 91. — T. III, p. 272.
COSSÉ (M. le chevalier de), t. VI, p. 282.
CRAMER DE LON (à madame), t. II, p. 345.
CRÉQUI (à madame de), t. I, p. 183, 184, 185, 186, 187, 188, 189, 190, 191, 192, 193, 194, 195, 251. — T. II, p. 43, 60, 177, 178, 190, 314, 324, — t. III, p. 371. — T. IV, p. 247, 321. — T. VI, p. 230, 232, 276.

D.

DANET (Jacqueline), t. II, p. 207.
DASTIER (à M.), t. IV, p. 73.
DAVENPORT (à M.), t. IV, p. 358, 404. — T. V, p. 35, 63, 99, 100, 145.
DELALIVE (à M.), t. II, p. 237.
DELEYRE (à M.), t. II, p. 41, 98. — T. III, p. 358, 407. — T. IV, p. 64.
DELUC (à M.), t. III, p. 136, 206. — T. IV, p. 280.
D'ÉON (à M. le chevalier), t. IV, p. 285.
DEWES (à mademoiselle), t. IV, 357. — T. V, p. 59, 227.
DIDEROT (à M.), t. I, p. 359, 363. — T. II, p. 14.
DUCHESNE (à M.), t. II, p. 121. — T. IV, p. 3.
DUCHESNE (à mademoiselle), t. III, p. 79.
DUCLOS (à M.), t. II, p. 160. — T. III, p. 220, 225, 436. — T. IV, p. 21.
DUMOULIN (à M.), t. III, p. 77.
DU PEYROU (à M.), t. III, p. 389, 390, 393, 397, 434, 441, 446, 456. — T. IV, p. 29, 39, 70, 87, 98, 108, 119, 122, 125, 126, 132, 134, 137, 138, 145, 146, 148, 150, 151, 157, 195, 197, 199, 200, 201, 202, 203, 204, 207, 213, 214, 215, 218, 219, 220, 223, 227, 233, 238, 244, 252, 259, 269, 271, 277, 318, 335, 344, 345, 394. — T. V, p. 17, 43, 50, 55, 75, 111, 127,

134, 138, 158, 160, 164, 166, 169, 176, 189, 196, 199, 201, 203, 204, 208, 209, 212, 216, 248, 255, 270, 289, 294, 301, 302, 319, 346, 350, 366, 392.—T. vi, p. 7, 19, 24, 34, 63, 65, 67, 70, 73, 74, 87, 98, 105, 184, 237, 267, 280.
Dupont (à M.), t. i, p. 114.
Duprat (à M. le comte), t. vi, p. 311, 314, 317.
Dusaulx (à M.), t. vi, p. 234, 254, 255, 259.
Dutens (à M.), t. v, p. 90, 114, 120, 128, 211.—T. vi, p. 235.

E.

Épinay (à madame d'), t. i, p. 241, 244, 246, 262, 264, 284, 285, 288, 289, 290, 291, 294, 296, 300, 301, 306, 335, 338, 339, 340, 341, 343, 344, 345, 348, 350, 352, 353, 357, 358, 368, 379, 381, 382, 383, 384, 385, 388, 389, 390, 403, 404, 405, 407, 409, 410, 411, 430, 440, 441.—T. ii, p. 12.
Escherny (à M. d'), t. iii, p. 299.—T. iv, p. 114, 144.
Eybens (à M. d'), t. i, p. 98.

F.

Favre (à M.), t. iii, p. 182.
Félice (à M. de), t. iv, p. 98.
Foulquier (à M.), t. iii, p. 408.
Francueil (à M. Dupin de), t. i, p. 196.
Francueil (à madame de), t. i, p. 174.
Fréron (à M.), t. i, p. 200.

G.

Galley (à mademoiselle), t. iii, p. 345.
Gauffecourt (à M.), t. iii, p. 211.—T. iv, p. 19.
Gingins de Moiry (à M. de), t. ii, p. 342, 358.
Gonceru (à madame), t. i, p. 44, 225.—T. vi, p. 125.
Graffenried (à M. de), t. iv, p. 208, 209, 212, 214.
Graffenried (à mademoiselle de), t. i, p. 34.

GRAFFTON (à M. le duc de), t. v, p. 94.
GRANVILLE (à M.), t. IV, p. 353, 354, 355, 356, 357.—T. v, p. 107, 118, 119, 179, 225.
GRIMM (à M.), t. I, p. 418, 438.
GUÉRIN (à M.), t. II, p. 169.
GUY (à M.), t. III, p. 333.—T. IV, p. 405.—T. v, p. 95, 180.
GUYENET (à madame), t. IV, p. 49.

H.

HARCOURT (à milord comte de), t. v, p. 65, 98, 109, 122, 132, 144, 168, 219.
HIRZEL (à M.), t. III, p. 428.
HOUDETOT (à madame d'), t. I, p. 432, 438, 439.—T. II, p. 3, 21, 114.
HUBER (à M.), t. II, p. 277.
HUME (à M. David), t. III, p. 129.—T. IV, p. 231, 274, 275, 350, 359.

I.

INSÉPARABLES (aux), c'étoient madame Latour et son amie, t. II, p. 231.
IVERNOIS (à M. d'), t. III, p. 232, 281, 330, 367, 377, 378, 391, 433, 450, 453, 457.—T. IV, p. 15, 23, 78, 117, 127, 141, 152, 155, 190, 194, 199, 222, 228, 234, 236, 242, 256, 262, 287, 340, 351.—T. v, p. 15, 26, 62, 88, 113, 141, 186, 231, 235, 236, 250, 263, 274, 284, 285.
IVERNOIS (à madame d'), t. IV, p. 104.
IVERNOIS (à mademoiselle d'), t. III, p. 62. — T. IV, p. 120, 157.

J.

JODELH (à M. l'abbé de), t. II, p. 249.
JULIE. Voyez madame Latour.

K.

Keith (à George), ou milord Maréchal, t. ii, p. 353, 388. —T. iii, p. 37, 42, 158, 314, 320, 322, 380, 415, 439.— T. iv, p. 35, 65, 111, 401, 409.—T. v, p. 33, 36, 60, 106, 125.

Kirchberger (à M.). Nota. Dans les précédentes éditions ce nom est remplacé par celui de Keit. T. iii, p. 152.

Klupfel (à M.), t. iv, p. 142.

L.

Lalande (à M. de), t. v, p. 268.

Laliaud. —T. iii, p. 400, 443.—T. iv, p. 116.—T. v, p. 57, 311, 343, 352, 360, 367, 374, 394. —T. vi, p. 3, 10, 22, 25, 61, 85, 100, 207.

Laporte (à M. l'abbé de), t. iii, p. 171.

Lastic (à M. le comte de), t. i, p. 239.

Latour, peintre (à M.), t. iii, p. 402.

Latour-Franqueville (à madame), t. ii, p. 215, 227, 238, 241, 248, 250, 255, 266, 280, 281, 293, 294, 307, 310, 316, 317, 324, 391.—T. iii, p. 11, 13, 50, 67, 76, 101, 131, 174, 183, 200, 230, 240, 242, 246, 282, 300, 310, 331, 388, 411, 449.— T. iv, p. 64, 96, 188, 237, 248.— T. v, p. 95, 213, 223, 231.—T. vi, p. 17, 32, 62, 71, 72, 228, 278, 281, 295.

La Tourette (à M. de), t. vi, p. 220.

Le Nieps, t. ii, p. 68.—T. iii, p. 403.—T. iv, p. 59.

Le Roy, t. ii, p. 49.

Le Sage (à M.), t. i, p. 221.

Le Vasseur (à mademoiselle Thérèse), t. ii, p. 335.—T. v, p. 305.

Linné (à M.), t. vi, p. 284.

Loiseau de Mauléon (à M.), t. iii, p. 61.

Lorenzy (à M. le chevalier de), t. ii, p. 85, 140, 145.

Luxembourg (à M. le maréchal duc de), t. ii, p. 81, 87, 94,

98, 107, 112, 135, 241, 253, 328, 332, 344. — T. III, p. 82, 104, 179, 329.

LUXEMBOURG (à madame la maréchale de), t. II, p. 84, 90, 95, 96, 102, 108, 116, 117, 127, 128, 129, 131, 134, 166, 186, 194, 195, 198, 210, 212, 213, 214, 226, 232, 236, 237, 254, 265, 279, 288, 290, 292, 305, 308, 330, 361, 383. — T. III, p. 361, 362. — T. V, p. 182.

LUZE (à M. de), t. III, p. 313. — T. IV, p. 216, 225, 232, 237, 241, 317.

LUZE (à madame de), t. III, p. 414. — T. IV, p. 311.

LUZE WARNEY (à madame de), t. III, p. 247.

M.

MABLY (à M. l'abbé de), t. IV, p. 51.

MALESHERBES (à M. de), t. II, p. 118, 121, 148, 156, 158, 176, 182, 276, 283, 303. — T. III, p. 23, 39, 429. — T. IV, p. 323. — T. VI, p. 301.

MARCET (à M.), t. II, p. 368. — T. III, p. 144.

MARTEAU (à M.), t. III, p. 399.

MARTINET (à M.), t. III, p. 227.

MÉNARS (à madame la marquise de), t. I, p. 238.

MESMES (à madame la marquise de), t. V, p. 197, 296.

MEURON (à M.), t. IV, p. 82, 94, 101, 121.

MICOUD (à M.), t. I, p. 81.

MILORD MARÉCHAL. V. Keith.

MIRABEAU (à M. le marquis de), t. V, p. 82, 142, 157, 159, 161, 162, 165, 167, 170, 181, 184, 213, 221, 228, 265.

MOLLET (à M.), t. II, p. 205.

MONIER (à M.), t. I, p. 334.

MONTAIGU (à madame de), t. I, p. 123.

MONTMOLLIN (à M. de), t. II, p. 391. — T. III, p. 53, 168, 452. — T. IV, p. 96.

MONTMORENCY (à madame la duchesse de), t. II, p. 189.

MONTPÉROUX (à M. de), t. III, p. 445.

MOUCHON (à M.), t. III, p. 24.

MOULTOU, t. II, p. 56, 109, 171, 192, 208, 256, 267, 285,

295, 311, 321, 326, 339, 343, 349, 352, 355, 365, 377, 379.—T. III, p. 3, 18, 20, 45, 48, 52, 69, 121, 127, 134, 159, 168, 177, 181, 193, 203, 204, 228, 405.—T. IV, p. 13, 56, 75, 92, 192.—T. V, p. 258; 357, 369, 389.—T. VI, p. 4, 14, 28, 86, 108, 124, 202, 208.

N.

NÉAULME (à M.), t. II, p. 319.
NUNCHAM (à lord vicomte de), t. V, p. 65.

O.

OFFREVILLE (à M. d'), t. II, p. 217.
ORLOFF (à M. le comte), t. IV, p. 268.

P.

PANCKOUCKE (à M.), t. II, p. 186.—T. III, p. 301, 351, 451. —T. IV, p. 140.
PERDRIAU (à M.), t. I, p. 229, 277.
PETIT (à M.), t. I, p. 173.
PETIT-PIERRE (à M.), t. III, p. 125.
PICTET (à M.), t. III, p. 8, 303.—T. IV, p. 27.
POMPADOUR (à madame la marquise de), t. I, p. 200.
POPELINIÈRE (à M. de la), t. II, p. 325.
PORT (à madame), v. mademoiselle Dewes.
PORTLAND (à madame la duchesse de), t. V, p. 18.
PURY (à M. de).

R.

RAYNAL (à M. l'abbé), t. I, p. 171, 178, 209.
REGNAULT (à M.), t. III, p. 245.
REY (à M. Marc-Michel), t. V, p. 10.
ROGUIN (à M. Daniel), t. I, p. 142.—T. III, p. 154, 393.
ROGUIN (à madame), t. III, p. 317.

Roi de Prusse (au), t. ii, p. 354.—T. iii, p. 36.—T. iv, p. 284.
Romilly (à M.), t. ii, p. 30.
Rousseau, père de Jean-Jacques (à M.), t. i, p. 29, 39, 42, 50.
Rousseau (à M. Théodore), t. iii, p. 6, 198, 416.
Rousseau (à M. F. H.), t. iii, p. 218.—T. iv, p. 304.
Rousseau (à madame), t. vi, p. 77.
Roustan (à M.), t. ii, p. 271.—T. v, p. 30.

S.

Saint-Bourgeois (à M.), t. iv, p. 42.
Saint-Florentin (à M. le comte de), t. ii, p. 63.
Saint-Germain (à M. Anglancier de), t. v, p. 377, 386.— T. vi, p. 97, 132, 134, 183, 213, 215, 221, 222, 226, 229, 270, 285.
Saint-James Chronicle (à l'auteur du), t. iv, p. 297.
Saint-Lambert (à M. de), t. i, p. 412, 433.
Sandoz (à madame la générale), t. iv, p. 85.
Sartine (à M. de), t. ii, p. 309.—T. v, p. 195.—vi, p. 287, 304.
Sauttersheim (à M. de), t. iii, p. 347, 363.
Scheyb (à M.), t. i, p. 301.
Seguier de saint-Brisson (à M.), t. iii, p. 373.—T. iv, p. 9.
Serre (à mademoiselle), t. i, p. 58.
Société économique de Berne (à MM. les membres de la), t. ii, p. 299.
Sophie (à), ou madame d'Houdetot, t. i, p. 391. — T. ii, p. 36.
Sourgel (à madame de), t. i, p. 104.
Strafford (à milord), t. iv, p. 291.

T.

Tante (à sa), v. Gonceru.
Theil (à M. du), t. i, p. 125, 131, 133, 135.
Théodore (à mademoiselle), t. v, p. 116.

Tonnerre (à M. le comte de), t. v, p. 307, 309, 310, 313, 318, 324, 326, 342, 381, 387.
Tressan (à M. le comte de), t. 1, p. 272, 275, 282.
Tronchin (à M. le docteur), t. 11, p. 53.
Turpin (à M. le comte), t. 1, p. 216.

U.

Usteri (à M.), t. 111, p. 214.

V.

Verdelin (à madame la marquise de), t. 111, p. 295, 342.—T. iv. p. 45.—T. v, p. 3.
Verna (à madame la présidente de), t. v, p. 397.
Vernes (à M.), t. 1, p. 226, 242, 249, 268, 285, 385.—T. 11, p. 6, 25, 27, 33, 46, 51, 58, 91, 103, 113, 203.
Vernet (à M. Jacob), t. 11, p. 38, 162, 393.
Voltaire (à M. de), t. 1, p. 146, 168, 256, 261, 307.—T. 11, p. 123.—T. iv, p. 144.
Warens (à madame la baronne de), t. 1, p. 37, 47, 66, 69, 72, 88, 93, 96, 102, 121, 139, 147, 150, 152, 156, 160, 163, 198.
Watelet (à M.), t. 111, p. 175.
Wirtemberg (à M. le prince Louis-Eugène de), t. 111, p. 239, 243, 248, 276, 291, 311, 326, 353, 386, 401, 431.—T. iv, p. 77.

Z.

Zinzendorf (à M. le comte Charles de), t. 111, p. 410.

FIN DE LA TABLE ALPHABÉTIQUE
DES CORRESPONDANTS DE ROUSSEAU.

TABLEAU CHRONOLOGIQUE

DES ÉCRITS DE J. J. ROUSSEAU,

RANGÉS DANS L'ORDRE OU ILS FURENT COMPOSÉS.

Nota. Nous avons rejeté à la fin les pièces dont la date est, malgré nos recherches, restée inconnue.

N^{os}		ANNÉES.
1	Narcisse, ou l'Amant de lui-même.	1734
	La Préface.	1753
2	Mémoire à S. Exc. monseigneur le gouverneur de Savoie.	1736
3	Le Verger des Charmettes.	1737
4	Traduction de l'Ode de J. Puthod, pour les noces du roi de Sardaigne.	1737
5	Virelai à madame de Warens.	1737
6	Fragments d'Iphis.	1737
7	Réponse au mémoire anonyme (sur la sphéricité de la terre).	1738
8	Fragment d'une épître à M. Bordes.	1740
9	La découverte du Nouveau-Monde, tragédie.	1740
10	Épître à M. Bordes.	1741
11	Épître à M. Parisot.	1742
12	Mémoire pour la béatification de l'évêque d'Annécy.	1742
13	Dissertation sur la musique moderne.	1742
14	Projet concernant de nouveaux signes pour la musique.	1742
15	Les Prisonniers de guerre.	1743
16	Les Muses galantes.	1743
17	Le Persifleur.	1746
18	L'Allée de Sylvie.	1747

Nos.		ANNÉES.
19	L'Engagement téméraire, comédie.	1747
20	Discours qui a remporté le prix à l'académie de Dijon.	1750
21	Lettre à M. l'abbé Raynal sur la réfutation du discours.	1751
22	Lettre à M. Grimm (réplique à M. Gautier).	1751
23	Réponse de J. J. Rousseau au roi de Pologne.	1751
24	Dernière réponse à M. Bordes.	1751
25	Lettre de J. J. Rousseau sur une nouvelle réfutation à son discours.	1751
26	Lettre à M. Grimm, au sujet des remarques ajoutées à la lettre sur Omphale.	1751
27	Épître au vicaire de Marcoussis.	1751
28	Oraison funèbre de S. A. S. monseigneur le duc d'Orléans.	1751
29	Discours sur cette question, *Quelle est la vertu la plus nécessaire aux héros.*	1751
30	Le Devin du village.	1752
31	Discours sur l'origine et les fondements de l'inégalité parmi les hommes.	1753
	Dédicace de ce discours.	1755
32	Lettre sur la musique françoise.	1753
33	Courts fragments de Lucrèce.	1754
34	Discours sur l'économie politique.	1755
35	Examen de deux principes avancés par M. Rameau.	1755
36	La Reine fantasque.	1755
37	Examen des ouvrages de l'abbé de Saint-Pierre, de 1756 à	1761
38	Nouvelle Héloïse, de 1757 à	1759
	Les aventures de milord Édouard Bomston.	1759
39	Lettres à Sara, 1757 ou	1762
40	Lettre à M. d'Alembert.	1758
41	De l'imitation théâtrale.	1758
42	Réfutation du livre de l'Esprit, écrite en marge de l'exemplaire donné par Helvétius.	1758
43	Lettre à M. Le Nieps, sur le Devin du village.	1759

N°s		ANNÉES.
44	Traduction du premier livre de Tacite.	1759.
45	Traduction de l'Apocolokintosis de Sénèque.	1759
46	Contrat Social, de 1756 à 1760, publié en	1762
47	Émile, composé de 1757 à 1761, publié en mai	1762
48	Quatre lettres à M. de Malesherbes, janvier	1762
49	Le Lévite d'Éphraïm.	1762
50	J. J. Rousseau, citoyen de Genève, à Christophe de Beaumont, archevêque de Paris.	1762
51	Pygmalion, scène lyrique, de 1762 à	1765
52	Fragment pour un dictionnaire de botanique, de 1763 à	1765
53	Lettres écrites de la montagne.	1764
54	Vision de Pierre de la montagne, dit le *Voyant*.	1764
55	Lettres sur la législation des Corses.	1764
56	Déclaration relative à M. Vernes.	1765
57	Lettre à M. le docteur Burney.	1766
58	Confessions (*les six premiers livres*), de 1766 à	1767
59	Quinze lettres adressées à madame la duchesse de Portland, de 1766 à	1776
60	Dictionnaire de musique (recueil de morceaux composés à différentes époques, de 1740 à 1767), imprimé en	1767
61	Confessions (*les six derniers livres*), de 1768 à	1770
62	Lettre à madame la présidente de Verna, sur la botanique.	1768
	Lettre à M. Liotard neveu, sur la botanique.	1768
63	Neuf lettres adressées à M. de la Tourette, sur la botanique, de 1769 à	1773
64	Épitaphe de deux amants qui se sont tués.	1771
65	Deux lettres à M. de Malesherbes, sur la botanique.	1771
66	Lettres sur la botanique.	1771
67	Considérations sur le gouvernement de Pologne, avril	1772
68	Déclaration relative aux contrefaçons de ses ouvrages.	1774
69	Extrait d'une réponse sur un morceau de l'Orphée de M. Gluck.	1774

N°s.		ANNÉES.
70	Olynde et Sophronie, vers	1774
71	Dialogue, 1775 à	1776
72	Fragment.	1777
73	Les rêveries du promeneur solitaire, dernier ouvrage de Jean-Jacques, 1777 à	1778

DATES INCONNUES.

74 Vers pour madame de Fleurieu.
75 Vers à mademoiselle Théodore.
76 Énigme sur le portrait.
77 Chanson traduite de Métastase.
78 Strophes ajoutées à celles de Gresset.
79 Bouquet d'un enfant à sa mère.
80 Inscription mise au bas du portrait de Frédéric.
81 Vers sur la femme.
82 Sur la musique militaire.
83 Fragment sur l'Alceste de M. Gluck.
84 Essai sur l'origine des langues.

NOTICE
DES PRINCIPAUX ÉCRITS
RELATIFS A LA PERSONNE ET AUX OUVRAGES
DE J. J. ROUSSEAU.

NOTICE
DES PRINCIPAUX ÉCRITS
RELATIFS A LA PERSONNE ET AUX OUVRAGES
DE J. J. ROUSSEAU.

I. ÉCRITS

RELATIFS A LA PERSONNE DE J. J. ROUSSEAU [1].

Lettre de J. J. Rousseau, de Genève, qui contient sa renonciation à la société et ses derniers adieux aux hommes, adressée au seul ami qui lui reste dans le monde. 1762, in-12.

Cette brochure, de quelques pages, est de Pierre-Firmin de Lacroix, avocat de Toulouse, qui imitoit assez bien le style de Jean-Jacques. Plusieurs lecteurs y furent trompés et la crurent réellement de Jean-Jacques.

Profession de foi philosophique (par Borde). *Amsterdam, Marc-Michel Rey.* (*Lyon*) 1763, in-12 de 35 pages, et in-8°, dans les OEuvres de l'auteur.

Satire contre J. J. Rousseau, réimprimée en 1783, à la suite des *Réflexions* de M. Servan sur les *Confessions de J. J. Rousseau*.

Lettre à M. J. J. Rousseau (par mademoiselle

[1] Extrait de la notice du savant Barbier.

Mazarelli, depuis marquise de Saint-Chamond), 1763, in-12, et dans l'*Année littéraire* de Fréron, 1763, tome VI, page 19.

Exposé succinct de la contestation qui s'est élevée entre M. Hume et M. Rousseau, avec les pièces justificatives (traduit de l'anglois par M. Suard, avec une préface du traducteur). *Londres* et *Paris*, 1766, in-12.

_{Réimprimé, ainsi que les trois pièces suivantes, dans le tome XXVII du Rousseau de Poinçot. *Paris*, 1788-1793, 39 volumes in-8°.}

Lettre de Frédéric II, roi de Prusse (ou plutôt d'Horace Walpole), à J. J. Rousseau, in-8° de 2 pages, et in-12, dans le recueil précédent, page 25.

Justification de J. J. Rousseau dans la contestation qui lui est survenue avec M. Hume. *Londres*, 1766, in-12.

Lettre de M. de Voltaire à M. Hume, 1766, in-8°.

Cette lettre se trouve dans la *Correspondance générale de Voltaire*.

Voyez d'autres lettres de Voltaire sur le même sujet, dans la *Correspondance de Grimm*, première partie, tome V, pag. 376 et suivantes.

Les Lettres de Grimm, sur cette brouillerie, méritent d'être lues. Voyez le volume cité, pages 33 et suivantes.

Notes sur la Lettre de M. de Voltaire à M. Hume, par M. L***, *sans date*, in-12 de 32 pages.

Voltaire dit, dans la *Correspondance de Grimm*, première partie, tome V, page 411, que l'auteur de ces notes étoit un intime ami du docteur Tronchin : auroit-il voulu parler de M. Lullin de Châteauvieux, membre du Conseil de Genève? On le croit lui-même auteur de ces notes.

Plaidoyer pour et contre J. J. Rousseau et le docteur D. Hume, l'historien anglois, avec des anecdotes intéressantes relatives au sujet; ouvrage moral et critique, pour servir de suite aux OEuvres de ces deux grands hommes (par M. Bergerat). *Londres* et *Lyon, Cellier*, 1768, in-12 de 298 pages.

<small>Cet ouvrage a été réimprimé, 1° dans le tome xxvii des OEuvres de Rousseau, *Genève*, 1782, in-8°; 2° dans le t. xxvii du Rousseau de Poinçot; 3° dans le xviiie volume du Rousseau de Defer de Maisonneuve, in-4°.</small>

Réflexions posthumes sur le grand procès de Jean-Jacques avec David. *Paris, sans date*, in-12.

Le Rapporteur de bonne foi, ou Examen sans partialité et sans prétention, du différent survenu entre M. Hume et M. Rousseau de Genève (par T. Vérax). 1766, in-12.

Le docteur Pansophe, ou Lettres de M. de Voltaire (et de M. Borde). *Londres*, 1766, in-12.

<small>La lettre du docteur Pansophe est de M. Borde. Voltaire avoit d'abord attribué cette pièce satirique à l'abbé Coyer, qui l'a désavouée par une lettre insérée dans les OEuvres diverses de J. J. Rousseau, édition de *Neuchâtel* (Paris), tome vii.</small>

Précis pour M. Rousseau en réponse à l'exposé succinct de M. Hume, suivi d'une lettre de madame *** (Latour de Franqueville) à l'auteur de la *Justification de M. Rousseau*. Paris, 1767, in-12.

Réimprimé sous le titre d'*Observations* dans le xxvii.e volume du Rousseau de Poinçot.

J. J. Rousseau a écrit de Wootton, le 7 février 1767 :

« Je viens de recevoir, dans la même brochure, *deux pièces*
« dont on ne m'a point voulu nommer les auteurs; la lecture de la
« première m'a fait chérir le sien sans me le faire connoître. Pour
« la seconde, en la lisant, le cœur m'a battu, et j'ai reconnu ma
« chère Marianne; j'espère qu'elle me connoît aussi.

« *Signé* J. J. Rousseau. »

Marianne étoit le nom sous lequel J. J. Rousseau désignoit madame Latour de Franqueville. Voyez la *Correspondance originale et inédite de J. J. Rousseau avec madame Latour de Franqueville*. Paris, 1803, in-8°, tome ii, pages 38 et suivantes. (C'est à tort que les *Mémoires secrets de Bachaumont* attribuent cette lettre à madame d'Épinay. Voyez le tome iii, page 168.)

Lettre à M. ***, relative à J. J. Rousseau (par M. du Peyrou), à Goa, 1765, avec la réfutation de ce libelle; par le professeur de Montmollin, 1765, in-8°.

Cette lettre a été suivie de deux autres.

Recueil de lettres de J. J. Rousseau et autres pièces relatives à sa persécution et à sa défense; le tout transcrit d'après les originaux. *Londres* et *Paris*, 1766, in-12.

Ce recueil contient trois lettres de M. du Peyrou, relatives à J. J. Rousseau, la réfutation de la première lettre par le pasteur Montmollin, etc. Plusieurs de ces morceaux avoient été imprimés séparément l'année précédente. M. du Peyrou a reproduit ses trois lettres dans le tome XXVII des *OEuvres de Rousseau*, édition de 1782.

Articles 2, 3 et 4 des *Extraits des journaux* dans le *Journal des savants*, avril 1766, édition de Hollande, relatifs à la persécution suscitée à Motiers-Travers contre J. J. Rousseau.

Les articles 2 et 3 sont traduits du journal anglois *Monthly Review*, par Alétophile. (Vincent Gaudio, ancien professeur de droit à Naples, mort en Hollande vers 1767). Le quatrième article contient des notes générales d'Alétophile sur les deux articles précédents; ces articles furent dénoncés au magistrat; le libraire Marc-Michel Rey eut défense de vendre le journal qui les contenoit. Vincent Gaudio fit paroître sa justification dans le mois de mai suivant. Dans le mois d'août, du même journal, se trouve une lettre fort vive, signée *Cléanthe*, en réponse aux assertions d'Alétophile contre les prêtres, et aux louanges qu'il prodigue à J. J. Rousseau. On doit au professeur Gaudio différents ouvrages de littérature et de jurisprudence. Voyez mon *Examen critique des Dictionnaires historiques*. Paris, 1820, in-8°.

Extrait des papiers anglois, contenant, Lettre d'un Anglois à J. J. Rousseau.—Lettre d'un Quaker à J. J. Rousseau. — Fragment d'un ancien manuscrit grec, dans l'*Année littéraire* de Fréron, 1768, tome II, pages 187 et suiv.

Sentiments d'un Anglois impartial sur la querelle de MM. Hume et Rousseau; extrait des papiers anglois, in-12, dans l'*Année littéraire*, 1766, tome VII, page 314.

J. J. Rousseau justifié envers sa patrie (par Béranger). *Londres*, 1775, in-8°, réimprimé dans le 28ᵉ vol. du Rousseau de Poinçot.

Relation des derniers jours de M. J. J. Rousseau, circonstances de sa mort, et quels sont les ouvrages posthumes qu'on peut attendre de lui; par Le Bègue de-Presle, avec une addition relative à ce sujet, par J. H. de Magellan. *Londres* et *Paris*, 1778, in-8°.

Lettre sur J. J. Rousseau, adressée à M. d'Es..., par M. *** (le chevalier de Bruny). *Genève* et *Paris, Brunet*, 1780, in-8°, réimprimé dans le tome XXIX des *OEuvres de Rousseau*, 1782.

Lettre sur J. J. Rousseau, adressée à un prince d'Allemagne. (Voyez la *Correspondance de Grimm*, 3ᵉ partie, tome 1, page 268.)

J. J. Rousseau vengé par son amie, ou morale pratico-philosophico-encyclopédique des Coryphées de la secte (par madame Latour de Franqueville), *au Temple de la Vérité* (*Hollande*), 1779, in-8° de 72 pages.

<small>On trouve dans ce volume, 1° *Lettre d'un anonyme à un anonyme*, ou *Procès de l'esprit et du cœur de M. d'Alembert*; 2° *Lettre à M. Fréron*, par madame de La Motte; 3° *Lettre de madame de Saint-G*** à M. Fréron*. Madame de Latour s'est cachée sous ces différents masques.</small>

La Vertu vengée par l'Amitié, ou recueil de Lettres sur J. J. Rousseau, par madame de *** (Latour de Franqueville), in-8°, ou 30ᵉ vol. des *OEuvres de Rousseau*, édition de *Genève*, 1782.

<small>Ce volume contient les trois lettres de madame de Franqueville, citées dans l'article précédent, celle qu'elle avoit publiée en 1766, et plusieurs autres qui avoient été insérées dans l'*Année littéraire*,</small>

tantôt sous le nom de madame de La Motte, et tantôt sous celui de madame du Riez-Genest. On y remarque ensuite l'*Errata de l'Essai sur la musique ancienne et moderne* de M. de La Borde, et la réplique de madame de Franqueville à la réponse faite par M. de La Borde à l'*Errata*, insérée dans son supplément à l'*Essai sur la musique*. On assure que le célèbre violon Pierre Gaviniès a fourni à madame de Franqueville le fonds de ces deux critiques contre M. de La Borde.

Le libraire Poinçot n'a reproduit qu'une partie de ces lettres dans le tome xxviiie de son édition de Rousseau; une autre partie se trouve dans le xxxe. Il avoit donné, dans le xxviie, la lettre de 1766. Il a donc omis celle qui porte la date de 1772, et qui, comme les autres, est annoncée dans la préface de son xxviiie volume.

Le réveil de J. J. Rousseau, ou particularités sur sa mort et sur son tombeau; par M. B. de V** (M. Brard, médecin). *Genève* et *Paris*, 1783, in-8°.

Vie de J. J. Rousseau, précédée de quelques lettres relatives au même sujet; par M. le comte de Barruel-Bauvert. *Londres* et *Paris*, 1789, in-8°.

Portrait de J. J. Rousseau, en dix-huit lettres, qui présentent une courte analyse de ses principaux ouvrages; par de Longueville, écrivain public. *Amsterdam* et *Paris*, 1779, in-8°.

Abrégé de la Vie de J. J. Rousseau, citoyen de Genève, tiré de ses *Confessions* et de ses autres ouvrages; par Jean-Bruno Forest, ancien militaire, élève de Marmontel, et membre de plusieurs sociétés savantes. *Paris, chez les libraires associés*. 1808, in-8°.

M. Forest a joint à cette vie de Rousseau *la Nouvelle Héloïse*, mise en scènes, pour former un drame en cinq actes; et il annonce à la fin que *l'Émile, ou Traité d'éducation en abrégé*, est sous presse. Ce nouvel ouvrage n'a point paru.

J. J. Rousseau peint par lui-même : ses Confessions, avec des notes nouvelles; ses Dialogues, les Rêveries du promeneur solitaire, etc.; augmenté de l'Éloge de Jean-Jacques, de l'Examen de sa philosophie, de ses opinions, de ses ouvrages; par M. le comte d'Escherny, etc.; avec un beau portrait de Jean-Jacques, un *fac simile* de son écriture, et cinq jolies gravures. *Paris*, 1819, 4 vol. in-12.

Essai sur J. J. Rousseau, par Bernardin de Saint-Pierre, dans le 12ᵉ volume de l'édition in-8°, et dans le 10ᵉ de l'édition in-18 de ses *OEuvres complètes*. Paris, 1820.

Cet Essai mériteroit d'être réimprimé séparément.

Motion relative à J. J. Rousseau; par Ange-Marie d'Eymar, député de Forcalquier à l'Assemblée nationale. *Paris*, 1790, in-8°.

Prosopopée de J. J. Rousseau, ou Sentiments de reconnoissance des amis de l'instituteur d'Émile à l'Assemblée nationale de France, etc. *Paris*, 1790, in-8°.

Rapport sur J. J. Rousseau, fait au nom du comité d'instruction publique, par Lakanal, dans la séance du 29 fructidor, imprimé par ordre de la

Convention nationale, et envoyé aux départements, aux armées et à la république de Genève, in-8°.—Le même rapport, suivi des détails sur la translation des cendres de J. J. Rousseau au Panthéon françois, in-8°.

Des honneurs rendus à la mémoire de l'auteur d'*Émile* (par l'abbé Brizard), in-8°, dans le 14ᵉ vol. du Rousseau de Poinçot.

Pétition à l'Assemblée nationale, contenant demande de la translation des cendres de J. J. Rousseau au Panthéon françois, onzième séance du 27 août 1791 (rédigée par M. Ginguené); avec la réponse de M. Victor Broglie, président. *De l'imprimerie nationale,* in-8° de 15 pages.

Grande dispute au Panthéon entre Marat et Jean-Jacques Rousseau (*signé* Dubrail). *Paris, de l'imprimerie des Sans-Culottes,* in-8° de 15 pages.

Procès-verbal du conseil général de la commune de Lyon, pour la fête de J. J. Rousseau (rédigé par feu M. Sobry, secrétaire-greffier), in-4° de 4 pages.

Cette fête a été célébrée le 25 vendémiaire an III (16 octobre 1794).

De mes rapports avec J. J. Rousseau et de notre Correspondance, suivie d'une notice très-importante; par J. Dusaulx. *Paris,* 1798, in-8°.

Lettre au citoyen D*** sur l'ouvrage intitulé, *De mes Rapports avec J. J. Rousseau,* par

M. Granié, jurisconsulte. *Paris*, 1798, in-8°.

Sur l'ouvrage intitulé, *De mes Rapports avec J. J. Rousseau* (par A. Jourdan), in-8° de 13 pages, extrait du *Moniteur,* 11 messidor an vi (1798), n° 281.

De J. J. Rousseau; extrait du *Journal de Paris*, des n°° 251, 252, 253, 259, 260 et 261 de l'an vi (1798); (par M. Corancez), in-8°.

Sur J. J. Rousseau, par M. de La Harpe, dans le *Cours de littérature*, tome xvi, page 333 et suivantes, première édition, in-8°.

Réflexions sur J. J. Rousseau et ses ouvrages, par M. de La Harpe, dans le *Mercure de France,* 5 octobre 1778, et dans le *Cours de littérature,* tome xvi, page 352.

A M. de La Harpe, sur son article concernant J. J. Rousseau; par M. Corancez, dans le *Journal de Paris* du 30 octobre 1778, et à la fin de la brochure du même auteur, intitulée, *De J. J. Rousseau,* etc.

Conversation entre J. J. Rousseau et Goldoni, dans les Mémoires de ce dernier, pour servir à l'histoire de sa vie. *Paris,* 1787, 3 volumes in-8°, et dans les *Révélations indiscrètes du dix-huitième siècle.* Paris, 1814, petit in-12, page 416.

Mes conversations avec Jean-Jacques (par le prince de Ligne), 8 pages et demie, à la fin du tome x de ses *OEuvres.* A mon Refuge, 1795 et années suivantes.

Le prince de Ligne a adressé à J. J. Rousseau, en 1770, une lettre sérieuse pour l'engager à accepter une retraite dans ses terres. On la trouve dans plusieurs gazettes du temps, ainsi que dans la *Correspondance de Grimm*, seconde partie, tome 1, page 228.

Anecdotes sur J. J. Rousseau, tirées du voyage de M. Williams Coxe en Suisse; dans l'*Esprit des Journaux*, juin 1790, et dans la traduction françoise de ce voyage, par M. Lebas. *Paris*, 1790, 3 vol. in-8°.

Histoire de mes Relations avec J. J. Rousseau, par madame de Genlis, dans les *Souvenirs de Félicie L****, troisième édition. *Paris*, 1811, in-12, pages 292-310.

Lettre du professeur Prévost, de Genève, membre de l'académie royale des sciences et des belles-lettres de Prusse, sur J. J. Rousseau, in-8°, dans le 2ᵉ vol. des *Archives littéraires*. *Paris*, 1804, et in-12, dans l'*Esprit des Journaux*.

De Rousseau et des philosophes du xviiiᵉ siècle; par feu M. d'Escherny. *Paris*, 1811, in-12, dans le 3ᵉ volume de ses *Mélanges de littérature, d'histoire*, etc.

Jugement philosophique sur J. J. Rousseau et sur Voltaire; par H. Azaïs. *Paris, Plancher*, 1817, in-8° de x et 72 pages.

Histoire de la Vie et des ouvrages de J. J. Rousseau, composée de documents authentiques, et dont une partie est restée inconnue jusqu'à ce jour; d'une biographie de ses contemporains, considérés dans leurs rapports avec cet homme célèbre (par M. V. D. Musset-Pathay). *Paris, Brière*, 1821, 2 volumes in-8°; et 2 vol. in-12.

Addition à l'Histoire de J. J. Rousseau (contenant une longue lettre de Rousseau à madame d'Houdetot), avec des notes; par M. Kératry, etc. *Paris, Brière*, 1822, in-8°.

<small>Cette addition forme les pages 545 à 560 du tome II de l'ouvrage de M. Musset-Pathay, et la CXLIII^e lettre du XVIIIe vol. de cette édition, p. 344.</small>

Lettre à M. Fréron, sur un monument élevé à la mémoire de J. J. Rousseau; par M. Argant, Génevois, dans l'*Année littéraire*, 1779, et dans l'*Esprit des Journaux*, 1779.

Réflexions sur les concours en général, et sur celui de la statue de J. J. Rousseau en particulier; par Houdon, sculpteur du roi, etc.; in-8° de 13 pages, sans date.

Sur le monument consacré à la mémoire de J. J. Rousseau, d'après un arrêté du conseil des anciens, et dont le citoyen Masson vient de terminer le modèle.

<small>Voyez un article signé *L. Lefèvre* (de Vaucluse), dans le *Journal de Paris* du 10 prairial an VIII (1800).</small>

Du respect et des honneurs accordés partout aux grands hommes.

<small>Voyez le *Journal du Commerce* du 8 février 1818. On y ap-</small>

prend, dans un article très-bien fait, que les chefs des puissances alliées, par respect pour la mémoire de J. J. Rousseau, ont défendu, en 1815, à leurs soldats, d'imposer aucune taxe extraordinaire au village d'Ermenonville.

Le Serin de J. J. Rousseau, anecdote inédite, par madame Isabelle de Montolieu, dans le *Mercure de France*, du 5 octobre 1811, et dans les *Dix Nouvelles* de l'auteur. *Genève* et *Paris*, 1815, 3 volumes in-12.

II. PRINCIPALES ÉDITIONS

DES OEUVRES DE J. J. ROUSSEAU.

I. OEuvres de M. Rousseau, de Genève, nouvelle édition, revue, corrigée, et augmentée de plusieurs morceaux qui n'avoient point encore paru. *Neuchâtel* (*Paris*, *Duchesne*), 1764, 1765, 1767, 1768, 1779, 10 vol. in-12.

« *La Nouvelle Héloïse* avoit paru chez le même libraire en 1761, 4 vol.; et l'*Émile* en 1762, 4 vol. Rousseau nous apprend lui-même, dans une lettre à M. Panckoucke, en date du 25 mai 1764, que cette édition de Paris a été dirigée par le fameux abbé de La Porte, ex-jésuite, qui s'est bien gardé de la comprendre dans la liste de ses travaux. *Voyez* son article dans *la France littéraire*, de 1769, dont il est l'auteur.

« Il y a eu deux éditions du second volume de cette collection, et elles ne contiennent pas les mêmes pièces. On trouve dans l'une d'elles le *Petit Prophète*, de Grimm, et l'analyse de différentes brochures relatives à la *Lettre sur la musique françoise*. Au lieu de ces morceaux, l'autre renferme *Pygmalion*, *scène lyrique*; une lettre écrite en 1750 à l'auteur du *Mercure*; l'*Allée de Sylvie*, et quelques autres petites pièces.

« La lettre de Rousseau à l'abbé de La Porte, en date du 4 avril 1763, explique les changements faits par cet abbé dans la composition de ce second volume; Rousseau l'avoit exhorté à retrancher de ses OEuvres le *Petit Prophète*, de Grimm, s'il en étoit encore temps. Puisque notre philosophe convient, dans sa lettre à Panckoucke, avoir fourni *quelques pièces* à l'abbé de La Porte, ce fut lui, sans doute, qui envoya à cet éditeur, par extrait seulement, sa Lettre à Grimm, relative aux remarques ajoutées à la *Lettre sur Omphale*. »

II. OEuvres de J. J. Rousseau, de Genève, nouvelle édition, revue, corrigée, et augmentée de morceaux qui n'avoient point encore paru. *Amsterdam, Marc-Michel Rey*, 1769, 11 vol. in-8° et in-12.

« Cette édition a été réimprimée dans les mêmes formats en 1772. Les OEuvres diverses seulement l'ont été en 1776, 4 vol. in-12. Il y a un supplément de 6 volumes pour l'édition in-8°, ce qui porte cette édition à 17 volumes.

« Dès 1765, Marc-Michel Rey, célèbre imprimeur d'Amsterdam, voulant réimprimer les OEuvres de J. J. Rousseau, consulta l'auteur lui-même, qui lui répondit qu'il falloit prendre pour modèle l'édition faite à Paris, chez Duchesne, en 14 volumes, non compris les *Lettres de la montagne*, la *Lettre à M. de Beaumont*, le *Contrat social*, et le *Dictionnaire de Musique*. Dans ce calcul, Rousseau ne comprenoit que 6 volumes des *OEuvres diverses*, imprimées par Duchesne. Rey lui répliqua qu'il y avoit dans cette édition nombre de pièces qui lui paroissoient n'y avoir été mises que pour en augmenter les volumes. Rousseau lui répondit, le 18 octobre 1765 :

« Quand je vous ai parlé de prendre l'édition de Duchesne, c'est
« parce qu'elle contient des pièces de moi qui ne sont pas ailleurs ;
« mais je n'ignorois pas qu'elle étoit fautive, et je n'ai jamais pensé
« que vous y prendriez ni la *Prophétie*, ni aucune pièce qui ne soit
« pas de moi. Ne cherchez pas à grossir votre recueil ; n'imprimez
« que ce que j'ai fait, et c'est par-là que votre édition sera re-
« cherchée. »

« En conséquence, Rey n'ajouta à son édition que les pièces auxquelles Rousseau avoit répondu, et quelques lettres qui n'avoient pas été recueillies. ».

III. OEuvres choisies de J. J. Rousseau. *Londres, sans date*, 15 vol. petit in-8°.

IV. Les OEuvres de J. J. Rousseau. *Londres (Paris, Casin)*, 1781, 38 vol. in-18, *figures* d'après Moreau.

V. Collection complète des OEuvres de J. J. Rousseau (publiées par du Peyrou). *Genève*, 1782 *et ann. suiv.*, 17 vol. in-4°, *figures*.

M. du Peyrou a donné les mêmes soins à l'édition de Genève 1782-1790, 35 volumes in-8°.

VI. Collection complète des OEuvres de J. J. Rousseau (*Kehl*), *de l'imprimerie de la Société littéraire et typographique*, 1783-89, 34 vol. grand in-18.

VII. Collection complète des OEuvres de Jean-Jacques Rousseau. *Paris, Volland*. 1790, 16 vol. grand in-4°.

Le 16ᵉ volume parut en 1791; il est d'un format plus petit, et contient les vi derniers livres des *Confessions*.

VIII. Les OEuvres complètes de J. J. Rousseau, classées par ordre de matières (avec des notes par Mercier, l'abbé Brizard, et M. de Launaye). *Paris, Poinçot*, 1788-93, 39 tomes en 38 vol. in-8°, *figures*.

Il y a des exemplaires in-4°.

IX. Les OEuvres de J. J. Rousseau. *Paris, libraires associés*, 1793, 37 vol. grand in-18.

X. Les OEuvres de J. J. Rousseau. *Paris, de l'imprimerie de Didot le jeune, chez Defer de Maisonneuve*, 1793-1800, 18 volumes très-grand in-4°, *figures, papier vélin.*

XI. OEuvres de J. J. Rousseau. *Paris, Bozérian (de l'imprimerie de Didot l'aîné)*, 1796-1801, 25 volumes grand in-18, *papier vélin.*

XII. OEuvres de J. J. Rousseau. *Paris, imprimerie de Didot l'aîné*, 1801, 20 vol. in-8°, *papier vélin.*

XIII. OEuvres complètes de J. J. Rousseau, citoyen de Genève (nouvelle édition, rédigée par MM. Villenave et Depping). *Paris, A. Belin*, 1817, 8 vol. in-8°.

XIV. OEuvres de J. J. Rousseau, nouvelle édition. *Paris, de l'imprimerie de Didot aîné, chez Lefèvre et Déterville*, 1817-1818, 18 vol. in-8°.

XV. OEuvres de J. J. Rousseau, nouvelle édition. *Paris, Ledoux et Tenré*, 1818-1819, 20 vol. in-18.

XVI. OEuvres de J. J. Rousseau, nouvelle édition, avec des suppléments et des notes. *Paris, veuve Perronneau*, 1819-1820, 20 vol. in-12.

XVII. OEuvres de J. J. Rousseau, avec des notes historiques (un vocabulaire et une table des matières, par G. Petitain). *Paris, Lefèvre*, 1820, 22 vol. in-8°.

XVIII. OEuvres complètes de J. J. Rousseau, édition fort jolie et accompagnée de gravures. *Paris, chez Tomine et Fortic,* 1822-23, 24 volumes grand in-18.

XIX. OEuvres de J. J. Rousseau, dirigées par M. Aignan. *Paris, chez Desoër,* 1823-24, 20 vol. in-18.

XX. OEuvres de J. J. Rousseau. *Paris, chez E. A. Lequien,* 1822-23, 21 vol. in-8°.

XXI. OEuvres complètes de J. J. Rousseau, classées dans un nouvel ordre, avec des notes historiques et des éclaircissements, par V. D. Musset-Pathay. *Paris, chez P. Dupont,* 1824, 22 vol. in-8°.

XXII. OEuvres complètes de J. J. Rousseau, classées dans un nouvel ordre, avec des éclaircissements et des notes historiques. *Paris, M. P. R. Auguis,* 25 vol. in-8°, chez M. Dalibon.

III. ÉCRITS

RELATIFS AUX OUVRAGES PARTICULIERS DE J. J. ROUSSEAU.

DISCOURS QUI A REMPORTÉ LE PRIX À L'ACADÉMIE DE DIJON, EN 1750.

Réponse au Discours qui a remporté le prix, etc. (par Stanislas, roi de Pologne, et le P. de Menoux, jésuite), 1751, in-8°.

Réfutation d'un Discours qui a remporté le prix, etc., par M. Gautier, professeur de mathématiques et d'histoire, dans le *Mercure* d'octobre 1751, et dans les anciennes éditions des OEuvres diverses de J. J. Rousseau.

Voyez, dans le tome 1 de cette édition, la lettre de J. J. Rousseau à M. Grimm, sur cette réfutation.

Discours qui a remporté le prix à l'académie de Dijon, en 1750, accompagné de la Réfutation de ce Discours, *par un académicien de Dijon qui lui a refusé son suffrage*, 1751, in-8° de 132 pag. à deux colonnes, et dans le tome 1ᵉʳ du Supplément à la collection des OEuvres de J. J. Rousseau. *Genève*, 1782.

Dans l'une de ces colonnes est le discours de M. Rousseau : dans l'autre est une réfutation de ce discours. On y a joint des apostilles critiques, et une critique de la réponse faite par M. Rousseau à M. Gautier. Cet académicien de Dijon supposé se trouva être M. Lecat, secrétaire perpétuel de l'académie de Rouen; et c'est ce qui occasiona le désaveu de l'académie, portant que la réfutation étoit un ouvrage pseudonyme. Dans les observations sur le désaveu de l'académie de Dijon, imprimées sous le titre de *Londres*, *chez Kilmornek*, M. Lecat s'est avoué l'auteur de la *Réfutation*. Ces observations se trouvent aussi dans le premier volume du Supplément aux OEuvres de Rousseau, 1782. *Voyez*, dans le tome 1 de cette édition, la Lettre de J. J. Rousseau sur la Réfutation de son Discours par le prétendu académicien de Dijon.

Discours sur les avantages des sciences et des arts, prononcé, dans l'assemblée publique de l'académie des sciences et belles-lettres de Lyon, le

12 juin 1751 (par M. Borde), avec la réponse de J. J. Rousseau. *Genève*, 1752, in-8°.

Second Discours sur les avantages des sciences et des arts, par M. B*** (Borde). *Avignon, Girard, et Lyon, Aimé de la Roche*, 1753, in-8°.

Discours de M. Le Roi, professeur de rhétorique au collége du cardinal Lemoine, prononcé, le 12 août 1751, dans les écoles de Sorbonne, en présence de MM. du parlement, à l'occasion de la distribution des prix fondés dans l'Université; traduit en françois par M. B*** (Boudet), chanoine régulier, procureur général de l'ordre de Saint-Antoine; *Des avantages que les lettres procurent à la vertu*, dans le *Journal économique* de novembre 1751, et dans le 1ᵉʳ volume du Supplément aux Œuvres de Rousseau, 1782.

Recueil de toutes les pièces qui ont été publiées à l'occasion du discours de J. J. Rousseau sur la question proposée par l'académie de Dijon. *Gotha*, chez *F. Paul Mévier*, 1753, 2 vol. in-8°.

Lettre d'un ermite à J. J. Rousseau (par de Bonneval), 1753, in-8°. *Voyez* dans la Correspondance la Lettre à M. Fréron.

Examen philosophique de la liaison réelle qu'il y a entre les sciences et les mœurs, dans lequel on trouvera la solution de la dispute de M. J. J. Rousseau avec ses adversaires (par Formey). *Avignon* et *Paris*, 1755, in-12 de 74 pages.

Jean-Jacques Rousseau dévoilé, ou Réfutation

de son discours contre les sciences et les lettres ; par M. l'abbé Aillaud. *Montauban*, 1817, in-8°.

LETTRE SUR LA MUSIQUE FRANÇOISE, 1753.

Le Petit Prophète de Boehmischbroda (par Grimm), 1753, in-8° et in-12; dans le tome II des OEuvres de M. Rousseau, recueillies par l'abbé de La Porte, en 1764.

On le trouve aussi dans le *Supplément à la Correspondance de Grimm*, publié en 1814, 1 vol. in-8°.

Apologie de la Musique françoise, contre J. J. Rousseau, par l'abbé Laugier. 1754, in-8° et in-12, dans le tome II des OEuvres de M. Rousseau.

Lettre sur la Musique françoise, en réponse à celle de J. J. Rousseau (par M. Yso). 1754, in-8°.

Examen de la Lettre de M. Rousseau, par M. B*** (Baton). *Paris*, 1753, in-8°.

Justification de la Musique françoise (par M. de Morand, avocat). *Paris*, 1754, in-8°.

Notice de quinze autres Écrits contre la *Lettre sur la Musique françoise*, par l'abbé de La Porte, dans le tome II des OEuvres de M. Rousseau.

DISCOURS SUR L'INÉGALITÉ, etc. 1754.

Lettre de M. D. B*** (de Béthisy) à madame ***, sur l'ouvrage de J. J. Rousseau, intitulé, *Discours sur l'origine*, etc. *Amsterdam*, 1755, in-8°.

Lettre à M. J. J. Rousseau, citoyen de Genève,

à l'occasion de son ouvrage intitulé, *Discours sur l'origine*, etc. (par l'abbé Pilé, prêtre du diocèse de Paris, vicaire de Saint-Germain-le-Vieux). *Westminster* et *Paris*, 1755, in-12 de 76 pages.

Lettre pour servir de réponse au Discours de M. Rousseau, etc.; par M. J. N. T. J. *Genève*, 1755, in-8°.

Lettre de *Philopolis*, citoyen de Genève (Charles Bonnet), au sujet du Discours de J. J. Rousseau sur l'origine, etc., dans le *Mercure de France* du mois d'octobre 1755; dans les OEuvres de l'auteur, t. XXII de l'édition in-8°, 1819-20.

Voyez, dans le tome I de cette édition, la lettre de Rousseau à M. Philopolis.

L'Homme moral opposé à l'Homme physique de M. Rousseau (par le P. Castel, jésuite). *Toulouse*, 1756, in-12, et dans le 29° volume des OEuvres de Rousseau, édition de 1782.

Réflexions d'une Provinciale (madame Belot, depuis madame la présidente de Menières) sur le Discours de M. Rousseau, touchant l'origine de l'Inégalité, etc. *Londres*, 1756, in-8°.

Discours sur l'origine des Inégalités parmi les hommes, pour servir de réponse au Discours de M. Rousseau, citoyen de Genève; par M. Jean de Castillon. *Amsterdam*, 1756, in-8°.

Lettre à M. Rousseau, citoyen de Genève; par M. M***, citoyen de Paris. *Paris*, 1756, in-12.

Réflexions sur l'homme, ou Examen raisonné du Discours de M. Rousseau, de Genève, sur l'origine, etc.; par M. Jean-Henri Le Rous (Oursel), conseiller du roi de France. *Genève (Rouen, Viret)*, 1758, in-12.

<small>M. Oursel étoit procureur du roi à Dieppe; il est mort le 12 septembre 1814, âgé de 89 ans.</small>

Histoire généalogique du philosophe Ourseau (Rousseau), ou Critique du *Discours sur l'origine*, etc. (par dom Aubry, bénédictin). *Genève (Nanci)*, 1768, in-8°.

Discours philosophiques sur l'Homme, considéré relativement à l'état de nature et à l'état de société; par le P. G... B... (le P. Gerdil, barnabite; depuis cardinal). *Turin, frère Reycends*, 1769, in-8°.

<small>Ces discours sont au nombre de treize. Quelques-uns sont dirigés contre Hobbes, contre Hume, et contre Voltaire.</small>

Études contenant un appel au public lui-même du jugement du public sur J. J. Rousseau (par le marquis de Brie Serrant). *Paris, Guerbart*, an XI, in-8°.

<small>Cette brochure, assez volumineuse, contient la réfutation de la première partie du *Discours sur l'Inégalité*.</small>

CONTRAT SOCIAL, 1754.

Offrande aux autels et à la patrie, contenant la défense du christianisme, ou Réfutation du Contrat social, etc.; par Ant. Jacques Roustan. *Amsterdam*, 1764, in-8°.

Anti-Contrat social, par P. L. de Bauclair, citoyen du monde. *La Haye*, 1765, in-12; et par extrait dans le 8ᵉ volume des OEuvres de Rousseau, édition de l'abbé de La Porte.

Lettre d'un anonyme (M. Élie Luzac) à M. Jean-Jacques Rousseau (sur le Contrat social). *Paris, Desaint et Saillant (Hollande)*, 1766, in-8° de 250 pages.

Observations sur le Contrat social de J. J. Rousseau, par le P. Berthier, jésuite (terminées et publiées par l'abbé Bourdier-Delpuits, ex-jésuite). *Paris, Mérigot le jeune*, 1789, in-12.

De la Religion publique, ou Réflexions sur un chapitre du *Contrat social* de J. J. Rousseau; par M. Daunou, dans le *Journal Encyclopédique* de février 1790, tome Iᵉʳ, page 456, et tome II, page 98.

<small>Réimprimées dans l'*Esprit des Journaux*, avril 1790.</small>

Adresse d'un citoyen très-actif (par M. Ferrand, aujourd'hui pair de France). 1790, in-8°.

<small>L'auteur a voulu prouver, par trente et un passages extraits du *Contrat social*, que ce code de la liberté condamnoit littéralement tous les décrets de l'Assemblée nationale.</small>

Supplément au Contrat social, par Gudin. *Paris*, 1792, in-8° et in-12.

Principes du droit politique mis en opposition

avec ceux de Jean-Jacques sur le Contrat social (par M. Landes.). 1794, in-12; nouvelle édition, *Paris*, 1801, in-8°.

Sur le sort d'un manuscrit de 32 pages, entièrement écrit de la main de J. J. Rousseau, et qu'il destinoit à éclaircir quelques chapitres du *Contrat social*.

<small>J. J. Rousseau avoit remis ce manuscrit à M. le comte d'Entraigues, en l'autorisant à en faire l'usage qu'il croiroit utile. Le comte d'Entraigues paroît avoir détruit ce manuscrit, après l'avoir communiqué à l'un des plus vénérables amis de J. J. Rousseau. *Voyez* la note du comte d'Entraigues à la fin de sa brochure intitulée, *Quelle est la situation de l'Assemblée nationale?* 1790, in-8° de 60 pages. Note rapportée textuellement dans cette édition.</small>

NOUVELLE HÉLOÏSE, 1756-1758.

Des Écrits publiés à l'occasion de la Nouvelle Héloïse; par Mercier, à la fin du 4ᵉ vol. de l'édition de Poinçot.

Lettre d'un curé à M. Rousseau. *Nanci*, 1761.

Lettre d'un militaire à l'auteur de la Nouvelle Héloïse. *Bruxelles*, 1761.

La Nouvelle Héloïse au tombeau. *Cologne*, 1761.

Les Amours suisses du Pont-aux-Choux. *Genève*, 1762.

Parallèle du Devin du village et de la Nouvelle Héloïse, 1762.

Lettre de madame de Wolmar à l'auteur de la Nouvelle Héloïse, 1762.

Parallèle de Clarisse et de la Nouvelle Héloïse, 1763.

Le Jardin de Julie. *Lyon*, 1763.

Réclamations de Richardson. *Paris*, 1765, brochure de 20 pages.

Prédiction tirée d'un vieux manuscrit (par M. Borde); *sans date* (1761), in-12 de 21 pages; et in-8° dans les OEuvres de l'auteur.

C'est à tort que Mercier attribue à Voltaire cette pièce satirique. M. Servan la fit réimprimer en 1783, à la suite de ses *Réflexions sur les Confessions de J. J. Rousseau*.

Contre-prédiction au sujet de la Nouvelle Héloïse (par Charles-Joseph Panckoucke), dans le *Journal Encyclopédique* du mois de juin 1761.

La prédiction avoit été insérée dans le mois de mai, première partie du même journal. La Contre-prédiction a reparu sous le titre suivant :

Prédiction faite sur l'auteur de la Nouvelle Héloïse, par un anonyme (C. Panckoucke), à la fin de la Nouvelle Héloïse, *édition de Paris, chez Duchesne*, 1764, 4 volumes in-12.

Voyez *la France littéraire* de 1769.

La Nouvelle Héloïse de M. J. J. Rousseau mise en couplets. *Paris*, 1765, in-12 de 24 pages.

Lettres sur la Nouvelle Héloïse de J. J. Rousseau (par le marquis de Ximenès, revues par Voltaire). 1761, in-8°. Réimprimées en 1762 et en 1777, à la fin de la Nouvelle Héloïse.

Lettre de M. L. à M. D. sur la Nouvelle Héloïse de J. J. Rousseau, de Genève. *Desinit in piscem mulier formosa supernè*. Genève, 1762, in-8°.

Correspondance originale et inédite de J. J. Rousseau avec madame Latour de Franqueville et M. du Peyrou. *Paris, Giguet* et *Michaud*, 1803, 2 volumes in-8°, et trois volumes in-18.

L'Esprit de Julie, ou Extrait de la Nouvelle Héloïse, ouvrage utile à la société, et particulièrement à la jeunesse; par Formey. *Berlin*, 1765, in-8°.

Lettre de Julie d'Étange à son amant, à l'instant où elle va épouser Wolmar; par de Vauvert. *Paris*, 1772, in-8°.

Saint-Preux à Wolmar après la mort de Julie, ou dernière Lettre du roman de la Nouvelle Héloïse; par Mercier. 1764, in-12, dans le *Journal des Dames*; réimprimée à la fin de la Nouvelle Héloïse, de l'édition de Poinçot.

La Nouvelle Héloïse dévoilée. *Bruxelles* et *Paris*, 1775, in-12.

Jugement sur la Nouvelle Héloïse, par d'Alembert.

Voyez ses OEuvres posthumes. *Paris*, 1800, tom. 1, pag. 121.

Henriette de Wolmar, ou la Mère jalouse de sa fille, pour servir de suite à la *Nouvelle Héloïse* (par M. Brument). Paris, *Delalain*, 1768, in-12. (Nouvelle édition), *Amsterdam*, 1777, in-8°.

Les Aventures d'Édouard Bomston, pour servir de suite à la *Nouvelle Héloïse* (traduites de l'allemand de Fréd. Aug. Clément. Werthes). *Lausanne* et *Paris, La Villette*, 1789, in-8° de 240 pages.

M. Ersch, dans sa *France littéraire*, tome III, attribue cette traduction à madame de Polier.

LETTRE A D'ALEMBERT SUR LES SPECTACLES, 1758.

Article *Genève* de l'Encyclopédie ; Profession de foi des ministres génevois, avec des notes d'un théologien ; Réponse (de M. d'Alembert) à la Lettre de M. Rousseau, citoyen de Genève. *Amsterdam*, 1759, in-8°.

Lettre à M. Rousseau sur l'effet moral des théâtres (par le marquis de Ximenès). 1758, in-8°.

P. A. Laval, comédien, à M. J. J. Rousseau, citoyen de Genève, etc. *La Haye*, 1758, in-8°.

Dancourt, arlequin de Berlin, à M. J. J. Rousseau, citoyen de Genève. *Berlin* et *Amsterdam*, 1759, in-8°.

Lettre à M. Rousseau au sujet de sa lettre à M. d'Alembert; par M. de Bastide. *Paris*, 1758, in-12 de 42 pages.

Cette lettre fut, suivant M. de Bastide lui-même, l'effet du sentiment et de la justice que l'auteur rendoit aux femmes outragées par Rousseau dans la sienne.

Apologie du Théâtre, par Marmontel. *Paris*,

1761, in-12, à la fin du second volume de ses *Contes moraux*.

Considérations sur l'art du théâtre. D*** (dédiées à M. J. J. Rousseau, citoyen de Genève, par Villaret). *Genève*, 1759, in-8°.

<small>Cette brochure a aussi paru sous ce titre : *Lettre d'un Écolier de philosophie à M. J. J. Rousseau, citoyen de Genève et habitant de Montmorenci, en réponse à sa Lettre à M. d'Alembert sur les spectacles.* Genève (*sans date*), avec permission.</small>

Critique d'un livre contre les Spectacles, intitulé, J. J. Rousseau, citoyen de Genève, à M. d'Alembert (par le marquis de Mezières). *Amsterdam et Paris*, 1760, in-8°.

Lettre d'un curé du diocèse de ** (M. Secousse, curé de Saint-Eustache à Paris), **à M. M.** (Marmontel), **sur son Extrait critique de la lettre de J. J. Rousseau à d'Alembert.** *En France* (*Paris*), 1760, in-12.

<small>On trouve la notice de quatre des écrits précédents, dans le ive volume des OEuvres de M. Rousseau, édition de l'abbé de La Porte, qui a placé dans le ve volume la notice de la brochure de Marmontel.</small>

ÉMILE, OU DE L'ÉDUCATION, 1750-1769.

Jugement qu'ont porté du livre d'*Émile* les auteurs du *Journal de Trévoux*, et ceux du *Journal Encyclopédique*, dans le sixième volume des OEuvres de J. J. Rousseau, édition de l'abbé de La Porte.

Des Écrits publiés à l'occasion d'*Émile*, par l'abbé Brizard, 1792, in-8°, dans le 14ᵉ volume de la collection des OEuvres de Rousseau, publiées par le libraire Poinçot.

Mandement portant condamnation d'un livre qui a pour titre, *Émile, ou de l'Éducation,* par J. J. Rousseau, citoyen de Genève. *Paris*, 1762, in-4°.

Censure de la Faculté de théologie de Paris (rédigée par l'abbé Le Grand), édition latine et françoise. *Paris*, 1762. — La même, toute françoise, in-8°. — La même, 1 vol. in-12.

Observations (des abbés Gervaise et Le Grand) sur quelques articles de la censure de la Faculté de théologie de Paris contre le livre intitulé *Émile*, etc. (à l'occasion de la critique du gazetier ecclésiastique). 1763, in-4°.

Le même ouvrage, sous le titre de *Lettres intéressantes aux amis de la vérité*, 1763, in-12.

Il paroît qu'il y a dans cet ouvrage deux lettres de l'abbé Gervaise, et six de l'abbé Le Grand.

Arrêt de la cour du parlement qui condamne un imprimé ayant pour titre, *Émile*, etc. *Paris*, 1762, in-4°.

Lettre à M. D***, sur le livre intitulé, *Émile, ou de l'Éducation*; par J. J. Rousseau, citoyen de Genève (attribuée au P. Griffet). *Amsterdam* et *Paris, Grangé*, 1762, in-8° de 84 pages.

Réfutation du nouvel ouvrage de J. J. Rousseau,

intitulé, *Émile,* etc. (par dom Déforis, bénédictin). *Paris,* 1762, in-8°.

La Divinité de la religion chrétienne, vengée des sophismes de J. J. Rousseau, seconde partie de la réfutation d'Émile. *Paris,* 1763, in-12, deux parties : la première est de M. André, bibliothécaire de M. d'Aguesseau ; la deuxième est de D. Déforis.

Analyse des principes de J. J. Rousseau (dans son Émile, brochure attribuée à M. Puget de Saint-Pierre). *La Haye,* 1763, in-12.

Réponse aux difficultés proposées contre la religion chrétienne, par J. J. Rousseau, dans l'Émile et le Contrat social ; par l'abbé François. *Paris,* 1765, in-12.

Examen approfondi des difficultés de J. J. Rousseau contre la religion chrétienne (par l'abbé Malleville). *Paris,* 1769, in-12.

Examen de la Confession de foi du vicaire savoyard, contenue dans Émile ; par Bitaubé. *Berlin,* 1763, in-8°.

Examen critique de la seconde partie de la Confession de foi du vicaire savoyard, par M. R. (Roustan). *Londres,* 1776, in-8°.

Profession de foi du vicaire chrétien, et Tableau abrégé du Contrat social, rédigés l'un et l'autre par Formey. *Berlin,* 1764, in-8°.

Recueil d'opuscules concernant les ouvrages et les sentiments de M. J. J. Rousseau sur la religion et l'éducation. *A La Haye*, 1765; in-12, deux parties.

<small>On trouve dans ce recueil des lettres de M. Vernes sur le christianisme de J. J. Rousseau, d'autres lettres de M. Vernes, avec les réponses de Rousseau, etc.</small>

Seconde Lettre d'un anonyme (M. Luzac) à J. J. Rousseau (sur l'Émile). *Paris, Désaint et Saillant*, 1767, in-8°.

Plagiats de M. J. J. Rousseau, de Genève, sur l'éducation; par D. C. (dom Cajot). *La Haye et Paris*, 1776, in-8° et in-12.

Réflexions sur la théorie et la pratique de l'éducation contre les principes de M. Rousseau, par le P. G. B. (le P. Gerdil, barnabite, depuis cardinal). *Turin*, 1763, in-8°; et dans la collection des OEuvres de l'auteur, *imprimées à Bologne et à Rome*.

Lettre à J. J. Rousseau, citoyen de Genève; par J. A. Comparet. *Genève*, 1762, in-12 de 32 pages, contre la Profession du vicaire savoyard.

Lettre à M. J. J. Rousseau, C. de Genève; par M. M*** (Marcel), sous-directeur des plaisirs et maître de danse de la cour de S. A. S. monseigneur L. D. de S. G. (le duc de Saxe-Gotha), 1763, in-8° de 20 pages.

<small>L'auteur de cette Lettre venge la mémoire de son parent Marcel contre les inculpations de l'auteur d'*Émile*, dans son premier volume.</small>

Voyez dans la Correspondance une lettre de J. J. Rousseau à cet auteur, datée de Motiers le 1er mars 1763.

Le Miroir fidèle, ou Entretiens d'Ariste et de Philindre, avec un plan abrégé d'éducation opposé aux principes du citoyen de Genève; par M. le chevalier de C. de La B. (de Chiniac de La Bastide). *Paris*, 1766, in-12.

Sentiments de reconnoissance d'une mère, adressés à l'ombre de Rousseau, citoyen de Genève (par madame Panckoucke). Dans les OEuvres de Rousseau, supplément formant le tome x des *OEuvres diverses*. Neuchâtel (*Paris*,), 1779, in-12; et à la suite du Discours sur l'amitié, par M. Couret de Villeneuve. *Orléans*, 1783, in-18.

Jugement sur Émile, par d'Alembert. Voyez ses *OEuvres posthumes*, tome 1, page 127.

Sur l'Émile de J. J. Rousseau, 20 pages in-8°; par M. Fiévée, dans le troisième volume du *Spectateur François*.

Quelques Réflexions philosophiques et médicales sur l'Émile, communiquées à l'une des séances littéraires du *Lycée républicain*; par J. L. Moreau, de la Sarthe, médecin et professeur d'hygiène au Lycée. 1800, in-8°, dans la *Décade philosophique*, tome xxv, page 449.

Le même opuscule sous ce titre:

Sur quelques erreurs de J. J. Rousseau, touchant l'éducation physique; par J. L. Moreau, de la Sarthe ; in-8°, dans le *Spectateur du Nord*, du mois de septembre 1800.

Réfutation d'une opinion de J. J. Rousseau sur les Fables de La Fontaine (par M. Petitain), dans la *Décade philosophique*, année 1803, t. XXXVIII, page 526 ; et dans le 22° volume de l'édition in-8°, 1819-20, de M. Petitain.

Anti-Émile, par Formey. *Berlin*, 1763, in-12.

Émile chrétien, consacré à l'utilité publique; par Formey et un anonyme. *Berlin (Amsterdam), J. Néaulme*, 1764, 4 volumes in-8°.

Principes de J. J. Rousseau sur l'éducation des enfants. *Paris, Aubry*, an II de la république françoise (1793), in-18.

Traités sur l'éducation, pour servir de supplément à l'Émile de J. J. Rousseau. *Neuchâtel*, 1770, 2 vol. in-12.

C'est un recueil de plusieurs morceaux sur l'éducation, tiré de l'*Encyclopédie in-folio*.

Émile chrétien, ou de l'Éducation; par M. C*** de Leveson. *Paris*, 1764, 2 vol. in-12.

Théorie de J. J. Rousseau sur l'Éducation, corrigée et réduite en pratique; par Philippe Sérane. *Toulouse, Robert*, 1774, in-12; ou avec un nouveau frontispice, *Toulouse*, 1775, deux parties in-12. — Nouvelle édition, revue. *Paris*, 1787, in-12, sous ce titre : *Théorie de l'Éducation*, etc.

L'Émile réalisé, ou Plan d'éducation générale; par le citoyen Fèvre du Grand-Vaux. *Paris*, fructidor an III (1795), in-8°.

<small>Réimprimé à Corfou, le 1ᵉʳ nivôse an VII (1799), grand in-8° de 31 pages, *troisième édition*, dans les *Mélanges* de l'auteur. Paris, an x (1802), in-8°.</small>

Nouvel Émile, ou Conseils donnés à une mère sur l'éducation de ses enfants; par P. Cavaye, d'Arfons, département du Tarn. *Castres, Rodier*, an V de la république (1797), in-12.

<small>L'auteur cite deux passages de l'*Émile* de Jean-Jacques, sans nommer l'ouvrage ni l'auteur.</small>

Le Nouvel Émile, ou l'Histoire véritable de l'éducation d'un jeune seigneur françois, expatrié par la révolution françoise; par un ancien professeur à l'université de Paris (M. de La Noue). *Besançon*, 1814, 4 vol. petit in-12.

De l'Éducation, ou Émile corrigé; par M. Biret. *Paris*, 1817, 2 vol. in-12.

Émile, ou de l'Éducation, par J. J. Rousseau, nouvelle édition, à l'usage de la jeunesse, avec des retranchements, des notes, et une préface; par madame la comtesse de Genlis. *Paris*, 1820, 3 vol. in-12.

LETTRE A M. DE BEAUMONT, 1762.

Analyse de la lettre de J. J. Rousseau à M. l'archevêque de Paris, par le P. Didier, récollet. *Avignon*, 1764, in-12.

Lettre de l'Homme civil à l'Homme sauvage (par M. Marin). *Paris*, 1763, in-12.

Lettres (de l'abbé Yvon) à M. Rousseau, pour servir de réponse à sa lettre contre le mandement de M. l'archevêque de Paris. *Amsterdam, Marc-Michel Rey*, 1763, in-8° de 370 pages.

<small>L'auteur devoit publier quinze lettres; il n'en a donné que deux.</small>

J. J. Rousseau, citoyen de Genève (ou plutôt M. de La Croix, de Toulouse), à Jean-François de Montillet, archevêque et seigneur d'Auch..... *Neuchâtel*, 1764, in-12.

Préservatif pour les Fidèles contre les sophismes et les impiétés des incrédules, avec une réponse à la lettre de J. J. Rousseau à M. de Beaumont (par D. Déforis, bénédictin). *Paris*, 1764, in-12.

<small>LETTRES DE LA MONTAGNE, 1764.</small>

Représentations des citoyens et bourgeois de Genève au premier syndic de cette république, avec les réponses du Conseil à ces représentations. 1763, in-8°.

Sentiments des citoyens (par Voltaire); *sans date*, 8 pages in-8°.

<small>Réimprimés sous le titre de *Réponse aux Lettres écrites de la montagne*. Genève et Paris, 1765, in-8°.</small>

J. J. Rousseau avoit d'abord attribué ce morceau à son ami Vernes, qui a protesté n'en être pas l'auteur. D'ailleurs, M. du Peyrou, ami de J. J. Rousseau, et M. Wagnière, secrétaire de Voltaire, ont certifié que Voltaire étoit le véritable auteur des *Sentiments des citoyens*.

Lettres écrites de la campagne (par J. R. Tronchin), proche Genève, 1765, in-8° et in-12.

Réponse aux Lettres écrites de la campagne, avec une addition (par d'Ivernois); *sans indication de lieu*, 1764, in-8°.

Lettres populaires, où l'on examine la *Réponse aux Lettres écrites de la campagne* (par Tronchin); *sans indication de lieu*, in-8°.

Réponse aux Lettres populaires, 1765 et 1766; deux parties in-8°, avec une suite.

Lettres écrites de la plaine (par l'abbé Sigorgne). *Paris*, 1765, in-12.

Remarques d'un ministre de l'Évangile sur la troisième des Lettres écrites de la montagne par M. J. J. Rousseau; *sans indication de lieu*, 1765, in-8° de 160 pages.

Considérations sur les Miracles de l'Évangile, pour servir de réponse aux difficultés de J. J. Rousseau dans sa troisième Lettre écrite de la montagne; par D. Claparède. *Genève*, 1765, in-8°.

Examen de ce qui concerne le Christianisme, la Réformation évangélique, et les Ministres de Genève, dans les deux premières Lettres de J. J. Rousseau, écrites de la montagne; par Vernes. *Genève*, 1765, in-8°.

LES CONFESSIONS, 1766-1767.

Discours sur les Confessions de J. J. Rousseau, par M. Delon. *Nîmes*, 1783, in-8°.

Observations et Anecdotes relatives à la vie, aux ouvrages, et particulièrement aux Confessions de J. J. Rousseau ; par M. de Servan. *La Haye*, 1783, in-12.

Réimprimées sous le titre suivant :

Réflexions sur les Confessions de J. J. Rousseau. *Lausanne*, 1783, in-12. On trouve à la suite de ces Réflexions la *Profession de foi philosophique* et la *Prédiction tirée d'un vieux manuscrit* de M. Borde.

J. J. à M. S*** (Servan), sur des réflexions contre ses derniers écrits. Lettre pseudonyme (par la marquise de Saint-Chamond). *Genève*, 1784, in-12 de 75 pages.

J. J. Rousseau justifié, ou Réponse à M. Servan ; par François Chas, avocat. *Neuchâtel*, 1784, in-12.

Mémoires de madame de Warens et de Claude Anet, pour servir de suite aux Confessions de J. J. Rousseau (composés, les premiers, par M. Doppet, alors médecin, depuis général, mort en 1800 ; et les seconds, par son frère l'avocat). *Chambéry* et *Paris*, 1786, in-8° (publiés à Paris par Hugou de Basville).

Réflexions philosophiques et impartiales sur

J. J. Rousseau et madame de Warens (par M. Chas). *Genève*, 1786, in-8°, et dans le 28ᵉ vol. du Rousseau de Poinçot.

Ce n'est, pour ainsi dire, qu'une nouvelle édition de la Réponse à M. Servan. Elles ont été reproduites en 1787 sous le titre de *Réflexions, etc...., nouvelle édition, augmentée de quelques Lettres sur les protestants, et des maximes qu'on trouva inscrites sur sa porte* (pendant son séjour à Bourgoin en Dauphiné).

Vintzenried, ou les Mémoires du chevalier de Courtille, pour servir de suite aux Mémoires de madame de Warens, à ceux de Claude Anet, et aux Confessions de J. J. Rousseau (par Doppet). *Paris*, 1789, in-12.

Lettre sur quelques passages des Confessions de J. J. Rousseau, par Cérutti ; in-4°, dans le *Journal de Paris*, supplément au 2 décembre 1789, et dans l'*Esprit des Journaux*, janvier 1790.

On trouve une partie de cette lettre dans la *Correspondance de Grimm*, troisième partie, tome v, page 336. Cérutti prend la défense du baron d'Holbach, et raconte, d'après M. d'Holbach, les mystifications que sa société fit essuyer à un M. Petit, curé de Mont-Chauvet, en Basse-Normandie.

On lit dans la *Correspondance de Grimm*, première partie, tome 1, pages 404 et suivantes, de plus grands détails sur le curé Petit.

Lettres sur les Confessions de J. J. Rousseau, par M. Ginguené. *Paris, Barrois aîné*, 1791, in-8°.

On en trouve un long extrait dans le tome XXII de l'édition in-8°, 1819—20.

Réfutation des Lettres précédentes, par M. de La Harpe, dans le *Mercure de France,* 1792 ; dans le nouveau supplément au *Cours de Littérature. Paris, chez Barrois l'aîné et chez Pelicier,* 1818, in-8°; et en grande partie dans le tome XXII de l'édition in-8°, 1819— 20.

Notice sur la vie et les ouvrages de madame d'Épinay, par le baron de Grimm. *Voyez* sa Correspondance, troisième partie, tome II, page 291.

Mémoires et Correspondance de madame d'Épinay. *Paris, Brunet,* 1818, 3 vol. in-8°. — 2ᵉ édition, augmentée de quatre lettres. *Paris, Volland,* 1818, 3 vol. in-8°. — 3ᵉ édition, semblable à la seconde. *Paris,* 1819.

Anecdotes inédites, pour faire suite aux Mémoires de madame d'Épinay, précédées de l'Examen de ces Mémoires (par M. Musset-Pathay). *Paris, Baudouin frères,* 1818, in-8° de 115 pages.

www.ingramcontent.com/pod-product-compliance
Lightning Source LLC
Chambersburg PA
CBHW070440170426

43201CB00010B/1162